CODE NAPOLÉON

PAR

QUESTIONS & PAR RÉPONSES

PAR

UN RÉPÉTITEUR DE DROIT

TOME PREMIER

CONTENANT LES MATIÈRES EXIGÉES POUR LE PREMIER EXAMEN
SUIVI D'UNE TABLE EN FORME DE RÉSUMÉ

(ARTICLES 1 A 710.)

PARIS

GUSTAVE RETAUX LIBRAIRE-ÉDITEUR

15, Rue Cujas, 15.

1868

CODE NAPOLÉON

PAR

QUESTIONS & PAR RÉPONSES

PAR

UN RÉPÉTITEUR DE DROIT

TOME PREMIER

CONTENANT LES MATIÈRES EXIGÉES POUR LE PREMIER EXAMEN
SUIVI D'UNE TABLE EN FORME DE RÉSUMÉ

(ARTICLES 1 A 710.)

PARIS

GUSTAVE RETAUX LIBRAIRE-ÉDITEUR

15, Rue Cujas, 15.

1868

CODE NAPOLÉON

PAR

QUESTIONS ET PAR RÉPONSES

PRÉFACE

———

En publiant ce livre, je me suis proposé un double but.

J'ai voulu, d'un côté, être utile à ceux qui se préoccupent principalement du succès de leurs examens; et, fournir en même temps aux esprits laborieux un cadre d'études à la fois très resséré et très-complet, qui leur fasse saisir avec netteté l'ensemble de notre droit et qui leur serve de guide pour se livrer à des recherches plus étendues. Afin d'atteindre ce double but, je me suis attaché à trois choses : au programme de l'école; à l'ordre du code; à la sûreté des doctrines. Je me suis efforcé de donner, dans une large mesure, tout ce qui est nécessaire à la préparation des examens, en évitant tous les développements superflus.

Tel que je l'ai conçu, ce livre m'a paru avoir son utilité propre; plus étendu, il aurait été, ce qu'il y a de pire, un livre inutile. En effet, il ne pouvait me venir à la pensée de remplacer les ouvrages très consciencieux qui ont été publiés sur la matière que je traite. Mais ces ouvrages présentent une lacune. Il y avait à la combler, à prendre place à côté d'eux, en fournissant un complément indispensable qui leur manque, un résumé concis et méthodique. C'est là ce que je me suis efforcé de faire.

J'espère donc, que ceux qui liront ces pages avec attention, pourront ensuite affronter avec plus d'assurance les épreuves de la faculté; mais je le répète, ce n'est pas seulement de ces épreuves que je me suis préoccupé. J'ai tenté de contribuer pour une part, quelque minime qu'elle soit, au progrès des études qui font l'occupation de ma vie; convaincu, que la notion claire et bien ordonnée des éléments du droit est éminemment propre à éveiller dans l'intelligence une noble curiosité, à faire naître le gout et l'attrait des recherches plus savantes.

Que ceux qui ressentent ces aspirations élevées me permettent d'ajouter, qu'ils doivent, pour s'initier d'une façon plus complète à la science du droit, assister aux éloquentes leçons de nos professeurs. Les livres ne sont pas destinés à remplacer les cours, mais à en assurer les résultats, à préparer pour ainsi dire le terrain.

Il me reste à dire quelques mots sur la méthode que j'ai employé.

Suivant l'exemple qui m'avait été donné par M. Lagrange, dans son excellent Manuel de droit romain, j'ai adopté la forme de questions et de réponses. J'avais pour cela deux motifs : cette forme est la seule, à mon avis, qui permette d'être concis sans être obscur où fatiguant ; c'est celle qui offre le plus de facilités pour apprendre et pour retenir.

J'ai suivi scrupuleusement l'ordre du Code, pour les divisions, en titres, chapitres, et sections. Quelquefois, seulement, j'ai subdivisé les chapitres où les sections en paragraphes, lorsque cela m'a paru nécessaire.

Sous l'énoncé des chapitres et sections, j'ai indiqué les groupes d'articles qui y sont contenus. De plus, j'ai désigné isolément, chaque article, à côté du texte auquel il se rapporte.

En tête de chaque titre, j'ai placé une courte exposition, afin de donner un aperçu des matières qui y sont renfermées et de montrer l'ordre logique qui a présidé au classement des titres.

J'ai résumé brièvement les questions controversées, en faisant ressortir les arguments principaux qui sont opposés, ainsi que les opinions des éminents jurisconsultes qui font autorité à l'Ecole.

Cet ouvrage forme trois volumes qui comprennent l'ensemble de notre droit civil. Chacun d'eux sera vendu séparément. Celui que je livre aujourd'hui à la publicité contient les matières du premier examen. Les autres, qui feront suite, renfermeront celles qui sont exigées pour les deuxième et quatrième examen.

INTRODUCTION

———••⦂⦂••———

Avant d'entrer dans l'étude du Droit français, il est indispensable de donner quelques notions sur le Droit et les Lois en général, sur l'origine et les sources du droit français, et enfin, sur la confection du Code Napoléon.

C'est ce que nous nous proposons de faire dans cette introduction. Ainsi, nous la diviserons de la manière suivante :

Section I. — Du droit et des lois en général.

Section II. — Des origines du droit français.

Section III. — De la confection du Code Napoléon.

PREMIÈRE SECTION.

Du Droit & des Lois en général.

Qu'est-ce que le droit ?

Le droit est l'ensemble des règles qui servent à distinguer le juste de l'injuste — ou plus simplement, c'est la science du juste et de l'injuste.

Comment se divise le droit ?

Il se divise en droit naturel et en droit positif.

Qu'est-ce que le droit naturel ?

Le droit naturel est celui qui résulte des lois naturelles,

c'est-à-dire des lois éternelles et nécessaires qui ont été gra-
vées par Dieu lui-même au fond de toutes les consciences.

Quels sont les préceptes fondamentaux du droit naturel?

Ils se réduisent à trois : vivre honnêtement, — ne nuire
à personne, — attribuer à chacun ce qui lui appartient.

*Les règles du droit naturel ne sont-elles pas également
des règles de morale ?*

Oui, toute règle de droit naturel est une règle de morale,
c'est pourquoi, ainsi que le fait observer M. Demangeat, le
droit naturel est le beau idéal, le type abstrait en matière
de droit. Mais la morale est bien plus étendue que le droit,
elle embrasse à la fois nos devoirs envers Dieu, envers nous-
mêmes et envers nos semblables.

Qu'est-ce que le droit positif?

Le droit positif est celui qui résulte des lois établies par
les hommes.

En quoi diffère-t-il du droit naturel ?

Il diffère du droit naturel parce qu'il est essentiellement
variable suivant les temps et suivant les lieux. Il doit tendre,
d'ailleurs, à s'en rapprocher le plus possible.

Comment se divise le droit positif?

Il se divise en :
Droit des gens,
Droit public,
Droit civil.

Qu'est-ce que le droit des gens ?

Le droit des gens est celui qui règle les rapports des na-
tions entr'elles.

Qu'est-ce que le droit public ?

Le droit public est celui qui règle les rapports des citoyens
avec l'Etat.

Qu'est-ce que le droit civil ?

Le droit civil est celui qui règle les rapports des particuliers entr'eux.

Ne divise-t-on pas également le droit positif en droit écrit et non écrit ?

Oui, le droit écrit est celui qui a été expressément promulgué par le législateur. Le droit non écrit est celui qui existe dans la pratique sans avoir été expressément promulgué par le législateur (1).

Qu'entend-on par lois ?

On entend par lois des règles de conduite tracées par une autorité supérieure à laquelle on est tenu d'obéir (2).

Comment se divisent les lois ?

Les lois se divisent en lois impératives, prohibitives ou facultatives.

Quand est-ce que les lois sont impératives ?

Les lois sont impératives quand elles commandent de faire une action, par exemple : de nourrir et d'élever ses enfants.

Quand est-ce que les lois sont prohibitives ?

Les lois sont prohibitives lorsqu'elles défendent de faire une action, par exemple : de contracter un second mariage avant la dissolution du premier.

Quand est-ce que les lois sont facultatives ?

Les lois sont facultatives lorsqu'elles permettent de faire

(1) Le mot droit a encore de nombreuses significations — c'est ainsi qu'on l'emploie tantôt pour exprimer la législation d'un peuple, par exemple : Droit romain, droit français — tantôt pour exprimer un ensemble de lois d'une certaine espèce, par exemple : droit commercial, droit pénal — tantôt pour exprimer une faculté particulière, par exemple : droit de tester, droit de se marier — tantôt enfin comme synonyme de lois, par exemple : le droit est quelquefois contraire à l'équité.

(2) M. Valette.

lements ayant été créés, l'usage s'introduisit de leur soumettre les ordonnances pour les faire enregistrer, et cette formalité finit par devenir un véritable élément de la loi. En effet, les parlements refusaient-ils tous d'enregistrer une ordonnance, elle n'était obligatoire nulle part; — quelques-uns seulement l'enregistraient-ils, elle n'était obligatoire que dans leur ressort.

Le roi n'avait-il aucun moyen de forcer la résistance des parlements?

Pour forcer la résistance des parlements, le roi leur adressait des *lettres de jussion* portant ordre d'enregistrer. Si cet ordre était méconnu, il convoquait un *lit de justice*, c'est-à-dire une séance solennelle du parlement qu'il présidait lui-même, assisté de la force publique. Si, enfin, le parlement ne se rendait pas à cette dernière injonction, on l'exilait et il finissait le plus souvent par se soumettre.

Qu'était-ce que les états généraux?

Les états généraux qui commencèrent à former un corps politique sous le règne de Philippe le Bel, étaient des assemblées composées des trois ordres de la nation : la Noblesse, le Clergé et le Tiers-Etat.

Leurs attributions étaient mal définies. Elles consistaient principalement à délibérer sur l'impôt et sur la réforme des lois. Au reste, ils n'étaient convoqués qu'à de rares intervalles, ce qui rendait fort restreinte leur influence législative.

Qu'était-ce que les parlements?

Les parlements étaient des cours souveraines et permanentes chargées de rendre la justice au nom du roi. De même que les états généraux, ils avaient été institués par Philippe le Bel. On en comptait douze dans le royaume, en y comprenant celui de Paris.

Qu'elles étaient les attributions des parlements?

Les attributions des parlements consistaient :

1° A rendre exécutoires, ainsi que nous l'avons vu , les ordonnances du roi en les enregistrant ;

2° A modifier l'application des lois établies en statuant sur les contestations qui leur étaient soumises par voie de disposition générale et réglementaire , c'est-à-dire en rendant des arrêts qui faisaient loi pour l'avenir dans tout leur ressort.

§ II. — Droit intermédiaire.

Qu'est-ce que le droit intermédiaire ?

Le droit intermédiaire est celui qui a régi la France depuis 1789 jusqu'en 1804, époque de la promulgation du Code.

Quelles sont les sources du droit intermédiaire?

Les sources du droit intermédiaire sont :

1° *L'Assemblée nationale* (5 mai 1789 — 30 septembre 1791);

2° *L'Assemblée législative* (1er octobre 1791 — 21 septembre 1792) ;

3° *La Convention* (21 septembre 1792 — 26 octobre 1795);

4° *Le Directoire* (26 octobre 1795 — 9 novembre 1799);

5° *Le Consulat* (19 novembre 1799 — 18 mai 1804).

Comment s'est constitué l'assemblée nationale?

Les états généraux ayant été convoqués par Louis XVI, les députés du tiers-état, dont le nombre était égal à celui de la noblesse et du clergé réunis, réclamèrent le vote par tête au lieu du vote par ordre qui avait été employé jusqu'alors. Après une longue résistance , ils entraînèrent le clergé et se constituèrent *en assemblée nationale.* Le 27 juin 1789, après sept mois de luttes, tous les députés dissidents consentirent, sur l'avis même du roi, à se réunir à cette assemblée.

Quels ont été les travaux de l'assemblée nationale?

Les travaux de l'assemblée nationale peuvent être considérés sous deux rapports :

D'un côté, elle commença la destruction du régime féodal en abolissant les dîmes, les privilèges, les jurandes, la vénalité des offices. — D'un autre côté, elle posa les bases d'un nouvel ordre de choses en inscrivant dans sa constitution ces fameux principes de 89, destinés à subir tant d'épreuves : de la liberté de la pensée, de l'égalité devant la loi et de la séparation des pouvoirs.

Comment la constitution de l'assemblé nationale avait-elle organisé le pouvoir législatif?

D'après cette constitution, le pouvoir législatif appartenait concurremment à l'assemblée et au roi. — L'assemblée proposait les lois et les décrétait, le roi leur donnait sa sanction, c'est-à-dire son approbation. En cas de refus du roi, la loi restait provisoirement en suspens. Elle ne pouvait devenir définitive que lorsque les deux législatures suivantes l'avaient proposé et décrété dans les mêmes termes que la première.

Quels ont été les travaux de l'assemblée législative?

Interrompus par de graves préoccupations de politique intérieure ou de guerre extérieure, les travaux de l'assemblée législative ont laissé peu de traces. Toutefois, on peut citer d'elle : les lois qui ont établi le divorce, aboli les substitutions et fixé la majorité à 21 ans.

Quels ont été les travaux de la convention?

Les travaux de la convention comme ceux de l'assemblée nationale peuvent être considérés sous deux rapports :

D'une part, elle décréta plusieurs lois civiles importantes, telles que la loi du 7 nivôse, an III, sur les successions, et celle du 9 messidor, an III, sur le régime hypothécaire. — D'autre part, elle proclama l'abolition de la royauté et l'établissement d'un calendrier républicain et fit deux constitutions : l'une en 1793, qui ne fut jamais appliquée, l'autre en 1796 (an III), qui organisa le directoire.

Comment la constitution de l'an III avait-elle organisé le directoire?

La constitution de l'an III établissait :

1° Un pouvoir législatif composé de deux conseils : le conseil des cinq cents qui proposait les lois, — le conseil des anciens qui les rejettait ou les décrétait ; ·

2° Un pouvoir exécutif composé de cinq membres qui les faisait exécuter :

Comment la constitution de l'an VIII avait-elle organisé le consulat ?

Le coup d'état du 18 brumaire venait d'emporter le directoire. Rassemblant les débris du conseil des anciens, Lucien, frère du général Bonaparte, leur fit rédiger cette fameuse constitution de l'an VIII sous l'empire de laquelle a été faite toute notre législation actuelle.

Cette constitution établissait :

1° Un gouvernement composé de trois membres, chargé de proposer les lois et de les promulger ;

2° Un conseil d'état chargé de les rédiger ;

3° Un tribunat chargé de les discuter ;

4° Un corps législatif chargé de les décréter ;

5° Un sénat conservateur chargé de les examiner au point de leur constitutionnalité.

Voici comment l'on procédait :

Le gouvernement usant de son droit d'initiative, faisait rédiger la loi par le conseil d'état — il la faisait ensuite proposer au corps législatif par trois orateurs du conseil d'état qui en exposaient les m..., puis il la communiquait au tribunat. — Le tribunat émettait un vœu pour ou contre la loi et chargeait trois de ses membres de défendre ce vœu devant le corps législatif. — Après avoir entendu contradictoirement les trois orateurs du gouvernement et les trois membres du tribunat, le corps législatif en prononçait l'adoption ou le rejet.

La loi ainsi votée par le corps législatif n'était pas encore complète. Elle ne le devenait que lorsqu'il s'était écoulé dix jours depuis l'émission du décret et que dans cet intervalle le sénat ne l'avait pas annulée comme inconstitutionnelle. — Enfin, quoiqu'elle fut complète, elle n'était obligatoire que lorsqu'elle avait été promulguée par le premier consul. Cette promulgation avait toujours lieu le dixième jour à compter du décret.

§ III. — Droit nouveau.

Qu'est-ce que le droit nouveau?

Le droit nouveau est celui qui régit la France depuis la promulgation du Code Napoléon.

La pensée de réunir en un seul corps les éléments de la législation française n'appartient-elle pas à l'assemblée nationale?

Oui, l'assemblée nationale en avait même fait l'objet d'un article de sa constitution; mais les préoccupations politiques ne lui avaient pas laissé le temps de le mettre à exécution. Les gouvernements qui vinrent à sa suite essayèrent, mais en vain, de réaliser sa pensée. Au consulat était réservé l'honneur d'accomplir cette œuvre qui est, sans contredit, l'un des événements les plus considérables de notre siècle.

De la Confection du Code Napoléon.

Comment fut-il procédé à la confection du Code?

Par un arrêté du 24 thermidor, an VIII (12 août 1800), le premier consul institua une commission chargée de rédiger un avant-projet de Code civil. Cette commission etait composée de quatre membres : MM. Tronchet, Portalis, Bigot de Préameneu et Malleville.

Le travail de cette commission fut communiqué d'abord à tous les tribunaux d'appel qui y firent leurs observations, puis il fut soumis ainsi que ces observations au conseil d'état qui rédigea un projet définitif et le fit accepter par le corps législatif. Trente-six lois furent ainsi successivement décrétées et promulguées. La loi du 30 ventôse, an XII les réunit en un seul corps sous le titre de Code civil des Français.

Qu'entend-on par Code ?

On entend par Code un recueil de lois classées dans un ordre méthodique.

Qu'entend-on par Code civil ?

On entend par Code civil le recueil de trente-six lois classées dans un ordre méthodique , ayant pour objet les personnes et les biens. On l'appelle aussi Code Napoléon.

Comment se divise le Code civil ?

Le Code civil se divise en un titre préliminaire et en trois livres :

Le premier livre traite des personnes.

Le second livre traite des biens.

Le troisième livre traite des différentes manières d'acquérir les biens.

Chaque livre comprend plusieurs titres, les titres se subdivisent en chapitres, les chapitres en sections, les sections en articles.

Quels sont les différents codes qui ont été successivement promulgués depuis le Code civil?

Les différents codes qui ont été successivement promulgués depuis le Code civil sont :

Le Code de commerce promulgué en 1807.

Le Code de procédure promulgué en 1808.

Le Code pénal et le Code d'instruction criminel promulgués en 1810.

Depuis la promulgation du Code le pouvoir législatif n'a-t-il pas subi plusieurs modifications?

Oui, depuis la promulgation du Code le pouvoir législatif a été successivement modifié par les chartes de 1814 et 1830, ainsi que par les constitutions de 1848 et 1852.

Comment était-il réglé par les chartes de 1814 et 1830?

D'après la charte de 1814 le pouvoir législatif appartenait en même temps au roi, à la Chambre des députés et à la Chambre des pairs ; mais le roi avait seul la proposition des lois. La charte de 1830 l'accorda également aux deux Chambres.

Comment était-il réglé par les constitutions de 1848 et 1852?

D'après la constitution de 1848 le pouvoir législatif appartenait presque tout entier à une assemblée unique. La seule attribution législative du président de la république, chef du pouvoir exécutif, consistait dans le droit de proposer les lois concurremment avec l'assemblée.

Depuis la constitution de 1852 le pouvoir législatif est ainsi partagé :

L'Empereur propose les lois et les fait rédiger par le conseil d'Etat.

Le Corps législatif les discute contradictoirement avec les ministres où les membres du conseil d'Etat qui ont reçu délégation de l'Empereur à cet effet; il les adopte purement et simplement, les amende ou les rejette.

Le Sénat les examine au point de vue de leur constitutionalité. — Depuis une loi récente il exerce même une sorte de contrôle sur le Corps législatif en exprimant son approbation ou sa désapprobation sur toutes les lois votées par celui-ci

Les dispositions législatives antérieures au Code ont-elles toutes été abrogées ?

Non. — La loi organique du Code dit en effet : « A partir de la promulgation du Code les lois romaines, les ordonnances, les coutumes, les arrêts de réglement cesseront d'avoir force de loi *dans les matières qui font l'objet du Code.* » D'où nous pouvons conclure que les anciennes lois sont maintenues en tant qu'elles s'appliquent à des matières étrangères au Code, et que les dispositions législatives du droit intermédiaire sont également conservées lorsqu'elles ne se trouvent pas en contradiction avec les règles du nouveau droit.

CODE NAPOLÉON

PAR

QUESTIONS & RÉPONSES

TITRE PRÉLIMINAIRE

De la Publication des Effets et de l'Application des Lois

DÉCRÉTÉ LE 5 MARS 1803, PROMULGUÉ LE 15 DU MÊME MOIS

Articles 1 à 7.

Quoique les règles qui sont exposées dans le titre préliminaire s'appliquent à toutes les lois en général, le législateur les a placé avec raison en tête du code civil, parce qu'il constitue la partie la plus importante de notre droit.

D'ailleurs le titre préliminaire suit logiquement l'introduction qui précède. Nous avons vu dans cette introduction de quelle manière se forment les lois. Nous examinerons ici comment une fois formées elles deviennent obligatoires.

Pour qu'elles deviennent obligatoires, deux conditions sont indispensables. Il faut : 1° que le pouvoir exécutif ait enjoint aux citoyens de s'y conformer. — 2° qu'il ait fait connaître cette injonction. En d'autres termes, les lois ne sont obligatoires qu'après avoir été promulguées et publiées.

Pour compléter cette étude sur les lois nous ajouterons, en suivant pas à pas le texte du code, des commentaires sur les effets, sur l'objet et sur l'application des lois.

Ainsi nous serons amenés à étudier successivement les questions suivantes :

I. Promulgation et publication des lois.

II. Leurs effets.

III. Leur objet.

IV. Leur application.

I. — De la promulgation et de la publication des lois.

Comment les lois sont-elles formées ?

Les lois sont formées par le concours de deux volontés : elles sont décrétées par le pouvoir législatif et sanctionnées par le pouvoir exécutif.

Qu'est-ce que la sanction d'une loi ?

On appelle ordinairement sanction d'une loi la peine qui est prononcée contre ceux qui la violent. Mais dans le sens particulier que nous lui appliquons ici, ce mot de sanction exprime l'acte d'adhésion donné par le chef de l'Etat à une loi adoptée par le pouvoir législatif.

Les lois sont-elles obligatoires lorsqu'elles ont été adoptées par le pouvoir législatif et sanctionnées par le pouvoir exécutif ?

Non, elles sont, il est vrai, complètes en elles-mêmes, mais elles restent sans force obligatoire tant qu'elles n'ont pas été promulguées et publiées (Art. 1).

Qu'appelle-t-on promulgation d'une loi ?

On appelle promulgation d'une loi l'acte par lequel le chef de l'Etat atteste l'existence de la loi et enjoint à tous les Français de l'observer.

En quoi consiste le fait de la promulgation ?

Depuis l'ordonnance de 1816 le fait de la promulgation d'une loi résulte de son insertion au *Bulletin des Lois.*

En quoi consistait le fait de la promulgation avant l'ordonnance de 1816 ?

Avant cette ordonnance, la promulgation, c'est-à-dire l'ordre de se conformer à une loi nouvelle ne résultait pas d'un fait matériel tel que l'insertion au *Bulletin officiel* et n'avait pas besoin de ce fait pour être reconnue. En effet, sous l'empire de la constitution de l'an VIII, les lois se trouvaient nécessairement promulguées dix jours après qu'elles avaient été décrétées. Comme on était averti du vote d'une loi nouvelle par la publicité des discussions, on connaissait par là le jour où elle serait promulguée. Ainsi, lorsqu'une loi avait été décrété le 5 mars, on savait d'avance que la promulgation de cette loi aurait lieu le 15 du même mois.

Mais sous la charte de 1814, la promulgation ayant cessé d'être invariablement fixée au dixième jour du décret, il devint nécessaire de la faire résulter d'un fait sensible, tel que l'insertion au *Bulletin officiel des Lois,* et le même motif a fait maintenir cette insertion sous la charte de 1830 et sous la constitution de 1852.

Ce n'est d'ailleurs pas sans motif que l'ordonnance de 1816 a été critiquée sur ce point. L'insertion d'une loi au *Bulletin officiel* et par suite sa promulgation n'est en effet connue que des tribunaux et des municipalités auxquels est adressé ce bulletin; pour l'immense majorité des citoyens elle passe inaperçue.

Quelle différence y a-t-il entre la sanction et la promulgation ?

La sanction d'une loi se rattache à sa formation, elle en est un complément. La promulgation d'une loi n'a trait, au contraire, qu'à son exécution. Aussi, en sanctionnant une loi, le roi agissait-il comme pouvoir législatif, tandis qu'il agissait, au contraire, comme pouvoir exécutif en la promulguant. Depuis la constitution de 1852 la sanction s'est d'ailleurs complètement confondue avec la promulgation.

Qu'est-ce que la publication?

La publication est le fait par lequel la promulgation est portée à la connaissance de tous les français.

En quoi consiste ce fait?

Le fait de la publication consistait autrefois soit dans l'enregistrement de la loi par les parlements, soit en l'apposition d'affiches, soit en une lecture faite à son de trompe sur la voie publique. — La publication ne résulte plus aujourd'hui que d'une simple présomption légale : une loi est réputée connue lorsqu'il s'est écoulé un laps de temps suffisant pour qu'elle ait pu l'être effectivement (1). Le point de départ de ce laps de temps commence à partir de la remise que le directeur de l'imprimerie impériale fait au ministère de la justice d'un exemplaire du *Bulletin officiel* contenant la nouvelle loi.

Quels sont les délais de publication?

Dans le lieu où siége le gouvernement, une loi est réputée connue un jour franc après sa promulgation. — Dans les départements il faut ajouter à ce délai d'un jour franc autant de jours qu'il y a de fois dix myriamètres de distance entre la capitale et le chef-lieu du département. (Art. 1).

Que faut-il décider pour les fractions de moins de dix myriamètres?

On admet généralement qu'il faut s'en tenir au texte même

(1) Cette présomption que la loi est connue après l'expiration d'un certain délai existe d'une façon absolue à l'égard des particuliers. — Mais elle perdrait toute son efficacité à l'égard des habitants d'une ville qui, par un cas de force majeure, aurait été privée de toute communication avec le lieu où siége le gouvernement.

du Code qui n'accorde un jour de plus que pour 10 myriamètres complets.

Les délais de publication ne peuvent-ils pas être abrégés, en cas d'urgence ?

Oui, depuis une ordonnance de 1817, les préfets peuvent en cas d'urgence rendre une loi immédiatement exécutoire en la faisant publier et afficher. — Cette ordonnance a complété très à propos une disposition vicieuse de l'ordonnance de 1816, suivant laquelle, en cas d'urgence, les lois étaient réputées publiées dans les départements, par le seul fait que les préfets avaient reçu un exemplaire du *Bulletin officiel* dans lequel elles se trouvaient insérées.

§ II. — De l'effet des Lois.

Les lois ont-elles des effets rétroactifs ?

Non, elles n'ont pas d'effets rétroactifs ; les lois nouvelles, à moins d'une disposition contraire, ne règlent que les faits accomplis depuis leur promulgation. (Art. 2.) (1)

Sur quels motifs le principe de la non rétroactivité des lois est-il fondé ?

Il est fondé sur deux motifs :

1° Sur la nature même des lois. — Puisqu'ayant pour objet de permettre, de commander ou de défendre, elles ne peuvent par cela même disposer que pour l'avenir.

2° Sur l'équité. — Puisqu'il y aurait injustice à dépouiller une personne d'un droit qu'elle a légalement acquis sous l'empire d'une loi antérieure.

(1) Tout ce qui concerne l'effet des lois, leur caractère et leur application n'est pas exigé pour le premier examen.

Le principe de la non-rétroactivité des lois n'est-il pas cependant tempéré par un autre principe ?

Oui, le principe de la non-rétroactivité des lois est tempéré par cet autre principe : que les lois nouvelles sont présumées meilleures que celles qu'elles remplacent. D'où il résulte que si les lois nouvelles doivent respecter les droits acquis, elles peuvent porter atteinte à des intérêts ou à de simples espérances.

Comment applique-t-on le principe de la non-rétroactivité des lois ?

Pour l'application de ce principe il faut distinguer :

1° Les lois qui règlent l'état et la capacité des personnes.

2° Les lois qui règlent la forme des actes.

3° Les lois qui règlent la preuve et l'interprétation des actes.

4° Les lois qui règlent la procédure.

5° Les lois pénales.

Comment applique-t-on le principe de la non-rétroactivité relativement aux lois qui règlent l'état et la capacité des personnes ?

Les lois qui règlent l'état et la capacité des personnes n'ont aucun effet rétroactif en ce qui touche les droits acquis, les actes légalement accomplis sous l'empire des lois antérieures — mais elles peuvent modifier l'état et la capacité des personnes à partir du moment même de leur promulgation et leur interdire par conséquent des actes qu'elles auraient pu jusqu'alors valablement accomplir. En effet, la capacité de faire certains actes, ne constitue pas un droit acquis. C'est un état qui a ses périls et ses avantages, c'est une pure faculté qui est susceptible d'être modifiée à chaque instant.

Comment applique-t-on le principe de la non-retroac-tivité relativement aux lois qui règlent la forme des actes?

Les lois qui règlent la forme des actes n'ont jamais d'effets rétroactifs. On applique à ces actes la loi qui était en vigueur au moment où ils ont été passés suivant la règle : *tempus regit actum.*

Comment applique-t-on le principe de la non-rétroac-tivité relativement aux lois qui règlent la preuve et l'inter-prétation des actes?

Les lois qui règlent la preuve et l'interprétation des actes n'ont également jamais d'effets rétroactifs.

Supposons, par exemple, qu'une loi décide aujourd'hui que la preuve testimoniale ne sera pas admise au-dessus de 100 fr. — Cette disposition n'empêchera pas un créancier d'établir par la preuve testimoniale qu'il a remis à un débi-teur une somme de 140 fr. à une époque où la preuve tes-timoniale était admise jusqu'à 150. Si ce créancier s'est contenté de faire constater ce prêt par témoins au lieu de le faire constater par écrit, c'est parce qu'à ce moment là le premier moyen de constatation était reconnu suffisant. En ne lui permettant pas de le faire valoir, on porterait donc atteinte à un droit véritablement acquis.

Comment applique-t-on le principe de la non-rétroac-tivité relativement aux lois qui règlent la procédure?

Les lois qui règlent la procédure sont susceptibles de pro-duire des effets rétroactifs. En effet, si les particuliers ont un droit acquis à ce que les actes qu'ils ont passés produisent les effets qu'ils en attendaient à ce moment ils n'ont pas le même droit à ce que l'on procède d'une manière plutôt que d'une autre, pourvu qu'en définitive ils retirent de ces actes tous les avantages qu'ils en attendaient.

*Comment applique-t-on le principe de la non-rétroac-
tivité relativement aux lois pénales?*

Les lois pénales n'ont pas d'effet rétroactif. A leur égard
on admet qu'il faut appliquer la loi la plus douce, il y a là,
comme on le voit, une exception au principe de la non-rétroactivité des lois. Cette exception se justifie par cette autre
règle : que les lois nouvelles sont présumées plus équitables
que celles qu'elles remplacent.

§ III. — De l'Objet des Lois.

Comment divise-t-on les lois sous le rapport de leur objet?

Sous le rapport de leur objet, les lois se divisent en lois
réelles et lois personnelles. Les lois personnelles se subdivisent elles-mêmes en lois personnelles proprement dites
et en lois de police et de sûreté. (Art. 3.)

Qu'est-ce que les lois réelles?

Les lois réelles sont celles qui s'occupent directement e
principalement des biens et accessoirement des personnes —
en d'autres termes, ce sont celles qui ont pour objet d'organiser la possession et la transmission des biens.

Qu'est-ce que les lois personnelles ?

Les lois personnelles sont celles qui s'occupent directement et principalement des personnes et accessoirement des
biens — en d'autres termes, ce sont celles qui ont pour objet
de régler l'état et la capacité des personnes.

Qu'est-ce que les lois de police et de sûreté?

Les lois de police et de sûreté sont celles qui assurent la
liberté, la tranquillité et la sécurité des citoyens.

Les lois de police et de sûreté font partie des lois personnelles, parcequ'elles se rapportent principalement aux personnes — mais elles en forment une classe distincte, car, ainsi que nous le verrons tout-à-l'heure, elles produisent des effets différents.

Quelles sont les principales lois réelles?

Les principales lois réelles sont celles qui régissent la propriété et ses démembrements, ainsi que celles qui traitent des différentes manières d'acquérir et de transmettre les biens.

Quelles sont les principales lois personnelles?

Les principales lois personnelles sont celles qui ont rapport aux actes de l'état civil, au mariage, à la puissance paternelle, à la minorité.

Quelles sont les principales lois de police et de sureté?

Les principales lois de police et de sûreté sont celles qui établissent des peines contre les crimes, les délits et les contraventions.

N'est-il pas quelquefois assez difficile de distinguer si une loi est réelle ou si elle est personnelle?

Oui, car une loi ne peut guère parler des personnes sans s'occuper des biens, et réciproquement une loi ne peut guère traiter des biens sans parler des personnes. Pour reconnaître si une loi est réelle ou si elle est personnelle, il faut examiner quel est l'objet qu'elle a directement et principalement en vue. Ainsi, les dispositions relatives aux hypothèques légales des mineurs et des femmes mariées, appartiennent au statut réel lorsque nous les trouvons dans la matière des hypothèques parcequ'elles ne sont alors qu'une dépendance d'une loi générale qui se rapporte directement aux biens. Au contraire, la mention qui est faite de ces mêmes hypothèques dans la matière des incapacités, appartient au statut personnel, parcequ'elle est une dépendance d'une loi générale concernant directement les personnes.

Quels sont les effets des lois réelles ?

Les lois réelles régissent tous les immeubles situés en France, lors même que ces immeubles appartiennent à des étrangers — car, aucune portion du territoire ne doit être soustraite à l'administration du souverain. (Art. 3.)

Quels sont les effets des lois personnelles ?

Les lois personnelles n'obligent que les Français, mais elles les suivent partout ou ils se trouvent, même en pays étrangers. C'est ainsi que le mariage d'un Français en pays étranger ne serait pas reconnu valable en France en l'absence des conditions d'âge, de consentement des parents, etc., etc., exigées par les lois françaises. (Art. 3.)

Que signifie donc alors la règle locus regit actum ?

La règle *locus regit actum* a rapport seulement à la forme des actes — elle est tout à fait étrangère à leurs autres conditions de validité. Ce n'est qu'en les supposant d'ailleurs accomplies qu'elle décide que les actes passés par un Français à l'étranger peuvent être valables en France, s'ils ont été faits suivant les formes usitées dans le pays ? (Art. 170).

Quels sont les effets des lois de police et de sûreté ?

Les lois de police et de sûreté obligent non-seulement les Français, mais encore tous les étrangers qui habitent la France, où qui s'y trouvent accidentellement.

Comment l'état et la capacité des étrangers sont-ils régis en France?

Le code ne s'est pas formellement expliqué sur ce point. Mais on admet généralement que de même que l'état et la capacité des Français sont régis à l'étranger par les lois françaises, de même l'état et la capacité des étrangers sont régis en France par les lois personnelles de leur pays, pourvu toutefois, que ces lois ne soient pas contraires à l'ordre public.

Les meubles possédés par des étrangers sont-ils régis par les lois françaises où par les lois étrangères?

Quoique l'article 3 ne fasse mention que des immeubles, tout le monde est d'accord pour reconnaitre que les meubles *considérés individuellement*, sont régis par la loi française, car le système contraire aurait trop d'inconvénients. Ainsi, les meubles apportés par un étranger dans l'appartement qu'il loue peuvent être saisis et vendus à défaut de paiement des loyers, conformément à notre code de procédure.

Mais, quant aux meubles *considérés comme universalités*, c'est-à-dire comme pouvant faire l'objet de legs universels ou à titre universels, les auteurs ne sont pas d'accord.

Suivant les uns, il faut appliquer la loi française, car la souveraineté nationale doit s'étendre à toutes les choses corporelles qui sont en France. Suivant les autres, il faut appliquer la loi étrangère, car rien n'autorise à penser que la règle en vigueur dans notre ancien droit : *mobilia ossibus personæ inhærent*, ait été abandonnée par le code. Seulement, il ne faut l'appliquer qu'autant qu'il n'en résulte pas de préjudice pour un Français. — Cette opinion nous parait préférable. (MM. Bugnet, Valette, Demolombe.)

§ IV. — De l'Application des Lois.

Quelles sont les règles établies par le Code, relativement à l'application des lois?

Trois règles importantes ont été établies par le Code relativement à l'application des lois, savoir :

1° Il est enjoint aux juges de toujours prononcer sur les différends qui leur sont soumis. (Art. 4).

2° Il est expressément défendu aux juges de prononcer par voie de disposition générale et réglementaire. (Art. 5).

3° Les particuliers peuvent faire toutes conventions qui ne

sont pas contraires à l'ordre public ou aux bonnes mœurs.
(Art. 6.)

*Que doivent faire les juges en cas de silence, d'obscurité
ou d'insuffisance de la loi ?*

Les juges ne peuvent s'abstenir de prononcer, même en cas
de silence, d'obscurité ou d'insuffisance de la loi, sans se rendre
coupables d'un délit connu sous le nom de *déni de justice*
Par conséquent, si la loi est obscure ou insuffisante ils doivent
recourir aux règles de l'interprétation, ou se guider par analogie — si elle est silencieuse, ils doivent décider d'après
leurs lumières naturelles lorsqu'il s'agit d'un procès civil, où
prononcer l'absolution de l'accusé lorsqu'il s'agit d'une
affaire criminelle. (Art. 4)

*Pour quels motifs est-il défendu aux juges de prononcer
par voie de dispositions générales et réglementaires ?*

C'est parce qu'en prononçant ainsi, ils empiéteraient sur le
pouvoir législatif — et qu'ils détruiraient l'unité de la loi.

*Comment pourrait-on reconnaître si une convention est
contraire à l'ordre public ou aux bonnes mœurs ?*

Le législateur n'a pas défini le sens et la portée de ces
mots *ordre public* et *bonnes mœurs*; il a donc entendu laisser aux tribunaux toute liberté d'appréciation à cet égard, si
ce n'est pour certains cas sur lesquels il a cru devoir s'expliquer formellement. C'est ainsi qu'il prohibe la vente d'une
succession qui n'est pas encore ouverte.

Comment les lois sont-elles interprétées ?

L'interprétation des lois a lieu par voie de doctrine ou par
voie d'autorité.

L'interprétation par voie de doctrine est celle qui émane
des jurisconsultes; elle n'a pas d'autre force obligatoire que
celle qu'elle puise dans les arguments sur lesquels elle se
fonde.

L'interprétation par voie d'autorité est celle qui émane soit du juge, soit du législateur.

Lorsqu'elle émane du juge, elle a un caractère d'individualité. Elle n'est obligatoire que pour les faits particuliers à l'occasion desquels elle s'est produite.

Lorsqu'elle émane du législateur, elle a, au contraire, un caractère de généralité. Elle est obligatoire pour tous les faits présents et à venir qui s'y rapportent.

La loi de 1837 n'attribue-t-elle pas cependant à la cour de cassation un certain pouvoir d'interprétation réglementaire?

Oui, mais ce pouvoir réglementaire est loin d'être absolu, comme celui qui émane du législateur, de plus il n'est pas général. Il n'oblige qu'un tribunal et il n'oblige ce tribunal que dans un seul cas.

Dans quel cas un tribunal est-il obligé de statuer conformément à l'interprétation de la cour de cassation?

La cour de cassation est un tribunal unique; placé au sommet de la hiérarchie judiciaire, et dont la mission consiste à surveiller l'application des lois en cassant tous jugements ou arrêts des tribunaux placés au-dessous d'elle qui y sont contraires.

Mais là se borne sa mission. Elle n'apprécie pas les faits, elle ne vide pas les différends, elle renvoie les parties devant d'autres juges pour les examiner à nouveau.

Si le second jugement ou arrêt rendu par ces nouveaux juges est encore et à raison de la même violation de la loi, réformé par la cour de cassation, cette cour en renvoyant les parties devant une troisième juridiction, oblige par son arrêt de renvoi — et c'est en cela qu'apparaît son pouvoir réglementaire — les juges saisis en dernier lieu, à se renfermer dans l'examen des faits, et à suivre en tout point son interprétation sur la question de droit.

LIVRE PREMIER

DES PERSONNES

Avant de commencer l'étude du premier livre il est nécessaire d'en indiquer l'objet et de tracer à grands traits l'ordre et l'enchaînement logique des matières qui le composent, afin que l'esprit satisfait par cette vue d'ensemble, puisse en saisir les détails avec plus de netteté.

Nous avons distingué précédemment deux classes de droits : les droits réels et les droits personnels. C'est qu'en effet les droits ne peuvent avoir en vue que des personnes ou des choses. Sans doute ces deux objets ont entr'eux une relation très-étroite ; ils coexistent, l'un comme sujet actif, l'autre comme objet passif du droit, et l'on ne pourrait guère concevoir au point de vue juridique les personnes sans les choses et réciproquement les choses sans les personnes. Mais, tout en se trouvant ainsi liés l'un à l'autre, ils ne se confondent pas, et l'on peut très-bien les considérer séparément. C'est ce que fait le premier livre du Code en traitant spécialement des personnes.

On appelle personnes les êtres juridiques susceptibles d'avoir des droits et des devoirs.

Il y a deux classes de personnes :

1° Les personnes capables, c'est-à-dire celles qui exercent elles-mêmes leurs droits et leurs devoirs.

2° Les personnes incapables, c'est-à-dire celles qui, soit à cause de leur âge, soit à cause de leur infirmité d'esprit, soit à cause du mariage, n'exercent pas elles-mêmes leurs droits et leurs devoirs, ou ne les exercent qu'en partie.

Le premier livre examine d'abord les personnes en les considérant comme capables, il établit : quelle est la source de leur aptitude légale, — comment se constatent leurs droits, — comment ils s'exercent, — comment ils s'étendent ou se modifient par le mariage, la paternité, l'adoption.

Arrivant ensuite aux personnes incapables, il fait apercevoir les causes, les effets, les degrés de l'incapacité; puis il expose les règles au moyen desquelles la loi leur procure la jouissance des droits civils quoiqu'ils n'en aient pas l'exercice.

Le premier livre comprend onze titres savoir :

Titre I. De la jouissance et de la privation des droits civils.
(Décrété le 8 mars 1803 — promulgué le 18 du même mois.)

Titre II. Des actes de l'état civil.
(Décrété le 11 mai 1803 — promulgué le 21 du même mois.)

Titre III. Du domicile.
(Décrété le 14 mars 1803 — promulgué le 24.)

Titre IV. De l'absence.
(Décrété le 15 mars 1803 — promulgué le 25.)

Titre V. Du mariage.
(Décrété le 17 mars 1803 — promulgué le 27.)

Titre VI. Du divorce.
(Décrété le 21 mars 1803 — promulgué le 31.)

Titre VII. De la paternité et de la filiation.
(Décrété le 23 mars 1803 — promulgué le 2 avril)

Titre VIII. De l'adoption.
(Décrété le 23 mars 1803 — promulgué le 2 avril.)

Titre IX. De la puissance paternelle.
(Décrété le 24 mars 1803 — promulgué le 3 avril.)

Titre X. De la minorité, — de la tutelle, — de l'émancipation.
(Décrété le 30 mars 1803 — promulgué le 6 avril.)

Titre XI. De la majorité, — de l'interdiction, — du conseil judiciaire.
(Décrété le 20 mars 1803 — promulgué le 8 avril.)

LIVRE I, TITRE I.

DE LA JOUISSANCE ET DE LA PRIVATION DES DROITS CIVILS.

Les droits sont des facultés que la loi confère aux personnes. Ils sont politiques où civils.

Les droits politiques dérivent du droit constitutionel. Ils consistent dans la faculté de participer plus où moins directement à l'établissement où à l'exercice de la puissance publique.

Les droits civils dérivent du droit privé. Ils ont pour objet de déterminer les rapports des particuliers entr'eux.

Suivant les divisions du code nous traiterons:

Chapitre I. — De la jouissance des droits civils.

Chapitre II. — De la privation des droits civils.

CHAPITRE Ier.

De la jouissance des droits civils.

(Art. 7 à 16).

Quel est l'objet de ce chapitre ?

Ce chapitre comprend les trois questions suivantes :

1° à qui appartient la jouissance des droits civils ?

2° comment s'obtient la qualité de français?

3° quelle est la condition civile des étrangers en France?

§ I. — A qui appartient la jouissance des droits civils.

Qu'entend-on par personne ?

On entend par personne tout être susceptible d'avoir des droits et des devoirs.

La qualité de personne n'appartient-elle qu'aux particuliers ?

Non, elle peut encore appartenir à certaines collections d'individus où d'intérêts comme à l'Etat, aux communes, aux sociétés commerciales qui sont connues sous le nom de personnes morales, parce qu'elles sont susceptibles d'avoir, comme les particuliers, des droits et des devoirs à remplir.

Qu'entend-on par droits civils ?

On entend par droits civils les facultés que la loi confère aux particuliers, dans leurs rapports entr'eux; tels sont les droits de contracter mariage, de devenir propriétaires, de disposer de ses biens.

Qu'est-ce que la jouissance des droits civils ?

La jouissance des droits civils, consiste dans la propriété même de ces droits ; ou, si on l'aime mieux, dans l'aptitude légale à en retirer tous les avantages qu'ils comportent.

Qu'est-ce que l'exercice des droits civils ?

L'exercice des droits civils n'est pas autre chose que la faculté d'en user, de faire soi-même les actes, d'accomplir soi-même les formalités qui sont nécessaires pour la mise en œuvre de la jouissance.

Peut-on avoir la jouissance d'un droit sans en avoir l'exercice ?

Oui. C'est ainsi que les femmes mariées, les mineurs et les interdits ont la jouissance des droits civils quoiqu'ils ne puissent les exercer eux-mêmes.

Au contraire, on ne peut exercer un droit sans en avoir la jouissance, à moins qu'on ne l'exerce au nom d'une autre personne, ainsi que le font les maris où les tuteurs.

N'y a-t-il pas certains droits qui ne peuvent exceptionnellement être exercés que par les personnes mêmes qui en ont la jouissance?

Oui, certains droits comme celui de contracter mariage où de disposer par testament, ne peuvent exceptionnellement être exercés que par les personnes qui en ont la jouissance.

A qui appartient la jouissance des droits civils?

La jouissance des droits civils appartient à tous les français sans distinction d'âge ni de sexe. (art. 8)

A qui appartient l'exercice des droits civils?

L'exercice des droits civils appartient à tous les français que la loi n'a pas déclaré incapables. Les personnes que la loi a déclaré incapables sont : les femmes mariées, les mineurs, les interdits et certains condamnés. (art. 7).

A qui appartient la jouissance des droits politiques?

La jouissance des droits politiques n'appartient qu'à ceux qui ont la qualité de citoyen. Aujourd'hui tout français mâle et majeur est citoyen. (art. 7).

§ II. — Comment s'obtient la qualité de Français.

Comment est-on Français?

On est Français de deux manières :

1° Par la naissance.

2° Par un fait postérieur à la naissance.

1. — *Comment est-on Français par la naissance?*

On est Français par la naissance, lorsqu'on est né de parents français. (art. 10).

Dans l'ancien droit n'était-on pas encore français par la naissance d'une autre manière.

Oui. Dans l'ancien droit on était Français par la naissance non-seulement lorsqu'on était né de parents français, mais encore lorsqu'on était né sur le sol français. Aujourd'hui la qualité de français ne dépend plus du lieu de naissance, mais de l'origine.

Le fait d'être né en France ne produit-il pas cependant encore aujourd'hui quelques effets favorables?

Oui, si ce fait ne confère plus en principe la qualité de Français, il est néanmoins susceptible de produire certains effets favorables. Ainsi :

1º L'enfant né en France de père et mère inconnus est réputé Français jusqu'à preuve contraire. (art. 9).

2º L'enfant né en France d'un étranger acquiert plus facilement que tout autre étranger la qualité de Français. (a. 9).

3º L'enfant né en France d'un étranger qui lui-même y était né est réputé Français tant qu'il n'a pas réclamé la qualité d'étranger. (loi de 1851).

Les père et mère des enfants légitimes ont-ils toujours la même condition civile ?

Si l'on s'en rapportait au sens littéral des articles 12 et 19 aux termes desquels la femme *suit* la condition de son mari les père et mère des enfants légitimes auraient toujours la même condition civile.

Mais cette expression que la femme *suit* la condition de son mari, veut dire simplement qu'elle la prend au moment où elle se marie — et non pas, comme on pourrait le croire — que les changements qui peuvent survenir plus tard dans la condition du mari lui font subir des modifications analogues. D'où il résulte, que si les père et mère des enfants légitimes ont nécessairement la même condition au moment de la célébration du mariage, ils peuvent très bien plus tard avoir des conditions différentes.

Lorsque les père et mère ont des conditions différentes, les enfants suivent-ils la condition du père ou celle de la mère ?

Il faut distinguer :

1° Les enfants légitimes suivent la condition de leur père, parceque c'est lui qui exerce la puissance paternelle.

2° Les enfants naturels reconnus par leurs père et mère suivent la condition du père, parceque c'est lui qui leur donne son nom et qui exerce la puissance paternelle. (MM. Marcadé, Demolombe, Bugnet, Valette.)

3° Les enfants naturels reconnus par leur mère seulement suivent sa condition.

4° Enfin les enfants naturels nés de père et mère inconnus, sont Français par cela seul qu'ils sont nés en France.

Dans l'ancien droit, les enfants naturels reconnus par leurs père et mère ne suivaient-ils pas la condition de leur mère?

Oui dans l'ancien droit on appliqait la règle romaine *partus ventrem sequitur*, d'après laquelle, les enfants nés hors mariage suivaient la condition de leur mère.

A quel moment la nationalité de l'enfant se détermine-t-elle ?

En principe la nationalité de l'enfant se détermine :

Au moment de la conception, lorsqu'il suit la condition de son père.

Au moment de la naissance, lorsqu'il suit la condition de sa mère.

Mais l'application de cette règle est tempérée par la maxime : *infans conceptus pro nato habetur, quoties de ejus commodis agitur* — suivant laquelle, l'enfant étant considéré comme né aussitôt qu'il est conçu, on lui accorde la qualité de français dès qu'il s'est trouvé dans le cas de l'obtenir à un moment quelconque de la grossesse. (MM. Marcadé , Demolombe.)

II. — *Comment devient-on français par un fait postérieur à la naissance ?*

On devient français par un fait postérieur à la naissance , de trois manières :

1° Par le bienfait de la loi.

2° Par la naturalisation.

3° Par l'annexion à la France d'un territoire étranger.

Quelles différences y a-t-il entre ces trois modes d'acquisitions de la qualité de Français?

Il y a entre ces trois modes d'acquisitions de la qualité de Français les différences suivantes :

Celui qui devient Français par le bienfait de la loi , le devient en vertu d'une disposition législative, et indépendemment de toute décision du gouvernement.

Celui qui acquiert la qualité de Français par la naturalisation , l'acquiert au contraire par une faveur que le gouvernement est libre d'accorder ou de refuser.

Enfin celui qui est Français par l'annexion , l'est en vertu d'un fait auquel il reste lui-même tout-à-fait étranger.

Comment devient-on Français par le bienfait de la loi ?

On devient Français par le bienfait de la loi, soit en vertu de dispositions du code, soit en vertu de dispositions législatives postérieures au code.

Quels sont ceux qui deviennent Français par le bienfait de la loi, en vertu des dispositions du code ?

Ce sont :

1° Les enfants nés en France de parents étrangers (art. 9).

2° Les enfants nés à l'étranger d'un père qui avait perdu la qualité de Français. (art. 10.)

3° Les femmes étrangères qui épousent des Français. (art. 12.)

Quels sont ceux qui deviennent Français par le bienfait de la loi, en vertu de dispositions postérieures au code?

Ce sont :

1° Les enfants nés en France d'un père qui avait perdu la qualité de Français. (loi de 1851.)

2° Les enfants nés en France où à l'étranger d'un père, qui, depuis leur naissance, s'est fait naturaliser Français.

Les personnes qui se trouvent dans l'un des cinq cas que nous venons d'énumérer, obtiennent-elles la qualité de Français sans avoir à remplir aucune formalité?

Il faut distinguer :

Il y en a qui obtiennent cette qualité sans avoir à remplir aucune formalité — d'autres ne l'obtiennent, au contraire, que sous certaines conditions.

1° *A quelles conditions les enfants nés en France de parents étrangers obtiennent-ils la qualité de Français ?*

Ils n'obtiennent la qualité de Français qu'à la triple condition : (art. 9.)

1° De déclarer à la municipalité du lieu de leur résidence actuelle ou future, que leur intention est de fixer leur domicile en France.

2° De l'y fixer effectivement dans l'année qui suit leur déclaration.

3° De faire cette déclaration dans l'année de leur majorité. Mais, aux termes de la loi de 1849, ils peuvent la faire après l'année, s'ils ont servi dans l'armée française où satisfait à la loi du recrutement.

2° *A quelles conditions les enfants nés à l'étranger d'un ci-devant Français obtiennent-ils la qualité de Français ?*

Ils obtiennent la qualité de Français, en remplissant seu-

lement les deux premières conditions exigées pour les enfants nés en France de parents étrangers. (art. 10.)

Ainsi ils peuvent, à toute époque, sans avoir servi dans
l'armée française, où satisfait à la loi du recrutement, faire
la déclaration qu'ils ont l'intention de fixer leur domicile en
France ?

3° *A quelles conditions les femmes étrangères qui épousent
des Français obtiennent-elles la qualité de Français?*

Les femmes étrangères qui épousent des Français obtiennent la qualité de Français par le seul fait de leur mariage
et sans avoir à remplir aucunes formalités.

4° *A quelles conditions les enfants nés en France, d'un ci-
devant Français, obtiennent-ils la qualité de Français ?*

Ils obtiennent cette qualité de plein droit, et sans avoir
à remplir aucunes formalités. Mais ils peuvent, au contraire,
réclamer la qualité d'étranger, s'ils la préfèrent, pourvu qu'ils
le fassent dans l'année de leur majorité.

5° *A quelles conditions les enfants nés en France ou à l'é-
tranger, d'un père qui, depuis leur naissance, s'est fait
naturaliser étranger, obtiennent-ils la qualité de Français ?*

Ils n'obtiennent la qualité de Français qu'en remplissant
les trois conditions exigées pour les enfants nés en France
de parents étrangers.

N'y a-t-il pas deux sortes de naturalisation?

Oui, il y a deux sortes de naturalisation : la naturalisation
ordinaire et la naturalisation extraordinaire.

*Comment devient-on français par la naturalisation or-
dinaire?*

On devient Français par la naturalisation ordinaire à la
triple condition :

1° D'avoir vingt-un ans accomplis.

2º D'avoir obtenu du chef de l'Etat l'autorisation do résider en France.

3º D'y avoir résidé effectivement pendant dix ans, à partir de cette autorisation.

Comment devient-on Français par la naturalisation extraordinaire?

On devient Français par la naturalisation extraordinaire en remplissant seulement les deux premières conditions exigées pour la naturalisation ordinaire. Une année de résidence suffit.

Ces deux sortes de naturalisation ne sont-elles pas accordées par le gouvernement?

Oui, elles sont accordées toutes les deux par le gouvernement, qui n'est jamais du reste obligé à le faire. De plus la naturalisation extraordinaire n'est accordée qu'aux étrangers qui ont rendu à la France des services importants: l'une et l'autre confèrent aujourd'hui aux étrangers tous les droits politiques et tous les droits civils. (loi de 1849 et 1852).

Comment devient-on Français par l'annexion d'un pays étranger à la France?

On devient Français par le seul fait de cette annexion, soit qu'elle résulte d'un traité amiable, soit qu'elle provienne de la conquête.

II. — De la condition civile des étrangers en France.

Ne faut-il pas distinguer deux classes d'étrangers?

Oui, il faut distinguer deux classes d'étrangers.

1º Les étrangers ordinaires, c'est-à-dire ceux qui résident en France, sans avoir obtenu l'autorisation spéciale du gouvernement.

2° Les étrangers privilégiés, c'est-à-dire ceux qui ont obtenu cette autorisation.

Les étrangers privilégiés jouissent de tous les droits civils.

Les étrangers ordinaires ont au contraire une condition civile différente de celle des Français.

Ni les uns ni les autres, ne jouissent d'ailleurs des droits politiques, qui sont exclusivement propres à la qualité de Français.

Quelles sont les questions principales que nous avons à examiner relativement à la condition civile des étrangers en France?

Relativement à la condition civile des étrangers en France, nous avons à examiner les quatre questions suivantes :

I. Quels sont les droits qui sont spécialement accordés aux étrangers ordinaires ?

II. Quels sont les droits qui leur sont expressément retirés ?

III. Doit-on les considérer comme n'ayant que les droits qui leur ont été spécialement accordés ? — où comme ayant tous les droits qui ne leur ont pas été expressément retirés ?

IV. En quoi la condition civile des étrangers privilégiés diffère-t-elle de celle des Français ?

I. — *Quels sont les droits qui sont accordés aux étrangers ordinaires ?*

Avant de répondre à cette question, il est nécessaire de faire connaître en peu de mots quelle était la condition civile des étrangers en France, soit dans notre ancien droit, soit dans le droit intermédiaire, soit sous l'empire du Code. Nous aurons ainsi une idée plus exacte de ce qu'elle est aujourd'hui depuis les modifications apportées au Code, par la loi de 1819.

Quel était la condition des étrangers en France dans notre ancien droit?

Dans notre ancien droit, les étrangers résidant en France, étaient frappés de la double incapacité d'acquérir et de transmettre par succession légitime où testamentaire. Leurs biens, s'ils ne laissaient pas d'enfants ayant acquis eux-mêmes la qualité de Français, étaient dévolus à l'Etat. C'est ce qu'on appellait le droit d'aubaine.

Ils pouvaient d'ailleurs acquérir et transmettre par donation et faire tous les actes à titre onéreux.

Quelle était la condition des étrangers en France dans le droit intermédiaire?

Sous l'empire des idées de fraternité universelle qui dominaient alors, l'assemblée nationale avait aboli le droit d'aubaine, ainsi que le droit de détraction où de retenue d'un dixième sur les successions qui l'avait remplacé, vers les derniers temps de la monarchie. Dans le droit intermédiaire, les étrangers jouissaient donc de tous les droits civils.

Quelle était la condition des étrangers en France sous l'empire du Code?

Les idées de fraternité universelle, avaient abouti à une guerre générale. Les rédacteurs du Code s'inspirant d'idées plus pratiques, décidèrent que les étrangers jouiraient en France, de tous les droits civils accordés aux Français dans leurs pays, par suite d'un commun accord entre notre gouvernement et le leur. C'est ce qu'on appelle le principe de réciprocité. (Art. 11.)

Quelles sont les modifications apportées au Code par la loi de 1819?

Abrogeant les articles 726 et 912 du Code civil, la loi du 14 juillet 1819 permit aux étrangers d'acquérir et de transmettre soit par donation, soit par succession légitime où testamentaire, indépendamment de toute réciprocité.

Quels sont les droits dont les étrangers jouissent aujourd'hui en France?

Aujourd'hui les étrangers peuvent :

1° Acquérir et transmettre, soit par donation, soit par succession légitime ou testamentaire. — Ce qui résulte de la loi de 1819.

2° Devenir propriétaires de biens situés en France — ce que suppose implicitement l'art. 3 du Code; et, par voie de conséquence, acquérir tous les droits d'usufruit et de servitudes qui sont des démembrements du droit de propriété, et accomplir tous les actes au moyen desquels on devient propriétaire où par lesquels on cesse de l'être.

3° Être créanciers d'un Français — ce que suppose l'article 15, et par voie de conséquence, accomplir tous les actes par lesquels on devient créancier, où par lesquels on cesse de l'être.

4° Introduire par eux-mêmes une action en justice — ce que dit expressément l'art. 15.

5° Se marier, même avec une femme française — ce que supposent implicitement les articles 12 et 20.

6° Si l'on admet le système que nous examinerons tout à l'heure, suivant lequel, les étrangers ont tous les droits qui ne leur ont pas été expressément refusés, ils peuvent exercer la puissance maritale et paternelle, adopter, remplir les fonctions de tuteur et de curateur et en général accomplir tous les droits de famille.

7° Enfin, en vertu du principe de réciprocité, ils peuvent même jouir des droits qui leur ont été expressément retirés, lorsque ces droits sont accordés aux Français dans leur pays par l'effet d'un traité intervenu entre leur gouvernement et le gouvernement français.

II. — *Quels sont les droits qui sont expressément refusés aux étrangers ordinaires ?*

Les droits qui sont expressément refusés aux étrangers ordinaires sont au nombre de trois, ainsi :

1° Ils ne peuvent invoquer la règle : *actor forum sequitur rei.* (Art. 14.)

2° Ils ne peuvent plaider comme demandeurs qu'à la condition de fournir la caution *judicatum solvi.* (Art. 16.)

3° Leur état et leur capacité sont régis non par la loi française, mais par celle de leur pays.

En quel sens disons nous que les étrangers ordinaires ne peuvent pas invoquer la règle : actor forum sequitur rei ?

La règle *actor forum sequitur rei* oblige le demandeur en matière personnelle, à assigner le défendeur devant le tribunal de son domicile. (Art. 59. Code de procédure.)

En disant que les étrangers ne peuvent pas invoquer cette règle, on entend par là que les Français qui les poursuivent, peuvent les assigner devant un tribunal français, et par conséquent, devant un tribunal autre que celui de leur domicile, lorsqu'ils ne sont pas domiciliés en France, et cela, lors même que le contrat aurait été passé à l'étranger. (Art. 14.) Le Français demandeur doit alors les traduire devant le tribunal de son propre domicile.

Par réciprocité, le Français défendeur peut toujours être cité par un étranger devant un tribunal français, lors même qu'il aurait contracté à l'étranger. (Art. 15.) Mais il peut alors, avant toutes poursuites, exiger la caution *judicatum solvi ?*

En quoi consiste la caution judicatum solvi ?

La caution *judicatum solvi* consiste dans l'obligation où se trouve l'étranger, qui intente un procès contre un Français, de présenter une personne solvable, pour garantir à ce dernier le paiement de tous les dommages-intérêts et frais qui pourront lui être dûs à l'occasion du procès.

Dans quels cas les étrangers sont-ils dispensés de fournir cette caution ?

Ils en sont dispensés :

1° Lorsqu'ils ne sont pas demandeurs ; parceque ce serait porter atteinte au droit naturel de la défense que de les y obliger dans ce cas là. (Art. 16.)

2° Lorsqu'ils intentent une action commerciale ; parceque la nécessité de donner caution eut apporté des entraves aux affaires commerciales avec les étrangers. (M. Bugnet.) (Art. 16.)

3° Lorsqu'ils justifient avoir en France des immeubles suffisants pour garantir le paiement des frais et dommages-intérêts qui peuvent résulter du procès. (Art, 16.)

4° Lorsqu'ils ont consigné une somme suffisante pour la même garantie.

5° Enfin, lorsqu'ils appartiennent à une nation avec laquelle on a conclu un traité, en vertu duquel ils en sont exemptés. (Art. 11.)

A quel moment la caution judicatum solvi doit-elle être exigée?

La caution *judicatum solvi* doit être exigée dès le début du procès. Le défendeur qui ne la demande pas est présumé y renoncer. Par conséquent, il ne peut pas contraindre l'étranger à qui il ne l'a pas réclamé en première instance et qui serait encore demandeur en appel à la fournir, à moins que lors du procès en première instance il ne se fût rencontré une cause de dispense qui n'existerait plus en appel. (MM. Bugnet. Valette.)

Avant l'abolition de la contrainte par corps, la condition civile des étrangers n'était-elle pas sous trois autres rapports, inférieure à celle des Français?

Oui , elle était inférieure à celle des Français sous ces trois rapports :

1° Ils étaient de droit commun contraignables par corps pour toute condamnation supérieure à 150 fr.

2° Ils pouvaient être incarcérés provisoirement en vertu d'une simple ordonnance du juge, par cela seul qu'ils étaient débiteurs et que leur dette était exigible.

3° Ils ne pouvaient pas échapper à la contrainte par corps au moyen de la cession de biens.

III. *Doit-on considérer les étrangers comme n'ayant que les droits qui leur ont été spécialement accordés? — où, doit-on les considérer, comme ayant tous les droits qui ne leur ont pas été expressément retirés?*

Avant d'aborder cette discussion, il faut en montrer l'intérêt pratique. Or, voici cet intérêt :

Le législateur a gardé un silence absolu relativement à certains droits, tels que la faculté d'exercer la puissance maritale et paternelle, d'adopter, de remplir les fonctions de tuteur ou curateur. Faut-il refuser ces droits aux étrangers ? ou faut-il les leur accorder? Evidemment, il faut les leur refuser s'ils n'ont que les droits qui leur ont été spécialement concédés ; tandis qu'il faut, au contraire, les leur accorder, s'ils ont tous les droits qui ne leur ont pas été expressément refusés.

I. *Sur quels arguments s'appuie-t-on pour soutenir que les étrangers n'ont en France que les droits qui leur ont été spécialement accordés?*

On s'appuie sur deux arguments principaux :

1° Le premier se tire de l'article 8, d'après lequel la jouissance des droits civils semble exclusivement attachée à la qualité de Français.

2° Le second se tire de l'article 11, d'après lequel la jouissance des droits civils n'est accordée aux étrangers que lorsqu'un traité est intervenu entre leur gouvernement et le notre, et leur a ainsi procuré des avantages exceptionnels.

De là il semble en effet résulter, que les étrangers n'ont pas en droit commun la jouissance des droits civils et qu'il ne faut leur attribuer que les droits qui leur on été spécialement concédés.

Comment réfute-t-on cette doctrine ?

On la réfute en montrant qu'elle conduit à des conséquences inadmissibles. En effet, si en l'absence de traité, les étrangers ne jouissent que des droits qui leur ont été spécialement concédés, on est forcé d'admettre qu'ils n'ont absolument aucun droit ; qu'ils ne peuvent être ni propriétaires ni créanciers en France, qu'ils ne peuvent pas s'y marier avec des personnes françaises, que toute action en justice leur est interdite, car, tous ces droits résultent des articles 12, 14, 15 et 19 qui ne les concèdent pas expressément, mais qui se bornent à les regarder comme possibles en la personne des étrangers — ce qui ne peut rien faire préjuger puisque ces droits peuvent leur appartenir par l'effet d'un traité.

II. — *Sur quels arguments s'appuie-t-on pour soutenir, au contraire, que les étrangers ont tous les droits qui ne leur ont pas été expressément refusés ?*

Pour soutenir que les étrangers ont en France tous les droits qui ne leur ont pas été expressément refusés, on tire argument :

1° Des articles 12, 14, 15 et 19 du code, aux termes desquels les diverses qualités, de propriétaires, de créanciers, d'époux et de demandeurs, semblent bien reconnus d'une façon générale à tous les étrangers, puisque le législateur n'en limite pas l'application aux étrangers favorisés par un traité.

2° De la loi de 1819 qui, en abrogeant les articles 726 et

912, confère incontestablement à tous les étrangers, la faculté de transmettre et recevoir par succession.

3o De cette considération — que si les étrangers peuvent être propriétaires, créanciers, demandeurs, héritiers, ainsi que nous venons de l'établir, il s'en suit qu'il leur est permis d'exercer tous les actes qu'impliquent ces diverses qualités — que s'ils peuvent contracter mariage, ils s'en suit qu'il leur est permis d'exercer le pouvoir marital et paternel ainsi que les droits d'adoption, de tutelle et de curatelle.

4o Et enfin de cette autre considération — qu'en examinant les droits qui leur ont été retirés, il est facile de se convaincre que les restrictions dont le législateur a usé à leur égard, n'ont pas d'autre motif que celui d'assurer la sécurité des Français dans leur rapport avec eux. L'obligation de fournir la caution *judicatum solvi*, n'a pas évidemment d'autre objet. C'est également ce qui explique l'emploi de la contrainte par corps à laquelle les étrangers étaient tout récemment assujettis.

Cette doctrine doit-elle être admise?

Sous l'empire du Code, la faculté de transmettre et recevoir par succession, n'étant accordée aux étrangers qu'en vertu du principe de réciprocité, il existait une différence considérable et bien caractérisée entre la condition civile des étrangers et celle des Français. Par conséquent, il y avait lieu d'hésiter à admettre comme une règle générale que les étrangers ont de droit commun la jouissance des droits civils, qu'ils possèdent tous les droits qui ne leur ont pas été expressément refusés.

Mais, aujourd'hui, que le principe de réciprocité, tout en continuant de subsister, a perdu ses effets les plus importants par la loi de 1819 et l'abolition récente de la contrainte par corps; aujourd'hui qu'il ne produit plus d'autre effet que celui de dispenser de la caution *judicatum solvi* et d'obliger le Français demandeur à tenir compte envers les étrangers de la règle *actor forum sequitur rei*, on admet généralement et avec raison, que les étrangers en France ont tous les droits qui ne leur ont pas été expressément refusés.

IV. *En quoi la condition civile des étrangers privilégiés diffère-t-elle de celle des Français?*

Ainsi que nous l'avons dit, les étrangers privilégiés sont ceux qui ont obtenu une autorisation spéciale de résider en France. En principe, ces étrangers jouissent de tous les droits civils ; toutefois, leur condition diffère de celle des Français sous trois rapports :

1° Parcequ'ils restent soumis à la loi personnelle de leur pays.

2° Parcequ'ils peuvent être privés de la jouissance des droits civils par une simple décision du gouvernement français, tandis que les Français ne peuvent en être privés que par la loi.

3° Enfin, parcequ'ils perdent cette jouissance par le seul fait de leur établissement en pays étranger, lors même que cet établissement serait fait avec esprit de retour.

Les étrangers privilégiés ont-ils également l'exercice des droits civils ?

Oui, — mais cet exercice ne peut leur appartenir qu'autant qu'ils sont majeurs d'après les lois de leur pays, car, ainsi que nous l'avons fait observer, l'état et la capacité des étrangers ne cessent pas d'être réglés par leurs lois personnelles, quelques soient les droits dont ils jouissent en France, tant qu'ils n'ont pas obtenu la qualité de Français.

L'autorisation de résider en France est-elle personnelle à l'étranger qui l'obtient?

Oui, cette autorisation est toute personnelle à l'étranger qui l'obtient. Il peut, il est vrai, en la demandant pour lui, la demander pour sa femme, pour ses enfants et pour ses domestiques, mais elle sera accordée distinctement et expressément à chacune de ces personnes.

CHAPITRE II.

De la privation des Droits civils.

Comment se divise ce chapitre?

Il se divise en deux sections. En effet, on est privé de la jouissance des droits civils de deux manières :

1° Par la perte de la qualité de Français.

2° Par l'effet de certaines condamnations.

PREMIÈRE SECTION.

De la privation des Droits civils par la perte de la qualité de Français.

(Art. 17 à 21.)

Quel est l'objet de cette section?

La jouissance des droits civils étant, ainsi que nous l'avons vu précédemment, attachée à la qualité de Français, il est clair que la perte de cette qualité suffit pour amener la privation partielle des droits civils.

Par conséquent, l'objet de cette section est d'examiner :

1° Comment se perd la qualité de français.

2° Comment elle se recouvre.

§ I. — Comment se perd la qualité de Français.

Relativement à la perte de la qualité de Français, n'avons-nous pas deux principes importants à observer?

Oui, nous devons observer les deux principes suivants :

1° Tout Français est libre d'abdiquer sa patrie.

2° On ne peut pas avoir deux patries à la fois.

Lorsqu'un Français perd sa qualité, sa femme et ses enfants restent-ils français ?

Oui, la perte de la qualité de Français est essentiellement personnelle, quelle que soit sa cause ; ni la femme, ni les enfants de l'ex-Français n'ont à souffrir de sa déchéance.

Quelle est la condition civile de celui qui a perdu la qualité de Français ?

Celui qui a perdu la qualité de Français est considéré par la loi comme un étranger. Il a, par conséquent, la condition civile des étrangers.

De combien de manières se perd la qualité de Français ?

La qualité de Français se perd de cinq manières, savoir :

1° Par la naturalisation acquise en pays étranger. (1) (Art. 17.)

2° Par l'acceptation de fonctions publiques à l'étranger, sans autorisation de l'Empereur. (Art. 17.)

3° Par l'établissement en pays étranger, sans esprit de retour. (Art. 17.)

4° Par le mariage d'une femme française avec un étranger. (Art. 19.)

5° Enfin, par l'acceptation de service militaire à l'étranger ou l'affiliation à une corporation militaire étrangère. (Art. 21.)

Comment se perd la qualité de Français par la naturalisation acquise en pays étranger ?

La qualité de Français se perd par la naturalisation acquise

---

(1) Il a été décidé par un arrêt de la Cour de cassation du 19 janvier 1819, que la *denization*, c'est-à-dire la faculté accordée par le gouvernement anglais à un sujet français de fixer son domicile en Angleterre, n'entraînait pas la perte de la qualité de Français.

en pays étranger en vertu de ce principe qu'on ne peut avoir deux nationalités en même temps. Toutefois, il faut remarquer la que naturalisation n'entraîne la perte de la qualité de Français que lorsqu'elle a été sollicitée et qu'elle est définitivement acquise.

Comment se perd la qualité de Français, par l'acceptation de fonctions publiques à l'étranger ?

La qualité de Français ne se perd par l'acceptation de fonctions publiques à l'étranger qu'autant qu'on a accepté ces fonctions sans autorisation du gouvernement français. (art. 17.)

La qualité de Français se perd-elle toujours par un établissement fait en pays étranger, sans esprit de retour ?

Oui, en général ; toutefois le code admet une exception en faveur des établissements de commerce, qui ne peuvent entraîner la perte de la qualité de Français, parce qu'on doit présumer, dit l'article 17, qu'ils ont été faits avec esprit de retour.

La femme française qui épouse un étranger perd-elle toujours sa qualité de Française ?

Oui, la femme française qui épouse un étranger, perd toujours sa qualité de Française, lors même qu'elle n'acquerrait pas en se mariant la nationalité de son mari. (19.)

§ II. — Comment on recouvre la qualité de Français.

Peut-on recouvrer la qualité de Français ?

Oui, la qualité de Français peut être recouvrée par le Français qui l'a perdue, de même qu'elle peut être acquise par l'étranger qui ne l'a jamais eue. La loi accorde même,

4

en général, plus de facilités à l'ex Français pour se rapatrier, qu'à l'étranger pour obtenir la nationalité française. Il est un cas cependant où, comme nous allons le voir, elle se montre plus sévère à l'égard de l'ex Français.

De quelles manières se recouvre la qualité de Français?

La qualité de Français se recouvre de plusieurs manières et avec plus ou moins de facilité suivant la façon dont elle a été perdue. Ainsi :

1° Le Français qui a perdu la qualité de Français — par naturalisation où par acceptation de fonctions publiques étrangères où par un établissement fait en pays étranger, — peut la recouvrer à la seule condition de rentrer en France, avec l'autorisation de l'empereur et de déclarer qu'il veut s'y fixer. (1) (art. 18.)

2° Le Français qui a perdu la qualité de Français, — par l'acceptation de service militaire à l'étranger où par l'affiliation à une corporation militaire étrangère, — ne peut la recouvrer, au contraire, qu'après avoir obtenu la permission de rentrer en France et y avoir résidé pendant dix ans. (2) (art. 21.)

3° Enfin, la femme qui a perdu la qualité de française, par suite de son mariage avec un étranger, la recouvre par le seul fait de la mort de son mari si elle réside en France, — où, si elle n'y réside pas par le seul fait de son retour suivi de la déclaration qu'elle veut s'y fixer. (art. 19).

L'acquisition de la qualité de Français a-t-elle des effets rétroactifs?

Non, le Français qui a recouvré la qualité de Français ne peut s'en prévaloir que pour l'avenir, et tous les droits qui

(1) Ainsi, il est exempté des dix ans de résidence qui sont imposés aux étrangers, qui veulent obtenir la qualité de Français.

(2) Ainsi, il est astreint à une obligation qui n'est pas imposée aux étrangers, celle de solliciter l'autorisation de rentrer en France.

auraient pu lui échoir pendant la période de sa privation de jouissance, sont irrévocablement perdus pour lui. Il jouit d'ailleurs, pendant cette période, comme les étrangers, de la plupart des droits civils.

Les dispositions du Code contre les Français qui perdent leur nationalité, n'avaient-elle pas été étendues par des décrets rendus sous le premier empire?

Oui, elles avaient été étendues par les décrets de 1809 et de 1811.

Quelles étaient les dispositions du décret de 1809?

Le décret du 6 avril 1809 portait :

Que les Français engagés au service d'une nation étrangère ou y remplissant des fonctions publiques, même avec l'autorisation de l'Empereur, qui ne seraient pas rentrés en France dans un délai de trois mois à partir du commencement des hostilités, seraient punis soit de la mort naturelle, soit de la mort civile et de la confiscation.

Ce décret est il encore en vigueur?

Non, le Code de 1810 l'a abrogé implicitement. De plus, les pénalités qui en garantissaient l'exécution, ont disparu de notre législation depuis la charte de 1814 et la loi de 1854.

Quelles étaient les dispositions du décret de 1811?

Le décret du 26 août 1811 portait :

1° Que le Français naturalisé étranger avec l'autorisation de l'Empereur, conserverait la faculté de transmettre et succéder en France.

2° Que le Français naturalisé étranger ou engagé au service d'une puissance étrangère sans autorisation de l'Empereur serait, au contraire, frappé de l'incapacité le transmettre et succéder, ainsi que de la confiscation.

3° Que le chef de l'Etat pourrait, néanmoins, au moyen de

lettres de relief, restituer à celui qui aurait pris du service à l'étranger la qualité de Français, en le dispensant des dix ans de résidence exigés par le droit commun.

Ce décret est-il encore en vigueur ?

Non, car depuis la loi de 1819 et la charte de 1814, les pénalités par lesquelles il était sanctionné ont disparu de notre législation. Cependant, comme il n'a pas été expressément abrogé, il reste encore applicable relativement à la faculté qu'a le chef de l'Etat de dispenser des dix ans de résidence au moyen des lettres de relief.

DEUXIÈME SECTION.

De la privation des Droits civils par l'effet de certaines condamnations.

(Art. 22 à 33)

Quelles sont les condamnations qui font encourir la privation des droits civils ?

Il faut distinguer :

Il y a des condamnations qui ne font perdre que certains droits civils.

Il y en a d'autres qui font encourir la perte de presque tous les droits civils.

Nous n'avons à nous occuper ici que de ces dernières. — Nous examinerons :

1° Quels sont les effets de la mort civile et des déchéances qui l'ont remplacée ?

2° Comment s'appliquent ces déchéances ?

§ I. — Des effets de la mort civile et des déchéances qui l'ont remplacée.

Quels étaient les effets de la mort civile ?

La mort civile était suivant l'énergique expression romaine, une sorte de *capitis deminutio.* Elle consistait dans la privation absolue de tous les droits civils. Elle donnait lieu à l'ouverture des successions, à la déshérence, à la dissolution du mariage et de la puissance paternelle. Elle rendait, enfin, celui qui en était frappé, incapable de disposer de ses biens, soit par donation entre-vifs, soit par testament, ou, de recevoir à ce titre, si ce n'est pour cause d aliments. (Art. 25, 33.)

En quelle année la mort civile a-t-elle été abolie ?

La mort civile a été abolie par la loi du 31 mai 1854. Mais tout en faisant disparaître les effets les plus graves de la mort civile, tels que la dissolution du mariage, la déchéance, l'ouverture anticipée des successions, la loi de 1854 en a laissé subsister le plus grand nombre. Ils sont d'ailleurs encourus de la même manière et au même moment que la mort civile l'était elle-même. (Art. 2, 3, de la loi de 1854).

Ces déchéances qui tiennent lieu aujourd'hui de la mort civile, sont connues sous le nom de déchéances prononcées par la loi de 1854.

Quel est l'état du condamné qui a encouru les déchéances prononcées par la loi de 1854 ?

Le condamné qui a encouru les déchéances prononcées par la loi de 1854, est frappé de l'interdiction légale, de la dégradation civique, et de l'incapacité de disposer ou recevoir par testament et donations, — en d'autres termes, il perd l'exercice de tous ses droits civils, la disposition de tous ses droits civiques, et la jouissance d'une partie de ses droits civils.

Quelles sont les condamnations qui entraînent ces déchéances?

Ce sont les condamnations, à des peines afflictives perpétuelles telles que la mort, les travaux forcés à perpétuité, la déportation. (loi de 1854, art. 2).

Les déchéances prononcées par la loi de 1854, constituent-elles une peine ?

Oui ; mais de même que la mort civile, elles ne constituent qu'une peine accessoire parce qu'elles ne sont encourues qu'à la suite de l'exécution d'une autre peine.

§. II. — De l'application des déchéances de la loi de 1854.

Comment les déchéances de la loi de 1854 sont-elles appliquées ?

Pour déterminer comment ces déchéances sont appliquées, il faut distinguer s'il y a eu condamnation contradictoire, c'est-à-dire rendue en présence de l'accusé ; — où s'il y a eu condamnation par contumace, c'est-à-dire rendue en son absence.

A quel moment ces déchéances sont-elles encourues en cas de condamnation contradictoire?

En cas de condamnation contradictoire, ces déchéances sont encourues, à partir du moment de l'exécution réelle de la peine, où de son exécution par effigie. (Art. 26).

L'exécution réelle de la peine, consiste dans son application par la décapitation où l'entrée au bagne. — L'exécution par effigie, consiste dans la publication de la condamnation par l'apposition d'affiches, et l'insertion du jugement dans les journaux.

Les actes faits par le condamné dans l'intervalle qui s'écoule entre la condamnation et l'exécution de la peine sont-ils valables?

Oui, ils sont valables sous le rapport de la capacité du condamné, mais ils demeurent sans effets, à cause de son indignité. (Déclaration faite par M. Rouher, 2 mai 1854.)

A quel moment les déchéances de la loi de 1854 sont-elles encourues en cas de condamnation par coutumace?

Pour déterminer le moment où les déchéances de la loi de 1854 sont encourues en cas de condamnation par contumace, le législateur a dû tenir compte des règles spéciales, auxquelles ces condamnations devaient être elles-mêmes soumises, par le Code pénal.

Or, afin de maintenir intact ce principe qu'un accusé ne doit pas être condamné sans avoir été entendu, le Code pénal décide que les condamnations par contumace ne demeurent pas irrévocables comme les condamnations contradictoires, qu'elles ne sont prononcées, au contraire, que sous la condition tacite de s'évanouir, si d'une manière où d'une autre, le condamné est mis entre les mains de la justice.

De plus, le Code pénal décide que les peines criminelles se prescrivent par 20 ans. Comme une fois cette prescription accomplie, il n'y a plus à revenir sur la condamnation, il en résulte qu'au bout de 20 ans, les condamnations par contumace ont acquis toute la force des jugements contradictoires et ne peuvent plus être anéanties lors même que le condamné serait mis entre les mains de la justice.

Pour tenir compte de ces deux règles, le législateur a voulu que les déchances de la loi de 1854 ne fussent appliquées en cas de condamnations par contumace qu'avec certains tempéraments. Il a décidé qu'elles ne seraient pas encourues immédiatement après l'exécution par effigie, afin de laisser au condamné, revenu de sa première frayeur, le temps de se représenter et de faire casser la condamnation. De plus, comme la réintégration dans la jouissance des droits civils qui serait la conséquence de l'anéantissement de la condamnation, n'a pas d'effets rétroactifs et n'empêcherait pas, dès lors, le condamné d'être dépouillé sans retour des avantages qui auraient pu lui échoir pendant son état d'incapacité, il a décidé que les déchéances de la loi de 1854 ne le frapperaient irrévocablement que lorsque la condamnation par contumace ne pourrait plus être anéantie à cause de la prescription.

C'est pourquoi il a distingué trois périodes dans l'état du condamné par contumace :

La première commence au jour de l'exécution par effigie et dure cinq ans. (Art. 27.)

La seconde commence à l'expiration de ces cinq ans et dure jusqu'à ce qu'il se soit écoulé vingt ans depuis la condamnation.

La troisième commence à l'expiration des vingt ans et dure jusqu'à la mort du condamné.

Quelle est la condition civile des condamnés par contumace pendant la première période ?

Durant cette période, les condamnés par contumace conservent la jouissance des droits civils, mais ils en perdent l'exercice. Leurs biens ne cessent pas de leur appartenir, mais ils sont placés sous sequestre et régis par l'administration des domaines. (Art. 465, 466, 467, du Code d'instruction criminelle.)

Quelle est la condition civile des condamnés par contumace pendant la seconde période ?

Durant cette période, les condamnés par contumace sont

frappés des déchéances de la loi de 1854, mais ils n'en sont pas encore frappés irrévocablement parcequo leur condamnation peut être anéantie.

Quelle est la condition civile des condamnés par contumace pendant la troisième période?

Durant cette période, les condamnés par contumace sont irrévocablement atteints par les déchéances de la loi de 1854 parcequ'il n'y a plus à revenir sur la condamnation. Ces déchéances sont perpétuelles par leur nature. Toutefois, elles pourraient cesser par l'effet d'une grâce, d'une amnistie ou d'une concession du gouvernement. (Loi de 1854, art. 4.)

LIVRE I, TITRE II.

DES ACTES DE L'ETAT CIVIL.

Les actes de l'état civil ont pour objet de constater par des écrits publics les droits qui appartiennent aux personnes avec une étendue plus ou moins grande suivant les qualités qui les distinguent.

En effet, si les personnes se ressemblent sous ce rapport, qu'elles possèdent toutes des droits et des devoirs, il n'en est pas moins vrai qu'il existe entr'elles de graves différences sous le rapport de l'aptitude légale, et que leurs droits et leurs devoirs varient suivant qu'elles sont majeures ou mineures, mariées ou maîtresses d'elles-mêmes, père de famille ou enfants.

De là naissait pour le législateur l'obligation d'organiser un système d'écrits publics, au moyen desquels on put reconnaître facilement et avec la plus grande certitude, les qualités qui distinguent les personnes.

C'est ce système d'écrits publics qu'organise notre titre II.

Il détermine :

1º Les règles et les principes communs à tous les actes de l'état civil.

2º Les règles spéciales à chacun des actes de naissance, mariage et décès.

3º Les moyens de suppléer aux actes de l'état civil et même de les rectifier.

Suivant les divisions du Code, nous traiterons :

Chapitre I. — Dispositions générales.

Chapitre II. — Des actes de naissance.

Chapitre III. — Des actes de mariage.

Chapitre IV. — Des actes de décès.

Chapitre V. — Des actes concernant les militaires hors du territoire.

Chapitre VI. — De la rectification des actes de l'état civil.

CHAPITRE I.

De la jouissance des Droits civils.

Articles 34 à 51.

Quel est l'objet de ce chapitre?

L'objet de ce chapitre est de faire connaître les disposi‑
tions qui se rapportent à tous les actes de l'état civil. Ces
dispositions sont relatives :

1° A la nature des actes

2° A leur confection.

3° Aux moyens de suppléer à leur absence.

4° Aux compléments qui peuvent y être apportés par des
actes postérieurs.

5° Aux pénalités qui en garantissent la bonne tenue.

§ I. — De la nature des Actes de l'Etat civil.

Qu'entend-on par acte?

On entend par acte un évènement qui s'est accompli, ou
bien — et c'est dans ce sens que nous l'entendons ici — un
écrit qui constate un évènement.

Qu'entend-on par état civil?

On entend par état civil l'ensemble des qualités qui *constituent les personnes*.

Qu'entend-on par actes de l'état civil?

On entend par actes de l'état civil les écrits publics au moyen desquels les qualités qui constituent l'état civil des personnes sont constatées.

Quels sont les événements qui doivent être constatés par les actes de l'état civil?

Les événements qui doivent être constatés par les actes de l'état civil sont :

En premier lieu, la naissance, le mariage et la mort.

En second lieu, la légitimation, la reconnaissance, l'adoption, l'émancipation et l'interdiction.

Comment ces événements sont-ils constatés?

La naissance, le mariage et la mort, sont constatés et inscrits sur des registres spéciaux par des fonctionnaires qui ont reçu un mandat spécial de la loi à cet effet.

La légitimation, la reconnaissance et l'adoption, sont inscrites de la même manière sur ces registres. Mais de plus, elles sont mentionnées en marge des actes de naissance ou de mariage.

L'émancipation et l'interdiction sont enfin constatées par les registres des greffiers des justices de paix ou des tribunaux civils.

Par qui les actes de l'état civil étaient-ils tenus dans notre ancien droit?

Nos anciennes lois avaient confié aux curés des paroisses la tenue des registres sur lesquels s'inscrivaient les naissances, mariages et décès.

Mais, à l'origine, ces inscriptions n'avaient pas d'autre but que celui d'assurer l'exécution des lois canoniques ; elles n'étaient en aucune façon considérées comme des actes authentiques faisant pleine foi en justice.

A quel moment ces inscriptions ont-elles obtenu force probante au point de vue des droits civils ?

C'est à partir de l'ordonnance de Villers-Cotterêts (1639), rendue par François 1er. Cette ordonnance décida, que les registres des paroisses feraient pleine foi pour la naissance et pour le décès des ecclésiastiques, pourvus de bénéfices, collèges ou monastères.

Une ordonnance de Blois, rendue par Henri III (1579), vint compléter celle de Villers-Cotterêts, en donnant mandat aux curés de tenir registre des naissances, mariages et décès de toute personne

Jusqu'à quelle époque les curés de paroisses ont-ils conservé la tenue des actes de l'état civil ?

Ils l'ont conservée jusqu'en 1789. A cette époque, le principe de la liberté des cultes ayant prévalu, il devint nécessaire de rendre l'existence et la validité des actes de l'état civil indépendantes du dogme religieux. Un décret de l'assemblée nationale remit d'abord aux municipalités la tenue des registres de l'état civil. Puis une loi du 28 pluviôse, an III, la confia définitivement aux maires et à leurs adjoints.

§ II. — De la confection des Actes de l'Etat civil.

Quelles sont les personnes qui concourent à la confection des actes de l'état civil ?

Trois personnes différentes y concourent savoir :

1º Les comparants.

2º L'officier de l'état civil.

3º Les témoins.

On appelle comparants, les personnes qui viennent exposer à l'officier de l'état civil les événements qu'il s'agit de constater. Ces comparants prennent le nom de parties lorsqu'ils sont directement intéressés dans l'acte.

On appelle officier de l'état civil ou officier public, le fonctionnaire chargé de rédiger ces actes, de recevoir les déclarations des parties et de les attester.

On appelle enfin témoins, les personnes qui accompagnent les comparants pour certifier leur identité et la sincérité de leurs déclarations, ainsi que pour confirmer les attestations de l'officier de l'état civil.

Quelles sont les énonciations qui doivent être contenues dans les actes de l'état civil?

Les actes de l'état civil doivent énoncer :

1° L'année, le jour et l'heure de leur confection.

2° Les prénoms, noms, âge, profession et domicile de tous ceux qui y sont dénommés. (Art. 34.)

Quels sont les faits qui doivent y être insérés?

Les officiers de l'état civil ne peuvent insérer dans les actes qu'ils reçoivent :

1° Que les faits qui leur ont été déclarés par les comparants.

2° Que les faits que la loi leur a permis expressément d'y insérer. (Art. 35.)

Quelles sont les formalités qui accompagnent les actes de l'état civil?

Après avoir rédigé l'acte, l'officier de l'état civil en donne lecture, puis il le signe, ainsi que les comparants et les témoins. La mention que lecture en a été faite doit y être portée.

Si l'un des comparants ou des témoins n'avait pu le signer, la cause qui l'en aurait empêché doit y être relatée. (Art. 38, 39.)

Les parties intéressées sont-elles tenues de comparaître en personne ?

Elles n'y sont tenues que dans le cas où il s'agit d'un acte de célébration de mariage. Pour les autres actes, on leur permet de se faire représenter par un mandataire muni d'une procuration spéciale et authentique. (Art. 36.)

Quelles sont les conditions imposées aux comparants et aux témoins ?

Aucune condition d'âge ni de sexe n'est en général imposée aux comparants. Quant aux témoins, il suffit qu'ils soient mâles et majeurs. Ainsi, la parenté qui existerait entre eux et les comparants, ne constituerait pas un empêchement. (Art. 37.)

Quelles sont les mesures de précaution que la loi a prises pour la conservation des actes de l'état civil ?

Elle exige pour la conservation de ces actes :

1° Qu'ils soient inscrits sur des registres et non pas sur des feuilles volantes comme les actes notariés.

2° Qu'ils soient inscrits sur deux registres à la fois. (1) (Art. 40.)

3° Que les procurations, ainsi que toutes les autres pièces qui auraient été représentées pour la rédaction d'un acte, demeurent annexées à l'un des doubles. (Art. 44.)

Quelles sont les mesures de précaution que la loi a prises pour empêcher la falsification, l'altération, ou la suppression des actes de l'état civil ?

Elle exige, pour empêcher la falsification, l'altération, ou la suppression de ces actes :

1° Que les feuilles des registres soient cotées par pre-

(1) Suivant leur importance, les communes reçoivent deux registres de naissance, deux registres de mariage et deux registres de décès — ou bien elles ne reçoivent que deux registres sur lesquels les naissances, mariages et décès sont en même temps inscrits.

mière, seconde, troisième, etc., etc. et paraphées par le président ou par un juge du tribunal de première instance. (Art. 41.)

2° Que les actes soient rédigés sans interlignes ni surcharges, sans abréviations ni chiffres, et qu'ils soient inscrits les uns après les autres et sans blanc ; que les ratures et les renvois soient signés par tous ceux qui ont concouru à l'acte. (Art 42.)

3° Que les registres soient clos et arrêtés à la fin de chaque année par l'officier de l'état civil, et que dans le mois de cette clôture, l'un d'eux soit déposé par lui au greffe du tribunal avec les procurations et autres pièces qui y sont annexées, et que l'autre soit placé dans les archives de la commune. (Art. 43.)

Les actes de l'état civil sont-ils publics ?

Oui, les actes de l'état civil sont publics. Toute personne peut en prendre connaissance et s'en faire délivrer des extraits. (Art. 45).

Qu'entend-on par extraits?

On entend par extrait la copie littérale et entière d'un acte de l'état civil, extraite des registres.

Quel degré de confiance doit-on accorder aux actes de l'état civil?

Les actes de l'état civil font foi jusqu'à inscription de faux c'est-à-dire qu'on est obligé de les admettre comme absolument conformes à la vérité, à moins qu'on ne puisse prouver le contraire; ce qui n'est possible qu'au moyen d'une procédure longue et périlleuse appelée inscription de faux. (Art. 45).

Les extraits méritent-ils la même confiance que les actes de l'état civil ?

Oui, pourvu qu'ils réunissent les conditions suivantes :

1° Qu'ils soient délivrés par un officier de l'état civil ;

2° Qu'ils soient certifiés par lui conformes aux registres ;

3° Qu'ils soient revêtus de sa signature ;

4° Enfin que cette signature ait été légalisée par le président du tribunal civil de l'arrondissement. (Art. 45).

Ne peut-on attaquer que par l'inscription de faux les faits contenus dans les actes de l'état civil ou dans les extraits.

Il faut distinguer les déclarations qui émanent de l'officier de l'état civil et celles qui émanent des comparants :

On ne peut attaquer que par l'inscription de faux les déclarations qui émanent de l'officier public lorsqu'il affirme ce qu'il a vu où entendu lui-même, par exemple : que tel jour à telle heure, les comparants, se sont présentés devant lui et lui ont donné connaissance des évènements relatés dans l'acte. En effet outre le peu d'intérêt que cet officier trouverait à tromper dans un cas où il est complètement désintéressé, il s'exposerait en le faisant à la peine des travaux forcés à perpétuité.

Mais on peut attaquer au contraire, par toute espèce de preuves les déclarations qui émanent des comparants par lesquelles ils affirment à l'officier de l'état civil que tel ou tel événement est arrivé, qu'il s'est produit à tel où tel moment et dans telle où telle circonstance.

§ III. — Des moyens de suppléer aux actes de l'état civil.

Est-il permis d'établir les faits concernant l'état civil des personnes par d'autres modes de preuve, que par les actes de l'état civil ?

Les actes de l'état civil ayant été spécialement institués pour constater les faits qui concernent l'état civil des personnes, on n'admet pas en principe qu'ils puissent être remplacés par d'autres modes de preuve.

Toutefois, par un motif d'équité, le législateur a permis exceptionnellement l'emploi de ces autres modes dans les deux cas suivants :

1° Lorsqu'il n'a pas été tenu de registres pouvant constater le fait qu'on allègue, où que ces registres ont été perdus où détruits. (Art. 46).

2° Lorsque l'évènement qu'il s'agit d'établir, s'est passé en pays étranger. (Art. 47).

Que doivent prouver dans le premier cas, les personnes qui veulent établir un fait concernant leur état civil, autrement que par les registres ?

Elles doivent prouver deux choses :

1° Que les registres manquent.

2° Que le fait qu'elles allèguent est fondé.

Elles prouveront d'abord que les registres manquent, en établissant par tout espèce de preuve, soit qu'ils n'ont pas existé, soit qu'ils ont été perdus où détruits, soit même qu'il s'y trouve des omissions où des retranchements.

Elles prouveront ensuite que le fait qu'elles allèguent est fondé, soit par des témoignages, soit par des écrits et papiers domestiques émanant des père et mère décédés, soit par l'emploi simultané de ces deux modes de preuve. (Art. 46).

Pourquoi les écrits et papiers domestiques, émanés des père et mère, ne sont-ils indiqués comme étant des moyens de preuve, que dans l'hypothèse où les père et mère sont décédés ?

Si le Code n'indique pas comme des moyens de preuve, les écrits et papiers domestiques émanés des père et mère encore vivants, c'est que la preuve testimoniale, étant également admise, il est préférable d'entendre comme témoins les père et mère lorsqu'ils sont vivants, plutôt que de s'en rapporter aux écrits quelquefois obscurs ou incomplets qu'ils ont laissé.

Les juges n'ont-ils pas, d'ailleurs, tout pouvoir pour apprécier la valeur des témoignages, où des écrits et papiers domestiques qui sont produits ?

Oui, ils ont un pouvoir discrétionnaire pour décider si ces moyens de preuve ont une valeur suffisante pour remplacer les registres.

Les actes de naissance n'établissent-ils pas en même temps deux faits à l'égard des enfants légitimes ?

Oui, les actes de naissance établissent en même temps deux faits à l'égard des enfants légitimes, savoir : la naissance de l'enfant, c'est-à-dire son âge et son individualité; puis sa filiation, c'est-à-dire les noms de ses père et mère.

L'article 323 ne décide-t-il pas que la filiation des enfants légitimes ne pourra être établie par la preuve testimoniale, qu'autant qu'il existera déjà un commencement de preuve par écrit ?

Oui, cet article décide qu'avant d'être admis à établir par la preuve testimoniale qu'ils sont nés de tel père et de telle mère, les enfants légitimes doivent produire un commencement de preuve par écrit, ou faire valoir des indices graves et constants qui rendent leur prétention vraisemblable.

Comment peut-on concilier alors cet article 323 avec l'article 46, aux termes duquel, la naissance peut être établie indépendamment de tout commencement de preuve par écrit ?

Ces deux articles peuvent se concilier facilement, parcequ'ils ont rapport à des hypothèses différentes.

L'article 46 suppose l'inexistence, où la perte des registres par suite de cas fortuits arrivés sans la faute des parties.

L'article 323 suppose, au contraire, que les registres existent; que l'enfant pourrait les représenter; mais que loin de vouloir suppléer à leur absence, il se propose de les combattre en ajoutant ou en retranchant quelque chose à son acte de naissance; en ajoutant, par exemple, qu'il est né de tel père ou de telle mère, lorsque cet acte porte qu'il est né de père et mère inconnus.

Il est donc facile de concevoir que le législateur se soit montré plus sévère dans le second cas, puisqu'il s'agit, non-seulement d'établir un fait, mais de détruire la force probante résultant d'un titre.

Mais, après avoir signalé les différences qui existent entre ces deux hypothèses, que l'on nous permette de faire observer—ce qui n'a pas encore été fait—qu'elles ont un certain caractère d'analogie. En effet, dans l'article 46 comme dans l'article 323, le législateur n'autorise les parties à établir par la preuve testimoniale le fait qu'elles allèguent, que lorsqu'elles ont prouvé une circonstance qui rend ce fait vraisemblable ou admissible; circonstance qui est dans le premier cas, l'impossibilité de représenter les registres, et dans le second, le commencement de preuve par écrit.

II. — *A quelles conditions les actes de l'état civil faits en pays étrangers sont-ils valables en France?*

Les actes de l'état civil faits en pays étrangers sont valables en France pourvu qu'ils remplissent l'une ou l'autre de ces deux conditions:

1º Qu'ils aient été faits suivant les formes usitées dans le pays ou ils ont été passés, conformément à la règle *locus regit actum*. (Art. 47.)

2º Ou, qu'ils aient été faits en présence des agents diplomatiques français. (Art. 48.)

La compétence des agents diplomatiques français s'étend-elle à tous les actes de l'état civil qui peuvent être passés en pays étrangers?

Non, la compétence des agents diplomatiques français à l'étranger ne s'étend qu'aux actes de l'état civil qui ne regardent que des Français. Par conséquent, les actes qui seraient communs à un Français et à un étranger, comme le serait, par exemple, un acte de mariage, ne pourraient être valablement rédigés que par un officier public étranger suivant les formes usitées dans le pays.

L'officier public étranger aurait, en effet, une compétence suffisante à l'égard du Français à cause de la règle *locus regit actum*, et à l'égard de l'étrangère, parcequ'il a la même nationalité qu'elle.

IV. — Des actes postérieurs qui se rattachent à un acte de l'état civil.

Les actes de l'état civil ne sont-ils pas susceptibles d'être modifiés ou complétés par des actes postérieurs qui s'y rattachent?

Oui, ainsi l'acte de naissance portant qu'un enfant est né de père et mère inconnus, est susceptible d'être modifié et complété par un acte postérieur portant reconnaissance de l'enfant par ses père et mère.

Les actes postérieurs qui se rattachent à des actes précédemment passés, doivent-ils également être inscrits sur les registres de l'état civil?

Oui, ils doivent y être inscrits à leur rang date par l'officier de l'état civil de la commune ou l'acte primitif auquel ils se rattachent a déjà été reçu. (Art. 49.) De plus, une mention doit être portée en marge de l'acte primitif.

Comment cette mention pourrait-elle être portée en marge de l'acte précédemment inscrit, si l'un des deux registres sur lequel il se trouve avait déjà été remis au greffe du tribunal?

Après avoir fait la mention sur le registre resté aux archives de la commune, l'officier de l'état civil doit en avertir le procureur impérial, qui veillera à ce que la même mention soit faite par le greffier sur le registre qu'il a entre les mains.

L'acte primitif auquel se rattache un acte postérieur ne reçoit-il aucun changement dans sa teneur ?

Non, cet acte ne reçoit aucun changement dans sa teneur. La mention qui y est portée en marge suffit pour faire connaître qu'il a subi des modifications, dont on peut voir l'étendue en se reportant à l'acte postérieur qui s'y rattache. (Art. 49)

V. — Des dispositions pénales relatives à la tenue des actes de l'État civil.

Les formalités relatives à la rédaction et à la tenue des actes de l'état civil sont-elles prescrites à peine de nullité ?

Non, car il aurait été contraire à l'équité de faire dépendre l'état des personnes de la négligence, où du mauvais vouloir de l'officier de l'état civil. Mais, afin d'assurer l'observation de ses prescriptions, la loi a établi des peines contre les officiers publics qui y manquent.

Quelles sont les peines qui peuvent être encourues par les officiers de l'état civil relativement à la tenue des actes ?

Ces peines sont plus ou moins élevées en raison de la gravité des faits qui leur sont reprochés. Ainsi ils peuvent être passibles :

1º De dommages-intérêts seulement.

2º De dommages-intérêts, d'amende, et quelquefois même d'emprisonnement.

3º De dommages-intérêts et des travaux forcés à perpétuité.

Dans quels cas les officiers de l'état civil sont-ils passibles de dommages-intérêts envers les parties ?

Ils en sont passibles en cas de destruction, où d'altération des actes de l'état civil provenant soit d'un tiers, soit d'un cas fortuit qu'ils auraient pu empêcher s'ils avaient été plus diligents. (Art. 51.)

Dans quels cas les officiers de l'état civil sont-ils passibles, en outre des dommages-intérêts de l'amende et même de l'emprisonnement ?

Ils en sont passibles en cas d'erreurs ou d'omissions qu'ils ont commises involontairement dans la rédaction des actes. (Art. 156.)

Dans quel cas les officiers de l'état civil sont-ils passibles des travaux forcés à perpétuité ?

Ils en sont passibles en cas de faux et d'altérations faites sciemment par eux.

Quel est le fonctionnaire chargé de faire observer les prescriptions de la loi relativement à la tenue des actes de l'état civil ?

C'est le procureur impérial. Il doit, lors du dépôt des registres au greffe, en vérifier l'état, et poursuivre les contraventions ou délits qu'il a découvert. (Art. 53.)

Quant à la rectification des actes altérés, c'est aux parties elles-mêmes à la demander aux tribunaux civils. L'art. 54 leur réserve expressément la faculté d'appel.

CHAPITRE II.

Des actes de naissance.

Articles 55 à 62.

Comment se divisent les règles relatives aux actes de naissance ?

Les règles relatives aux actes de naissance peuvent se diviser en trois catégories suivant qu'elles ont pour objet :

1° La confection des actes de naissance.

2° Les énonciations qu'ils doivent contenir.

3° Les formalités relatives aux enfants trouvés, où nés pendant un voyage en mer.

I. — Des Règles relatives à la confection des Actes de naissance.

Quel est l'objet des actes de naissance ?

Les actes de naissance ont pour objet de constater le lieu de naissance et l'âge des personnes, ainsi que la filiation des enfants légitimes.

Quels sont les officiers de l'état civil chargés de rédiger les actes de naissance ?

Les actes de naissance doivent être rédigés par l'officier de l'état civil du lieu de l'accouchement, conformément aux déclarations qui lui sont faites par les personnes que la loi y oblige. (Art. 55.)

Dans quel délai ces déclarations doivent-elles être faites ?

Les naissances doivent être déclarées dans un délai de trois jours francs, à partir du jour de l'accouchement, en présence de deux témoins.

Par qui doit être faite la déclaration de naissance ?

La déclaration de naissance doit être faite :

1º Par le père.

2º Par la personne chez qui la mère est accouchée, si elle est accouchée hors de son domicile.

3º Par le médecin accoucheur, la sage-femme ou toute autre personne ayant assisté à l'accouchement. (Art. 56.)

L'obligation de faire cette déclaration est-elle sanctionnée par une peine ?

Oui, cette obligation est sanctionnée par une peine. L'article 346 du code pénal punit d'un emprisonnement de six jours à six mois et d'une amende de 16 à 300 francs, toute personne qui, ayant assisté à l'accouchement, n'aura pas fait la déclaration ci-dessus.

Toutefois, l'obligation de déclarer la naissance n'est pas imposée en même temps à toutes les personnes que nous venons de désigner; ainsi :

1º Elle n'est imposée au père que lorsqu'il est présent et qu'il a assisté à l'accouchement.

2º Elle n'est imposée au maître de la maison chez qui la mère est accouchée, qu'à défaut du père, et s'il a de même assisté à l'accouchement.

3º Elle n'est imposée aux médecins et aux sages femmes, qu'à défaut du père et du maître de la maison.

4º Enfin, elle n'est imposée aux personnes qui ont assisté à l'accouchement, qu'à défaut de toute autre personne.

Comment les actes de naissance sont-ils rédigés ?

Les actes de naissance sont rédigés aussitôt après la déclaration de naissance, en présence du déclarant et de deux témoins. L'enfant doit être présenté à l'officier de l'état civil, mais comme la loi n'a pas dit dans quel lieu la présentation doit être faite, il peut se transporter au domicile de la mère s'il y a danger à déplacer l'enfant. (Art. 56.)

II. — Des énonciations qui doivent être contenues dans les actes de naissance.

Quelles sont les énonciations qui doivent être contenues dans les actes de naissance ?

Les actes de naissance doivent énoncer :

1° Le jour, l'heure et le lieu de la naissance.

2° Le sexe de l'enfant et les prénoms qui lui seront donnés.

3° Les prénoms, nom, profession et domicile des père et mère et ceux des témoins. (Art. 57.)

Quels sont les prénoms qui peuvent être donnés à l'enfant ?

Depuis la loi du 11 germinal, an III, il est interdit à l'officier de l'état civil d'inscrire comme prénoms aux enfants, dont la naissance leur est déclarée, des noms autres que ceux en usage dans les différents calendriers et ceux des personnages connus de l'histoire ancienne.

Quelle énonciation l'officier de l'état civil doit-il faire lorsqu'on lui présente un enfant sans vie ?

Il doit se borner à constater que l'enfant qu'on lui présente est sans vie; il ne lui est pas permis d'indiquer s'il est mort né, où s'il était né vivant et viable.

En effet, ce n'est qu'à la double condition de naître vivant et viable qu'un enfant peut acquérir des droits pendant sa conception. Or, il serait imprudent de faire dépendre la question de savoir si un enfant a pu où n'a pas pu acquérir des droits d'une indication dont l'officier de l'état civil n'a pas controlé la sincérité et qui repose toute entière sur la déclaration des comparants.

Les noms des père et mère légitimes doivent-ils être énoncés dans les actes de naissance ?

Oui, ils doivent y être énoncés. En effet, les actes de naissance des enfants légitimes établissent en même temps leur naissance et leur filiation. (Art. 57).

Les noms des père et mère naturels doivent-ils également être énoncés dans les actes de naissance?

Il faut à cet égard faire une distinction entre le père et la mère naturelle :

De l'avis de tous les auteurs, le nom du père naturel ne peut être porté sur l'acte de naissance, à moins qu'il n'ait voulu lui-même qu'il y soit porté, ou qu'il n'ait donné aux comparants un mandat spécial et authentique pour le faire inscrire. A l'égard de la mère les auteurs sont partagés.

La question de savoir si le nom de la mère naturelle doit être porté sur l'acte de naissance, n'a-t-elle pas donné lieu à trois systèmes?

Oui.

1° Suivant quelques auteurs, le nom de la mère naturelle *doit* être porté sur l'acte de naissance, bien qu'elle n'ait pas donné son consentement, et que les comparants eux-mêmes ne l'aient pas fait connaître de leur plein gré.

2° Suivant d'autres auteurs, le nom de la mère naturelle *peut* être porté sur l'acte de naissance, bien qu'elle n'ait pas donné son consentement — si les comparants le font volontairement connaître.

3° Enfin suivant la troisième opinion, le nom de la mère naturelle ne peut, comme celui du père, être porté sur l'acte de naissance que si elle y a consenti expressément en donnant aux comparants un mandat spécial et authentique à cet effet.

Le premier système doit-il être adopté?

Non, car aucune loi n'oblige les comparants à faire connaître le nom de la mère naturelle et n'oblige à plus forte raison l'officier de l'état civil à le porter sur l'acte de naissance. L'article 57, aux termes duquel cet acte doit énoncer les noms des père et mère, ne s'applique évidemment qu'aux père et mère légitimes, puisqu'il y est question du père aussi bien que de la mère et qu'ainsi que nous venons de le voir, il n'est pas nécessaire que le nom du père naturel soit énoncé sur l'acte de naissance.

Le second système doit-il être adopté?

Le second système a été soutenu par un plus grand nombre d'auteurs, notamment par MM. Valette et Demolombe.

Puisque la loi, disent ces auteurs, ne défend pas expressément qu'il soit fait mention du nom de la mère sur l'acte de naissance sans son contentement, et puisque d'un autre côté elle permet la recherche de la maternité, il n'y a pas de raison qui s'oppose à ce que l'officier de l'état civil l'inscrive, si les déclarants le lui font volontairement connaître. Sans doute cette mention n'équivaudra pas à un acte de reconnaissance de la mère elle-même, mais elle pourra servir d'indice à l'enfant, elle lui facilitera la recherche de la maternité, recherche que la loi autorise et qu'on doit dès lors favoriser.

Le troisième système ne paraît-il pas cependant préférable ?

Malgré l'autorité considérable qui s'attache très justement aux opinions des éminents professeurs que nous venons de citer, nous inclinerions plus volontiers vers le troisième système.

1° En effet: en disant « que les officiers de l'état civil ne pourront rien insérer dans les actes qu'ils recevront que ce qui *doit* être déclaré par les comparants » l'article 35 ne laisse pas, et avec raison, les officiers de l'état civil juges de ce qu'ils pourront insérer où ne pas insérer dans les actes qu'ils rédigent.

Mais au contraire, il pose en termes absolus cette règle

générale : qu'ils ne peuvent insérer dans les actes de l'état civil que ce que la loi leur commande d'y insérer. Or, la loi ne prescrit pas de faire porter à l'acte de naissance l'énonciation du nom de la mère naturelle, donc les officiers de l'état civil ne doivent pas l'y porter. Qu'on ne dise pas qu'ils n'y sont pas obligés, mais qu'ils le peuvent, car ce serait dire que ce n'est pas la loi, mais le bon plaisir des officiers de l'état civil qui fait la règle.

2° La loi permet la recherche de la maternité; mais il ne faut pas en conclure que ce soit entrer dans ses vues, que d'énoncer sur l'acte de naissance le nom de la mère naturelle. C'est au contraire aller contre ses vues, car en autorisant cette action, la loi s'est attaché soigneusement à en limiter l'exercice. C'est ainsi qu'elle ne permet l'emploi de la preuve testimoniale, que lorsqu'il y a déjà un commencement de preuve par écrit, c'est-à-dire un aveu implicite de la mère où des personnes qui ont intérêt à contester la filiation de l'enfant. (Art. 341).

3° Enoncer le nom de la mère sans son contentement c'est lui infliger une peine que la loi n'a pas prononcée, et lui causer ainsi qu'à sa famille un tort irréparable ; l'énoncer parce que les comparants l'ont volontairement déclaré sans y être obligé, c'est énerver la loi en subordonnant les formalités les plus graves au caprice de personnes sans qualité et sans mandat; le porter enfin sur l'acte de naissance à simple titre d'indice, c'est dénaturer le caractère des actes de l'état civil qui ne doivent pas renfermer des indices, mais des faits conformes à la vérité, où qui puissent tout au moins être regardés comme tels jusqu'à preuve contraire.

Nous en concluons que le nom de la mère naturelle ne peut, comme celui du père naturel, être porté sur l'acte de naissance, qu'autant qu'elle a donné aux comparants un mandat spécial et authentique pour l'y faire porter.

Les enfants naturels qui n'ont pas été reconnus dans leur acte de naissance peuvent-ils obtenir cette reconnaissance par un acte postérieur?

Oui; ainsi l'enfant qui a été inscrit dans son acte de naissance comme né de père et mère inconnus, peut ensuite être reconnu, soit par son père, soit par sa mère, soit par tous les deux en même temps, au moyen d'un acte authentique de reconnaissance qui sera passé devant un notaire, ou dressé par un officier de l'état civil.

Lorsqu'un enfant naturel est reconnu par un acte postérieur à son acte de naissance est-il nécessaire de changer la teneur de cet acte?

Non; l'acte de reconnaissance est inscrit en entier, à son rang sur les registres courants de l'état civil, sans que l'acte de naissance reçoive aucune modification dans sa teneur. Seulement afin de compléter les énonciations qu'il contient, on fait en marge mention de la reconnaissance qui a été faite. (Art. 6?).

III. — Des Règles relatives aux enfants trouvés ou nés pendant un voyage en mer.

Que doit-on faire lorsqu'on trouve un enfant nouveau-né?

Lorsqu'on trouve un enfant nouveau-né, on doit le remettre à l'officier de l'état civil, ainsi que tous les effets qu'il portait sur lui et déclarer toutes les circonstances de temps et de lieu où il a été trouvé. L'omission de ces formalités est punie d'une amende de 16 à 300 fr. et d'un emprisonnement de 6 jours à 6 mois. L'autorité civile dresse ensuite un procès-verbal détaillé qui, outre ces déclarations, énonce l'âge apparent de l'enfant, son sexe, les noms qui lui seront donnés. Ce procès-verbal sera inscrit sur les registres. (Art. 58.)

Comment est dressé l'acte de naissance des enfants nés pendant un voyage en mer?

Cet acte est dressé dans les 24 heures de l'accouchement et inscrit sur le rôle de l'équipage, soit par le capitaine du vaisseau, soit par l'officier d'administration de la marine, en présence de deux témoins et du père de l'enfant s'il est possible. Au premier port de relâche, une expédition en est laissée aux mains du consul français ou du préposé à l'inscription maritime. Une autre expédition est adressée au ministre de la marine qui envoie copie à l'officier de l'état civil du domicile des parents de l'enfant pour qu'il l'inscrive sur les registres de la commune. (Articles 59, 60, 61.)

CHAPITRE II.

Des Actes de Mariage.

Les règles contenues dans ce chapitre sont relatives aux formalités et aux conditions qui précèdent et qui accompagnent la célébration du mariage. Nous renvoyons l'étude de ces dispositions au titre du mariage où il est traité de toutes les questions qui se rattachent à cet acte solennel.

CHAPITRE III.

Des Actes de Décès.

Articles 77 à 87.

Comment se divisent les règles spéciales relatives aux actes de décès?

Les règles spéciales relatives aux actes de décès peuvent se diviser en trois catégories suivant qu'elles ont rapport :

1° A leur confection.

2º.Aux énonciations qu'ils peuvent contenir.

3º A certains cas particuliers de décès.

I. — Des Règles relatives à la confection des Actes de décès.

Quel est l'objet des actes de décès?

Les actes de décès ont pour objet de prouver la mort d'une personne.

Comment prouve-t-on la mort d'une personne?

On prouve la mort d'une personne en établissant :

1º Le décès.

2º L'individualité de la personne décédée.

Comment établit-on le décès d'une personne?

Le décès d'une personne s'établit au moyen de la constatation qui en est faite par l'officier de l'état civil ou par un docteur médecin commis par lui à cet effet avant la délivrance de l'autorisation d'inhumer.

En quoi consiste l'autorisation d'inhumer?

L'autorisation d'inhumer consiste dans une permission donnée sur papier libre par l'officier de l'état civil pour procéder à l'enterrement de la personne décédée. Cette autorisation peut être délivrée aussitôt après la constatation du décès. Mais l'inhumation ne saurait avoir lieu que vingt-quatre heures après le décès.

Par quelles personnes les décès doivent-ils être déclarés?

Les décès doivent être déclarés par deux personnes qui sont en même temps déclarants et témoins. La loi désire qui ces personnes soient deux proches parents ou voisins du défunt, mais elle n'y oblige pas. On a pensé que l'inhumation, ne pouvant avoir lieu sans que le décès n'ait été préalablement constaté, les parents ou voisins du défunt seraient suffisamment intéressés à faire la déclaration du décès, sans qu'il fût nécessaire de les menacer d'une peine pour le cas où ils ne la feraient pas. (Art. 78.)

§ II. — Des énonciations qui doivent être contenues dans les actes de décès.

Quelles sont les énonciations qui doivent être contenues dans les actes de décès?

Les actes de décès doivent énoncer :

1º Les prénoms, nom, âge, profession et domicile de la personne décédée, ainsi que des comparants.

2º Les prénoms et nom de l'autre époux, si la personne décédée était mariée ou veuve.

3º Les prénoms, nom, âge, profession et domicile des père et mère du décédé, s'il est possible de les connaître.

4º Le lieu de naissance de la personne décédée. (Art. 79.)

Les actes de décès doivent-ils énoncer le jour et l'heure du décès?

La loi a gardé le silence à cet égard. On en conclut généralement que cette indication n'est pas obligatoire et que le législateur n'a pas voulu l'imposer, à cause de son importance pour déterminer l'ordre des successions. En ne reposant que sur la déclaration des comparants, cette indication ne présenterait pas, en effet, des garanties de sincérité suffisantes pour faire préjuger le moment du décès.

Si, toutefois, cette indication du jour et de l'heure était faite, l'officier de l'état civil pourrait-il l'énoncer?

Suivant quelques auteurs, quoique cette indication du jour et de l'heure du décès ne soit pas obligatoire, elle pourrait, néanmoins, être mentionnée par l'officier de l'état civil, si elle était faite volontairement par les comparants ; parce qu'en la supposant même contraire à la vérité , elle n'aurait pas d'inconvénients bien sérieux, car elle pourrait être faciment contredite par les intéressés au moyen de la preuve testimoniale.

Suivant d'autres auteurs, cette indication du jour et de l'heure du décès ne doit jamais être mentionnée :

1° Parce qu'elle n'est pas prescrite et qu'on ne doit, aux termes de l'article 35 , insérer dans les actes que ce que la loi a prescrit d'y insérer.

2° Parcequ'il serait illégal et injuste d accorder quelqu'effet à la déclaration des comparants, puisque la loi ne les autorise pas à la faire et qu'ils ne présentent pas les garanties que présentent les témoins ordinaires dont les attestations ne sont admises que sous la foi du serment. (M. Demolombe.)

Nous admettrions plus volontiers le second système.

§ III. — Des Règles spéciales relatives à certains décès.

Comment les actes de décès sont-ils dressés en cas de mort dans les hôpitaux, ou dans les autres établissements publics ?

En cas de décès dans les hôpitaux ou autres établissements publics, avis doit en être donné dans les 24 heures à l'officier de l'état civil du lieu, qui s'y transportera et y dressera l'acte de décès, d'après les indications qui lui seront fournies. L'acte de l'état civil sera ensuite envoyé par lui à l'officier de l'état civil du domicile de la personne décédée, qui l'inscrira sur ses registres. (Art. 80.)

Comment les actes de décès sont-ils dressés lorsqu'il y a soupçon de mort violente ?

Lorsqu'il y a soupçon de mort violente, les actes de décès ne peuvent être dressés et l'inhumation ne peut avoir lieu avant qu'un officier de police, assisté d'un docteur en médecine, n'ait rédigé un procès-verbal de l'état du cadavre et des circonstances relatives au genre de mort. Les énonciations qui doivent être contenues dans l'acte de décès sont alors portées à la connaissance de l'officier de l'état civil par l'officier de police qui a verbalisé, sans qu'il soit nécessaire d'appeler des témoins. (Art. 81, 82.)

Comment les actes de décès des suppliciés sont-ils dressés?

Les actes de décès des suppliciés sont dressés par l'officier de l'état civil du lieu, d'après les renseignements fournis par le greffier criminel. L'acte de décès ne doit porter aucune mention du genre de mort. (Art. 83, 85.)

Comment les actes de décès sont-ils dressés en cas de mort dans les prisons?

En cas de mort dans les prisons, avis doit en être donné à l'officier de l'état civil du lieu, qui s'y transportera et y dressera l'acte de décès, d'après les indications qui lui seront fournies. L'acte de décès sera ensuite envoyé par lui à l'officier de l'état civil, du domicile de la personne décédée, qui l'inscrira sur ses registres, sans mentionner que le décès a eu lieu en prison. (Art. 84, 85.)

Comment les actes de décès sont-ils dressés en cas de mort pendant un voyage en mer?

En cas de mort pendant un voyage en mer, les actes de décès sont dressés suivant les mêmes règles que les actes de naissance en pareille circonstance. (Art. 86, 87.)

Comment les actes de décès sont-ils dressés en cas de mort par accident et lorsque le corps n'a pas été retrouvé?

En cas de mort par accident et lorsque le corps n'a pas été retrouvé, l'officier de l'état civil du lieu dresse procès-verbal de toutes les circonstances de l'événement; il inscrit ensuite ce procès-verbal sur ses registres pour tenir lieu de l'acte de décès, après avoir obtenu à cet effet une autorisation du tribunal.

CHAPITRE V.

Des Actes de l'Etat civil concernant les militaires en campagne.

Articles 88 à 98.

En vertu de quelle règle les actes de l'état civil qui ont été faits à l'étranger sont-ils valables en France ?

Ainsi que nous l'avons vu précédemment, les actes de l'état civil, qui ont été faits à l'étranger peuvent être valables en France en vertu de la règle ; « *locus regit actum,* » pourvu qu'ils aient été faits suivant les formes usitées dans le pays où ils ont été accomplis, où qu'ils aient été passés devant les agents diplomatiques français. (Art. 47. 48).

La règle locus regit actum est-elle applicable aux militaires en campagne?

Non, elle est remplacée à l'égard des militaires en campagne par cette autre règle: « *là où est le drapeau, là est la France* » suivant laquelle, le territoire étranger occupé par les troupes françaises est réputé Français à l'égard de ceux qui font partie de l'armée. (Art. 88).

Quelle est la conséquence de cette règle?

La conséquence de cette règle, c'est que des officiers Français désignés à cet effet par la loi, sont seuls compétents pour faire les actes de l'état civil qui concernent les militaires, où les personnes attachées à l'armée.

Cette règle est-elle applicable aux militaires tenant garnison en France?

Elle ne leur est applicable que dans le cas où par suite

des accidents de la guerre , l'armée se trouve sans aucune communication avec les autorités civiles ordinaires.

Les articles 89. 90. 91. 92. 93. 94. 95. 96. 97. 98. déterminent les personnes qui doivent remplir à l'armée les fonctions d'officiers de l'état civil, ainsi que les règles spéciales qui s'appliquent à la rédaction et à la tenue des actes concernant les militaires en pays ennemi.

CHAPITRE VI.

De la rectification des Actes de l'état civil

Articles : 99 à 101.

Quel est l'objet de la rectification des actes de l'état civil?

La rectification des actes de l'état civil a pour objet :

1° De faire porter aux actes les énonciations qui devaient y être inscrites et qui ne s'y trouvent pas.

2° De retrancher des actes les énonciations qui ne devaient pas y être inscrites et qui s'y trouvent.

3° De corriger les fausses désignations où les altérations qui y auraient été faites.

4° De remplacer un acte qui n'aurait pas été dressé dans les délais voulus par la loi.

Quels sont les principaux cas de demandes en rectification qu'on pourrait citer comme exemples ?

On peut citer parmi les principaux cas de demandes en rectifications :

1° Celui où le sexe d'un enfant n'a pas été indiqué sur l'acte de naissance.

2° Celui où le genre de mort a, au contraire, été énoncé dans l'acte de décès d'un supplicié.

3° Celui où un enfant légitime a été inscrit comme né de père et mère inconnus.

4° Enfin, celui où un acte de naissance n'a pas été rédigé dans les trois jours de l'accouchement.

Comment s'opère la rectification des actes de l'état civil?

La rectification des actes de l'état civil ne peut être opérée qu'en vertu d'un jugement du tribunal civil, lequel est susceptible d'appel.

La demande en rectification ne peut être formée que par les parties intéressées, mais le ministère public doit y être entendu en ses conclusions. (Art. 99).

Le jugement en rectification rendu à la requête des parties intéressées peut-il être opposé aux tiers?

Non, le jugement en rectification ne produit d'effets qu'à l'égard de ceux qui l'ont provoqué, ou qui ont été appelés en cause suivant la règle : *res , inter alios judicata , alteri neque nocet neque prodest.* (Art. 100).

Comment faut-il entendre l'application de cette règle?

Prenons pour exemple trois frères, Primus, Secundus et Tertius, tenant tous les trois de leur acte de naissance la qualité d'enfants légitimes, et examinons quel serait à leur égard l'effet des jugements en rectification.

1° Si nous supposons que Primus obtienne un jugement qui enlève à Secundus sa qualité d'enfant légitime; ce dernier n'en conserverait pas moins cette qualité vis-à-vis de tout autre personne, notamment vis-à-vis de Tertius qui est resté étranger au procès.

2º Si nous supposons maintenant que, Tertius vienne à son tour lui contester cette qualité d'enfant légitime, et qu'il obtienne gain de cause; alors par l'effet du second jugement, en rectification, Secundus perdrait à son égard, comme il l'a déjà perdu à l'égard de Primus sa qualité d'enfant légitime; mais il la conserverait encore tout entière à l'égard des autres personnes qui sont restées étrangères au jugement.

3º Si nous supposons enfin, qu'après avoir perdu sa qualité d'enfant légitime par rapport à Primus, Secundus ait triomphé contre Tertius, soit parce qu'il s'est mieux défendu, soit parce qu'il a produit des pièces qu'il ne connaissait pas lors du premier jugement, alors il conservera sa qualité d'enfant légitime contre ce dernier; mais il ne la recouvrera pas pour cela à l'égard de Primus. En effet, chacun des deux jugements qui ont prononcé sur la contestation d'état doit être considéré comme exact et conforme à la vérité en lui-même : *res judicata pro veritate habetur.*

De quelle manière s'effectue la rectification des actes de l'état civil lorsqu'elle a été ordonnée par jugement.

Les actes de l'état civil qui ont été l'objet d'une rectification judiciaire conservent, ainsi que nous venons de le voir, toute leur force probante à l'égard des personnes qui y sont restées étrangères. Par conséquent aucun changement n'y est fait, aucune énonciation n'y est supprimée, où ajoutée.

Une mention du jugement qui ordonne la rectification y est seulement portée en marge, après que ce jugement a été transcrit par l'officier de l'état civil, à sa date, sur les registres courants. (Art. 101).

LIVRE I. TITRE III.

—

DU DOMICILE.

Articles 102 à 111.

Nous venons de voir comment s'opère la constatation des actes de l'état civil au moyen d'écrits publics.

Cette constatation établit quels sont les droits qui appartiennent aux personnes. Il reste à voir comment ces droits peuvent être exercés.

Or, ainsi que nous l'avons dit, les droits, tout en ayant pour objet principal tantôt les personnes et tantôt les choses, ont toujours en définitive rapport aux personnes. Mais comme ces dernières sont sujettes à des déplacements, il y a certains droits qu'il serait difficile d'exercer avec régularité, si le législateur n'avait pris soin de rattacher les personnes qui les invoquent, ou contre lesquelles on les fait valoir, à un lieu déterminé.

C'est ce rapport légal établi par la loi entre une personne et un lieu pour l'exercice de certains droits, qu'on entend en disant d'une façon générale et abstraite: *le domicile*.

C'est la désignation même de ce lieu qu'on entend en disant: *le domicile de telle personne.*

Le titre du domicile ne comprend qu'un chapitre.

Nous y examinerons les questions suivantes :

I. Des effets du domicile.

II. Du domicile réel.

III. Du domicile d'élection.

IV. Du domicile légal.

§ I. — Des Effets du Domicile.

Quels sont les effets du domicile ?

Lorsque la France était régie par les coutumes, le domicile déterminait la législation particulière qu'il fallait appliquer aux personnes. Mais, depuis la formation du Code, les effets du domicile sont bien moins importants. Ils consistent seulement à régler :

1° La compétence des tribunaux en matière d'actions personnelles.

2° Le lieu ou certains actes doivent être notifiés.

3° Le lieu où s'ouvrent les successions.

4° Le lieu où les publications de mariage sont nécessaires.

5° Le lieu où le mariage peut être célébré.

Le domicile d'une personne diffère-t-il de sa résidence ?

Oui, car le domicile peut exister indépendamment de toute habitation, tandis que la résidence n'est pas autre chose que le fait même de l'habitation actuelle.

Combien y a-t-il de sortes de domiciles ?

Il y en a deux sortes : Le domicile politique et le domicile civil.

Le domicile politique est le siége juridique d'une personne pour l'exercice de ses droits politiques. Le domicile civil est le siége juridique d'une personne pour l'exercice de ses droits civils.

Combien distingue-t on de domiciles civils ?

On en distingue trois :

Le domicile réel, — le domicile d'élection, — le domicile légal.

Qu'est-ce que le domicile réel?

C'est le domicile ordinaire des personnes.

Où se trouve le domicile réel?

Le domicile réel d'une personne est au lieu où elle a son principal établissement. (Art. 102.)

Qu'entend-on par principal établissement?

On entend par principal établissement, le lieu auquel on se trouve le plus attaché, soit par l'intérêt, soit par le devoir, soit par l'affection.

Le principal établissement des personnes est souvent au lieu même de leur résidence, et dans ce cas, le domicile réel se confond avec la résidence ; — mais d'autres fois il en est distinct.

Qu'est-ce que le domicile d'élection?

Le domicile d'élection est un domicile choisi spécialement et exclusivement pour l'exécution d'un acte. (Art. 111)

Qu'est-ce que le domicile légal?

Le domicile légal est celui que la loi attribue exceptionnellement à certaines personnes indépendamment de toute intention de leur part. (Art. 107, 108.)

§ II — Du Domicile réel.

Comment divise-t-on le domicile réel?

On divise le domicile réel en domicile d'origine et domicile acquis.

Qu'est-ce que le domicile d'origine?

Le domicile d'origine est celui que chaque personne reçoit par la naissance et qu'elle conserve tant qu'elle ne s'en est pas choisi un autre. Ainsi, le domicile de l'enfant est chez ses parents, ou à défaut de parents, chez les personnes qui l'ont recueilli.

Qu'est-ce que le domicile acquis?

Le domicile acquis est celui que s'est choisi elle-même une personne majeure, qui a renoncé à son domicile d'origine.

Comment s'opère le changement de domicile?

Le changement de domicile s'opère :

1° Par le changement de résidence.

2° Par l'intention de fixer son principal établissement dans cette nouvelle résidence. (Art. 103.)

Cette intention se manifeste, soit par certaines circonstances, par exemple : par l'achat d'un fond de commerce, soit par une déclaration faite à la mairie du domicile auquel on renonce, ainsi qu'à celle du domicile que l'on veut acquérir (Art. 104, 105.)

Pourrait-on ne pas avoir de domicile?

Non, il est impossible qu'une personne n'ait pas de domicile par cette double raison :

1° Qu'on ne peut renoncer à son domicile d'origine sans se choisir un domicile acquis.

2° Qu'en supposant qu'on perde ce domicile acquis par suite de cas fortuits, tels, par exemple, que l'incendie du principal établissement, et que l'on n'ait pas fait choix d'un autre domicile, on recouvre immédiatement et indépendamment de toute volonté son domicile d'origine; à l'égard duquel la loi suppose une relation constante d'intérêt ou d'affection.

Cette attribution forcée du domicile d'origine lorsqu'on a perdu son domicile acquis, n'a-t-elle pas quelques inconvénients?

Oui, car il peut fort bien se faire que l'on n'ait conservé

aucune relation avec le lieu où l'on a son domicile d'origine, et qu'ainsi l'on ne puisse pas recevoir les actes qui y seraient signifiés. Mais les personnes qui auraient à souffrir de cette attribution forcée, ne doivent s'en prendre qu'à elles-mêmes, puisqu'elle n'a lieu qu'à défaut par elles d'avoir choisi un autre domicile. D'ailleurs, l'inconvénient que nous avons signalé se présentera bien rarement dans la pratique. Le plus souvent, en effet, les créanciers qui ont à signifier des actes au domicile d'origine d'un débiteur, qui n'y a conservé aucune relation, ne connaissent pas eux-mêmes ce domicile, et se trouvent alors dans la nécessité de procéder ainsi qu'ils doivent le faire lorsque le domicile de leur débiteur est inconnu.

Où faut-il faire les notifications lorsque le domicile de la personne à qui elles s'adressent est inconnu?

Il faut les faire à la résidence de cette personne.

Si sa résidence était elle-même inconnue, on l'assignerait devant le tribunal de son propre domicile. Pour cela, on fait afficher à la porte principale de l'auditoire, une copie de l'exploit, et on en adresse une autre copie au procureur impérial.

Quel serait le lieu de l'ouverture d'une succession si le domicile et la résidence du défunt étaient inconnus?

Si le domicile du défunt était inconnu, la succession s'ouvrirait au lieu de sa résidence, — si sa résidence elle-même était inconnue, la succession s'ouvrirait au domicile de l'un des héritiers.

Peut-on avoir plusieurs domiciles à la fois?

Non, car on ne peut acquérir un nouveau domicile qu'en renonçant à celui qu'on a déjà. Si, en fait, une personne possédait plusieurs établissements, de telle sorte qu'on ne pût facilement distinguer quel est celui d'entre eux qui en est le principal, les tiers devraient considérer ces établissements comme autant de résidences et rechercher le domicile d'origine de la personne avec laquelle ils traitent. Dans le cas où il leur serait inconnu, ils resteraient libres de faire leurs notifications à celle des résidences qu'il leur conviendrait de choisir.

§ III. — Du Domicile d'élection.

En quoi le domicile d'élection diffère-t-il du domicile réel?

Le domicile d'élection diffère du domicile réel :

1° Parcequ'il est spécial, c'est-à-dire choisi expressément pour l'exécution d'un acte; tandis que le domicile réel est général, c'est-à-dire propre à l'exercice de tous les droits attachés au domicile.

2° Parcequ'il n'est pas unique, c'est-à-dire parce qu'on peut élire spécialement autant de domiciles qu'il se trouve d'actes à faire exécuter; tandis que le domicile réel est unique.

3° Parcequ'il cesse avec la mort de celui qui l'a élu, tandis que le domicile réel subsiste même après la mort, et sert à déterminer le lieu d'ouverture de la succession du défunt.

Pourquoi le domicile d'élection a-t-il été institué ?

Le domicile d'élection a été institué dans le but d'accélérer la procédure, en facilitant aux parties l'exécution de certains actes.

L'élection de domicile est elle facultative?

Oui, en général, elle est facultative. Quelquefois, cependant, elle est prescrite par la loi; par exemple, lorsqu'on forme opposition à un mariage. (Art. 176.)

Comment se fait l'élection de domicile?

L'élection de domicile peut se faire, soit au moment même du contrat à l'exécution duquel elle se rapporte; soit postérieurement et par acte séparé. L'article 111 n'est pas limitatif. (M. Valette.)

L'élection de domicile n'a-t-elle pas lieu de deux manières?

Oui, on peut faire élection de domicile, soit chez une personne et dans un lieu déterminé; soit dans un lieu déterminé, mais sans indication d'une personne chargée de recevoir les notifications.

Ces deux manières d'élire domicile produisent-elles les mêmes effets?

Non ; lorsque l'élection de domicile est faite seulement dans un lieu désigné, elle ne produit pas d'autre effet que celui de déterminer la compétence du tribunal du lieu de l'élection, pour l'exécution de l'acte qu'on a en vue. Si, au contraire, l'élection de domicile a été faite chez une personne désignée, elle a pour effet, non-seulement de déterminer la compétence du tribunal du lieu où est domiciliée cette personne, mais encore de permettre à cette dernière, de recevoir valablement et de notifier tous les actes nécessaires.

A qui doit-on adresser les notifications lorsque la personne désignée pour les recevoir est venue à mourir?

On doit les adresser alors à la personne même que ces actes concernent. On les signifie à son domicile, réel si on le connaît; ou à sa résidence, si on ne le connaît pas.

A quel moment l'élection de domicile qui est faite pour l'exécution d'un acte, cesse-t-elle de produire son effet?

L'élection de domicile ne cesse de produire son effet que

lorsque l'exécution de l'acte pour lequel elle a été faite, se trouve complètement achevée. (Art. 111.)

Elle n'est donc pas seulement valable pour les actes qui sont des moyens d'arriver à l'exécution du contrat, tels que les significations, demandes et poursuites, ainsi qu'il paraît résulter du texte de l'article 111; mais elle l'est encore, suivant une doctrine généralement acceptée, à l'égard des actes qui ont pour objet de procurer l'exécution elle-même, tels que la signification du jugement.

Dans l'intérêt de quelle partie l'élection de domicile peut-elle être faite?

L'élection de domicile peut être faite soit dans l'intérêt du créancier, soit dans l'intérêt du débiteur, soit dans l'intérêt de l'un et de l'autre. Lorsqu'elle a été faite dans l'intérêt du créancier, celui-ci peut y renoncer et poursuivre le débiteur devant le tribunal de son domicile réel, car sa renonciation ne peut nuire qu'à lui-même. Lorsqu'elle a été faite dans l'intérêt du débiteur, ce dernier ne peut, au contraire, y renoncer sans le consentement du créancier, parceque sa renonciation obligerait ce dernier à des poursuites plus longues et plus onéreuses.

§ IV. — Du Domicile légal.

En quoi le domicile légal diffère-t-il du domicile d'origine?

Le domicile légal diffère du domicile d'origine :

1º Parcequ'il n'est donné qu'à certaines personnes, tandis que le domicile d'origine s'impose de plein droit à toutes les personnes.

2º Parcequ'on ne le recouvre pas de plein droit dès qu'on a perdu son domicile acquis, ainsi que cela se produit relativement au domicile d'origine.

Quelles sont les personnes à qui la loi donne un domicile?

Les personnes à qui la loi donne un domicile sont :

1º Les fonctionnaires publics dont les fonctions sont irrévocables et perpétuelles; tels que, les juges et conseillers aux cours impériales. Le domicile de ces fonctionnaires est fixé au lieu où ils sont attachés par leurs devoirs ; il leur est acquis à partir de la prestation de serment.

2º Les femmes mariées et les interdits, dont le domicile est chez leur mari ou tuteur, pendant toute la durée du mariage ou de l'interdiction.

3º Les domestiques et ceux qui travaillent à demeure, dont le domicile est chez leur maître. (Art. 107, 108, 109.)

La femme séparée de corps conserve-t-elle son domicile chez son mari?

Non, car la séparation de corps a précisément pour objet de permettre à la femme d'avoir un domicile séparé d'avec son mari. (MM. Bugnet, Valette.)

La femme mariée qui a été interdite et qui n'a pas son mari pour tuteur, conserve-t elle son domicile chez lui?

Non, son domicile se trouve alors chez son tuteur, parce qu'il a l'administration de ses biens. (MM. Bugnet, Valette.)

Les mineurs émancipés peuvent-ils se choisir un domicile?

Oui; les mineurs émancipés peuvent se choisir un domicile, parce qu'ils ont l'administration de leur fortune. (MM. Bugnet, Valette.)

LIVRE I. TITRE IV.

DES ABSENTS.

Après avoir établi les règles générales qui déterminent la jouissance des droits civils, leur constatation par des écrits, et les moyens propres à en assurer l'exercice régulier, le législateur aborde un sujet plus spécial, celui de l'absence des personnes.

On appelle *absent*, l'individu qui a disparu de son domicile et sur l'existence duquel il y a des doutes, et *non présent*, celui qui a également disparu de son domicile, mais dont l'existence paraît assurée.

Ce n'est donc pas la disparition du domicile, mais l'incertitude de la vie qui constitue l'absence. Dès lors, comme cette incertitude peut être plus ou moins grande, puisqu'elle augmente à mesure que le temps s'écoule depuis la disparition où les dernières nouvelles, les prescriptions de la loi à l'égard des absents ne pouvaient conserver leur caractère habituel de fixité; c'est pourquoi on a divisé l'absence en trois périodes, ayant chacune leurs règles particulières :

1º La période de présomption d'absence, pendant laquelle l'existence de l'absent est considérée comme probable.

2º La période de déclaration d'absence ou d'envoi en possession provisoire, pendant laquelle le décès de l'absent est, au contraire, regardé comme probable.

3º La période d'envoi en possession définitif, pendant laquelle le décès de l'absent est reconnu comme à peu près certain.

7

Les règles qui concernent la première période ont été établies dans l'intérêt de l'absent. Elles ont pour objet la constatation de l'absence et la conservation des biens.

Les règles qui concernent la seconde période ont été établies dans l'intérêt de l'absent et de ses héritiers. Elles ont pour objet l'ouverture provisoire de sa succession.

Les règles qui concernent la troisième période ont été établies dans l'intérêt des héritiers. Elles ont pour objet l'ouverture définitive de la succession.

Il y a enfin, outre ces règles particulières, certaines règles générales qui reçoivent leur application dans chacune de ces trois périodes ; telle est, celle qui défend à l'époux présent de contracter un nouveau mariage pendant l'absence de son conjoint.

Le titre de l'absence est ainsi divisé par le Code :

Chapitre I. De la présomption d'absence.

Chapitre II. De la déclaration d'absence.

Chapitre III. Des effets de l'absence.

Chapitre IV. De la surveillance des enfants mineurs du père qui a disparu.

CHAPITRE I.

De la présomption d'absence.

Articles 112 à 114.

Quand y a-t-il présomption d'absence ?

Il y a présomption d'absence par le seul fait qu'une personne a disparu de son domicile et que son existence est mise sérieusement en doute. Mais cette présomption n'a un caractère légal que lorsqu'elle a été constatée par un jugement.

Quel est l'objet du jugement en présomption d'absence ?

L'objet de ce jugement est d'établir la disparition du domicile, ainsi que l'incertitude sur l'existence de la personne qui a disparu, et de constater en forme la nécessité de pourvoir à l'administration de la fortune de l'absent. (Art. 112.)

Les tribunaux ont-ils à intervenir lorsque l'absent a laissé un mandataire ?

Non, ils ne peuvent intervenir en ce cas qu'autant que les pouvoirs du mandataire sont insuffisants ou qu'autant qu'ils sont expirés. (Art. 112.)

Les tribunaux ont-ils la faculté de prononcer d'office un jugement en présomption d'absence ?

Non, les tribunaux ne peuvent in   enir et prononcer un jugement en présomption d'absen   , que sur la demande des parties intéressées ou du minist   public.

Pourquoi le ministère public a-t-il qualité pour former une demande en présomption d'absence ?

En principe, le ministère public ne doit agir qu'en vue d'un intérêt général. Cependant l'article 114 lui donne le mandat spécial de veiller aux intérêts des personnes présumées absentes, afin de leur assurer une protection plus efficace ; c'est ainsi qu'il peut provoquer le jugement en présomption d'absence, ou s'opposer, au contraire, à la demande qui en serait faite.

Quelles sont les personnes qui peuvent également former une demande en présomption d'absence ?

Ce sont, dit l'article 112, toutes les parties intéressées, c'est-à-dire toutes les personnes qui ont un intérêt né et actuel à la former. Ces personnes sont :

1° Les créanciers de l'absent. Ils ont le droit de veiller à la conservation de ses biens parce qu'ils garantissent leurs créances.

2º L'époux de l'absent. Il a un droit actuel sur ses biens pour les charges du mariage.

Pourquoi les héritiers présomptifs de l'absent ne peuvent-ils pas former une demande en présomption d'absence?

C'est parce qu'ils n'y ont pas un intérêt né et actuel. En effet, le jugement en présomption d'absence ne fait pas considérer le décès de l'absent comme probable. Or, les droits des héritiers présomptifs n'ont à s'exercer que sur une succession ouverte après décès, et non sur les biens d'une personne dont l'existence est incertaine, mais probable. Ils n'ont donc aucune qualité pour provoquer un jugement en présomption d'absence, et la seule faculté que la loi leur accorde, consiste à s'adresser au ministère public pour le prier de requérir des mesures qui garantissent leur intérêt à venir.

Certains héritiers ne sont-ils pas admis quelquefois à provoquer une demande en présomption d'absence?

Oui, les ascendants et les descendants sont en effet admis à provoquer une demande en présomption d'absence, toutes les fois qu'ils ont à réclamer une pension alimentaire. Mais ils agissent alors comme créanciers éventuels, ayant un droit né et actuel sur les biens de l'absent, et non en qualité d'héritiers.

Quel est le tribunal compétent pour constater la présomption d'absence et ordonner des mesures conservatoires?

La loi a gardé le silence à cet égard. Mais on admet généralement que c'est le tribunal du domicile de l'absent, même lorsque ses biens sont situés dans un autre arrondissement. En effet, si le tribunal de la situation des biens est mieux placé pour apprécier quelles sont les mesures à prendre dans l'intérêt de leur administration, le tribunal du domicile de l'absent est, d'un autre côté, bien plus à même de savoir quel est le degré d'incertitude sur son existence, parceque c'est au domicile que parviendront les nouvelles. Il ne faut pas oublier que c'est le manque de nouvelles qui produit l'incertitude sur l'existence et qui donne lieu de requérir des mesures conservatoires pour l'administration des biens. Or, avant d'examiner quelles sont les meilleures mesures à prendre, il convient de décider s'il est nécessaire d'en prendre. (MM. Bugnet, Valette.)

Ne pourrait-on pas décider qu'un double jugement est nécessaire?

Suivant quelques auteurs, il faudrait décider qu'un double jugement est nécessaire : l'un rendu par le tribunal du domicile pour constater la présomption d'absence, l'autre rendu par le tribunal de la situation pour ordonner des mesures conservatoires; mais cette manière de procéder serait trop lente et trop coûteuse. Le remède serait pire que le mal. En définitive, le tribunal du domicile aura toute facilité pour se renseigner sur l'état des biens avant d'ordonner des mesures conservatoires.

L'article 113 ne prévoit-il pas spécialement le cas où l'absent serait intéressé dans des comptes, partages, ou liquidations?

Oui, il décide que dans ce cas les présumés absents devront être représentés par un notaire commis par le tribunal. C'est sans doute à cause de la difficulté que présentent ces sortes d'affaires et des connaissances spéciales qu'elles exigent.

Les tribunaux peuvent-ils, en cas d'urgence, ordonner des mesures conservatoires pour l'administration des biens des non-présents?

Suivant quelques auteurs, le bénéfice des dispositions qui concernent les absents pourrait être étendu aux non-présents, tout au moins lorsqu'ils se trouvent éloignés de leur domicile par cas de force majeure et qu'il y a péril en la demeure. Mais cette doctrine nous paraît très-contestable. Il n'y a qu'un rapport fort incomplet d'analogie à établir entre les non-présents sur l'existence desquels il n'y a pas de doute et les absents dont la vie est incertaine et par conséquent de ce que les tribunaux ont la faculté de prendre des mesures conservatoires dans l'intérêt des absents il ne faut pas conclure qu'ils peuvent s'immiscer de même dans les affaires des non-présents, puis qu'aucun texte de loi ne les y autorise.

CHAPITRE II.

De la Déclaration d'absence.

Articles 115 à 119.

Quel est l'objet des jugements en déclaration d'absence ?

L'objet des jugements en déclaration d'absence est de faire considérer légalement le décès de l'absent comme probable.

Par l'effet de cette présomption, tous les droits qui étaient subordonnés à son décès peuvent être exercés provisoirement.

Dans quel délai la demande en déclaration d'absence peut-elle être formée ?

Il faut distinguer :

Si l'absent a laissé un mandataire, la demande ne peut être formée que lorsqu'il s'est écoulé dix ans, depuis sa disparition ou les dernières nouvelles.

Si l'absent n'a pas laissé de mandataire, la demande peut être formée lorsqu'il s'est écoulé quatre ans, à partir de ce moment là. (Art. 115.)

Du reste, ainsi que nous le verrons plus loin, le jugement en déclaration d'absence n'est rendu par le tribunal qu'une année après que la demande a été formée.

Lorsque l'absent a laissé un mandataire, le délai de dix ans est-il invariable quelque soit la durée de la procuration?

Oui, il est invariable quelque soit la durée de la procuration et lors même qu'elle aurait été donnée pour plus de dix ans. Ce qu'on considère ici, ce n'est pas la durée de la procuration, mais le fait même qu'elle existe; fait qui, d'un côté témoigne que le mandant avait l'intention de s'absenter, mais qui, d'un autre côté, ne suffit pas pour exclure toute incertitude sur son existence, lorsqu'il est resté dix ans sans donner aucun signe de vie.

Faut-il faire partir le délai des dernières nouvelles du jour où elles ont été envoyées par l'absent, ou du jour où elles ont été reçues ?

Quoique la loi n'ait pas pris le soin de s'expliquer à cet égard, on convient généralement qu'il faut prendre pour point de départ du délai des dernières nouvelles, le jour où elles ont été envoyées par l'absent, car ce n'est que jusqu'à ce jour qu'elles établissent son existence. (MM. Bugnet, Valette.) (Art. 115.)

Quelles sont les personnes qui peuvent former une demande en déclaration d'absence?

Ce sont toutes les personnes qui y ont un intérêt né et actuel. (Art. 115.)

Mais ici, parmi ces personnes, nous trouvons, outre les

créanciers et le conjoint de l'absent, ses héritiers présomptifs, ainsi que ses légataires ou donataires, puisqu'en faisant considérer comme probable le décès de l'absent, le
jugement en déclaration d'absence donne ouverture à l'exercice de tous les droits qui sont subordonnés au décès.— Nous
devons remarquer, toutefois, que les légataires et les donataires n'ont de droits à exercer que lorsque le testament qui
les leur confère a été ouvert ; et qu'ils doivent d'abord en
requérir l'ouverture auprès du ministère public, avant d'être
admis à former une demande en déclaration d'absence. (Art.
115, 123.)

*Devant quel tribunal la demande en déclaration d'ab-
sence doit-elle être formée?*

Elle doit être formée devant le tribunal du domicile de
l'absent, qui peut ou la rejeter, si le décès ne lui paraît pas
suffisamment probable, ou l'admettre ; et alors, ordonner une
enquête pour s'assurer que l'absent n'a pas donné de ses
nouvelles. (Art. 116, 117.)

*Le jugement qui prononce la déclaration d'absence n'est
donc pas rendu immédiatement après que la demande a
été formée?*

Non, il ne peut être rendu qu'une année après que la demande a été formée, en sorte que la déclaration d'absence
n'est prononcée que lorsqu'il s'est écoulé onze ans ou cinq
ans depuis la disparition ou les dernières nouvelles, suivant
que l'absent avait ou n'avait pas laissé de mandataire. L'enquête qui a lieu dans l'intervalle est rendue publique au
moyen d'une insertion dans le *Moniteur;* le procureur impérial y prend part contradictoirement avec les parties intéressés. (Art. 118, 119.)

CHAPITRE III.

Des effets de l'Absence.

Ce chapitre n'est-il pas divisé en trois sections ?

Oui. Comme les effets de l'absence peuvent être considérés sous divers rapports, le Code divise ce chapitre en trois sections, dans lesquelles il détermine les effets de l'absence.

I. Sous le rapport des biens que l'absent possédait.

II. Sous le rapport des droits éventuels qui peuvent lui compéter.

III. Sous le rapport du mariage. (1)

PREMIÈRE SECTION.

Des effets de l'Absence relativement aux biens que l'absent possédait au jour de sa disparition.

Articles 120 à 134.

Quel est l'objet de cette section?

L'objet de cette section est de déterminer ce que deviennent les biens de l'absent lorsque le jugement en déclaration d'absence a fait considérer son décès comme probable ; — par qui ils sont recueillis alors et de quelle manière ils le

(1) Les matières contenues dans les deux premières sections ne sont pas exigées pour le premier examen.

sont ; — comment, enfin, ceux qui les recueillent doivent
se comporter en vue de la possibilité du retour de l'absent.
Ainsi, nous aurons à examiner dans cette section, les trois
questions suivantes :

1° De l'envoi en possession provisoire.

2° Des droits de l'époux marié avec l'absent sous le régime
de la communauté.

3° De l'envoi en possession définitif.

§ I. — De l'envoi en possession provisoire.

Qu'est-ce que l'envoi en possession provisoire ?

L'envoi en possession provisoire est l'attribution provisoire
des biens de l'absent faite aux personnes qui étaient ses héritiers présomptifs au jour de la disparition ou des dernières
nouvelles, ou à leurs représentants, ainsi qu'aux légataires
et donataires s'il y en a.

Comment a lieu cet envoi en possession ?

L'envoi en possession provisoire est la conséquence du
jugement en déclaration d'absence, qui, en faisant considérer le décès de l'absent comme probable, donne ouverture à
tous les droits qui étaient subordonnés au décès. Aussi, le
plus souvent, le jugement rendu sur la déclaration d'absence ordonne-t-il l'envoi en possession provisoire. Toutefois, cet envoi pourrait être prononcé par un second jugement. (Art. 120.)

*Quels sont les biens que recueillent les envoyés en posses-
sion provisoire ?*

Ils recueillent tous les biens que possédait l'absent au moment de sa disparition ou de ses dernières nouvelles, aug-
mentés de tous les fruits qui ont été capitalisés pendant la

période de présomption d'absence. Mais ils ne recueillent pas les successions qui se sont ouvertes au profit de l'absent depuis sa disparition, car celui-ci n'a pu les acquérir à cause de l'incertitude où l'on était sur son existence.

Que doivent faire les envoyés en possession provisoire à leur entrée en possession ?

Les envoyés en possession provisoire ne sont que des dépositaires et des administrateurs de la chose d'autrui. A leur entrée en possession, ils doivent, en conséquence, pour assurer la conservation et la restitution des biens qu'ils recueillent :

1° Fournir caution.

2° Faire dresser un inventaire des meubles.

3° Les faire vendre, en tout ou en partie, suivant que le tribunal en ordonne.

4° Pourvoir à leur entretien ainsi qu'à celui des immeubles. (Art. 125, 126.)

Quels sont les pouvoirs des envoyés en possession provisoire ?

En leur qualité d'administrateurs, les envoyés en possession provisoire ne peuvent faire que des actes d'administration. En conséquence il ne leur est pas permis :

1° D'aliéner ou hypothéquer les immeubles.

2° D'aliéner même les meubles sans y avoir été autorisés par justice.

Toutefois, nous ferons à cet égard deux observations :

1° Les aliénations ou hypothèques qu'ils auraient consenties sur les immeubles devraient être maintenues, s'ils devenaient plus tard propriétaires des biens qui en ont été l'objet.

2° Les aliénations mobilières pourraient également être maintenues si elles avaient été faites à un acheteur de bonne foi, parce que celui-ci pourrait opposer la règle : « *en fait de meubles la possession vaut titre.* » (Art. 128.)

Les envoyés en possession peuvent-ils intenter des actions, ou y défendre ?

Oui, ils peuvent en leur qualité d'administrateurs intenter ou défendre à toute action mobilière, ou défendre aux actions immobilières. — Quant à intenter des actions immobilières, ils y semblent autorisés par l'article 807, qui leur attribue ce droit relativement à l'action de partage.

Les envoyés en possession provisoire peuvent-ils être contraints d'acquitter les dettes de l'absent ?

Oui, ils peuvent y être contraints en leur qualité d'administrateurs de ses biens. S'ils sont plusieurs, chacun d'eux en supporte une partie proportionnelle à la part qu'il a reçue. Mais on ne peut pas les contraindre au-delà de leur émolument, parce qu'ils ne sont pas héritiers purs et simples.

Les envoyés en possession provisoire peuvent-ils acquérir par prescription les biens dont ils sont détenteurs ?

Non, parce qu'ils ne sont que des détenteurs précaires. Mais les tiers peuvent acquérir par prescription les biens de l'absent, et réciproquement, l'absent peut prescrire contre les tiers, parce qu'il est représenté en la personne des envoyés en possession. (Art. 125.)

Quels sont les droits des envoyés en possession provisoire ?

Ils consistent à retenir — les quatre cinquièmes des revenus si l'absence n'a pas duré plus de quinze ans, — les neuf dixièmes si elle a duré plus de quinze ans, — et la totalité si elle a duré au moins trente ans. (Art. 127.)

Comment finit l'envoi en possession provisoire ?

L'envoi en possession provisoire finit :

1º Par le retour de l'absent.

2° Par la réception de ses nouvelles.

3° Par la preuve de son décès.

4° Par l'envoi en possession définitif.

Quel est l'effet de la réception des nouvelles de l'absent?

La réception des nouvelles de l'absent, en ne permettant plus de considérer le décès comme probable, fait disparaître les effets du jugement en déclaration d'absence, et fait cesser en même temps l'envoi en possession provisoire. Mais comme d'un autre côté, elle n'établit pas d'une manière certaine, l'existence de l'absent, puisqu'il a pu décéder depuis qu'on a reçu ces nouvelles, elle laisse subsister la simple présomption d'absence. (Art. 131.)

Quel est l'effet de la preuve du décès de l'absent?

La preuve du décès de l'absent a pour effet de donner lieu à l'ouverture de sa succession.

§ II. — Des droits de l'époux marié avec l'absent sous le régime de la communauté.

L'époux marié avec l'absent sous le régime de la communauté ne jouit-il pas d'une immunité particulière?

Oui. — Le jugement en déclaration d'absence, en donnant lieu à l'exercice de tous les droits subordonnés au décès de l'absent, devrait entraîner forcément par voie de conséquence la dissolution et le partage de la communauté. Cependant, comme la continuation de la communauté, peut offrir des avantages à l'époux présent, la loi lui accorde la faculté de la maintenir, ou de la dissoudre provisoirement. (Art. 124.)

Quels sont les avantages que la continuation de la communauté peut offrir à l'époux présent?

Sous le régime de la communauté, les donations et successions mobilières qui adviennent pendant le mariage à l'un des deux époux, tombent dans la communauté, et profitent par là pour une part égale aux deux époux. En cas d'absence de son conjoint, le maintien de la communauté offre donc à l'époux présent l'avantage de pouvoir retirer une part des donations et successions mobilières qui viendraient à lui échoir.

La femme commune n'a-t-elle pas également, en cas de dissolution de la communauté, le droit de choisir entre l'acceptation et la renonciation à sa part de communauté?

Oui, mais c'est un droit tout différent. En effet, il s'applique exclusivement au partage de la communauté lorsqu'elle est dissoute; et de plus, il n'appartient qu'à la femme; tandis que celui dont nous venons de parler porte sur son maintien ou sa dissolution, et peut être exercé par l'un et l'autre des deux époux. En réalité, la femme jouit de deux immunités, dont une seulement lui est exclusivement réservée : elle peut, en cas d'absence du mari, comme celui-ci le pourrait si.elle se trouvait elle-même absente, demander le maintien de la communauté ou sa dissolution, en outre, si la dissolution en a été déclarée, elle a — mais elle a seule — la faculté de renoncer à la part qui lui reviendrait.

Du reste, la faculté qu'a l'époux marié avec l'absent de demander le maintien ou la dissolution de la communauté, n'est pas autre chose, au fond, que le droit de choisir entre la continuation ou l'anéantissement du contrat de mariage.

Pourquoi cette faculté n'est-elle alors accordée qu'aux époux mariés sous le régime de communauté?

C'est probablement parce qu'on ne pouvait l'accorder

d'une façon plus étendue sans se mettre en opposition avec ce principe général : que tous les droits qui sont subordonnés au décès, prennent naissance aussitôt que le jugement en déclaration d'absence a été rendu. Cependant, la plupart des auteurs sont d'avis que le législateur aurait pu sans inconvénient étendre l'exception qu'il a introduite, et autoriser les époux mariés sous d'autres régimes à conserver également pendant l'absence les avantages que leur procure leur association, puisque, ainsi que nous le verrons plus loin, l'absence ne dissout pas le mariage.

A quel moment l'époux marié avec l'absent sous le régime de communauté peut-il faire son choix entre le maintien ou la dissolution de la communauté?

Il peut le faire dès que le jugement en déclaration d'absence a été prononcé. De plus, il en conserve la faculté tant qu'il n'a pas donné son consentement à l'envoi en possession provisoire relativement aux biens de la communauté.

L'époux marié avec l'absent qui opte pour le maintien de la communauté, ne doit-il pas notifier son acceptation aux héritiers présomptifs de l'absent?

Oui, car en se décidant pour le maintien de la communauté, il les empêche d'être envoyés en possession provisoire à l'égard des biens de son conjoint qui faisaient partie de la communauté.

Toutefois, la femme ne peut faire cette notification qu'après avoir obtenu l'autorisation de la justice.

L'époux qui a d'abord opté pour le maintien de la communauté peut-il ensuite y renoncer?

Oui. Mais, si au lieu d'opter pour le maintien de la communauté il avait d'abord opté pour sa dissolution, il ne pourrait pas revenir sur sa décision.

Quels sont les droits de l'époux qui a opté pour le maintien de la communauté?

Il faut distinguer :

Si c'est le mari qui a opté, il ne fait que conserver les droits qu'il avait déjà comme administrateur de la communauté et des biens propres de sa femme.

Si c'est la femme, elle acquiert, au contraire, des droits qu'elle n'avait pas, .car la loi lui accorde des pouvoirs d'administration sur ses biens propres, sur ceux de la communauté et sur ceux de son mari. Toutefois, elle ne peut faire aucun acte de disposition sans y être autorisée par justice.

Quels sont les devoirs de l'époux qui a opté pour le maintien de la communauté?

Il doit faire inventaire et pourvoir à l'entretien des meubles et des immeubles, mais il n'est pas tenu à fournir caution comme les envoyés en possession provisoire, car aucun texte ne l'y oblige. (M. Valette.) Art. 126.

L'époux qui a opté pour le maintien de la communauté peut-il s'attribuer une certaine portion des revenus?

Oui, il peut s'attribuer la même quotité de fruits que les envoyés en possession provisoire. Toutefois, s'il devenait certain que la communauté existait encore au moment de la perception des fruits, il faudrait les faire rentrer dans la communauté. (M. Valette.) Art. 1401.

Comment se fait le partage de la communauté lorsque l'époux marié à l'absent opte pour sa dissolution provisoire?

Les biens dont se compose la communauté se partagent alors par moitié entre l'époux présent et les héritiers de l'époux absent. L'époux présent est en ce cas considéré comme un envoyé en possession provisoire pour la part qu'il obtient, et comme tel, on l'oblige à fournir caution en prévision du cas où la communauté aurait à se reconstituer par suite du retour de l'absent, ou de la réception de ses nouvelles.

Comment finit le maintien provisoire de la communauté?

Le maintien provisoire de la communauté finit :

1° Par le changement de volonté de l'époux présent, qui peut y renoncer après l'avoir d'abord accepté.

2° Par le retour de l'absent, ou la réception de ses nouvelles.

3° Par la preuve du décès de l'absent, ou par le décès de l'époux présent.

4° Par l'envoi en possession définitif.

§ III. — De l'envoi en possession définitif.

Qu'est-ce que l'envoi en possession définitif?

L'envoi en possession définitif est l'attribution définitive des biens de l'absent faite aux personnes qui étaient ses héritiers au jour de sa disparition où des dernières nouvelles, où à leurs représentants, ainsi qu'aux légataires et donataires s'il y en a.

Comment a lieu cet envoi en possession?

L'envoi en possession définitif ne peut avoir lieu qu'en vertu d'un jugement. Ce jugement doit être rendu par le même tribunal qui a ordonné l'envoi en possession provisoire, il n'a pas besoin d'être précédé d'une enquête.

Dans quel délai la demande d'envoi en possession définitif peut elle-être formée?

Elle ne peut être formé que lorsqu'il paraît certain que l'absent est décédé. Or il paraît certain qu'il est décédé :

1° Lorsqu'il s'est écoulé trente ans depuis le jugement en déclaration d'absence ;

8

2º Où, lorsqu'il s'est écoulé cent ans depuis sa naissance. (Art. 129).

Quelles sont les personnes qui peuvent intenter cette demande?

Ce sont celles qui étaient les héritiers présomptifs de l'absent au moment de sa disparition où des dernières nouvelles. Aussi l'envoi en possession définitif est-il accordé en général aux personnes mêmes à qui l'envoi en possession provisoire avait été précédemment attribué; à moins qu'il ne s'en trouve qui aient négligé de former la première demande.

Quels sont les effets de l'envoi en possession définitif?

Les effets de l'envoi en possession définitif consistent :

1º A faire cesser l'envoi en possession provisoire.

2º A donner lieu au partage de la succession de l'absent.

3º A investir les envoyés en possession définitive des pouvoirs d'un propriétaire relativement aux biens de l'absent?

Que doivent faire les envoyés en possession dans le cas de retour de l'absent ?

Ils doivent lui rendre tous ses biens, tels qu'ils se trouvent au moment de son retour, et lui restituer le prix des immeubles qu'ils ont aliénés à titre onéreux. Mais ils ne sont pas tenu de lui fournir une compensation pour les biens dont ils ont disposé à titre gratuit, à moins qu'ils n'en aient fait donation à leurs propres enfants; car alors ils en auraient indirectement tiré un profit, en évitant par ce moyen de prendre sur leurs propres biens là somme nécessaire à leur établissement. (M. Bugnet).

De plus les envoyés en possession ne peuvent être poursuivis par l'absent à raison des détériorations provenant de leur fait, parce qu'ils ont été investis de tous les droits d'un propriétaire; tandis qu'ils ont, au contraire, la faculté d'exiger le remboursement des dépenses de grosse réparations qu'ils ont faites, ainsi que de celles d'améliorations. Toutefois, ils ne sont payés de ces dernières que jusqu'à concurrence de la plus value qui en est résultée. (Art. 132).

Comment finit l'envoi en possession définitif?

L'envoi en possession définitif finit :

1° Par la preuve de l'existence de l'absent.

2° Par la preuve de son décès.

3° Par la survenance d'un descendant de l'absent qui n'avait pas été envoyé en possession définitive.

Quel est l'effet de la preuve de l'existence de l'absent?

La preuve de l'existence de l'absent a pour effet d'obliger les envoyés en possession définitive à lui faire la restitution des biens, ainsi que nous venons de le voir.

Quel est l'effet de la preuve du décès de l'absent?

La preuve du décès de l'absent a pour effet de donner lieu à l'ouverture de sa succession, en y appellant les personnes qui se trouvaient être ses héritiers présomptifs au moment du décès; soit qu'elles aient été envoyées en possession définitive, soit qu'elles n'y aient pas été envoyées parce que la qualité d'héritier ne leur appartenait pas au moment de la disparition où des dernières nouvelles.

Quel est l'effet de la survenance d'un descendant de l'absent qui n'avait pas été envoyé en possession définitive?

La survenance d'un enfant de l'absent a pour effet d'obliger les envoyés en possession définitive à lui faire la restitution des biens, sans qu'il ait autre chose à prouver que sa seule qualité de descendant; parce qu'il est certain qu'à quelque moment que le décès ait eu lieu, l'enfant où le petit enfant de l'absent était appellé a recueillir ses biens, soit comme étant lui-même son héritier, soit comme étant celui de son successible.

Le droit des descendants peut s'exercer pendant trente ans, à partir de l'envoi en possession définitif. (Art. 133).

DEUXIÈME SECTION.

Des effets de l'absence relativement aux droits éventuels qui peuvent compéter à l'absent.

Quel est l'objet de cette section ?

L'objet de cette section est de déterminer ce que deviennent les droits qui se sont ouvert au profit de l'absent, depuis le jour de sa disparition.

Quel est le principe qu'il faut observer à cet égard ?

A cet égard l'article 135 établit en principe, qu'on ne peut réclamer un droit échu à un individu, si on ne prouve qu'il existait au moment où le droit s'est ouvert en sa faveur.

De là cette conséquence indiquée par l'article 136 : que s'il s'ouvre une succession à laquelle soit appelé un absent, elle sera dévolue exclusivement à ses cohéritiers, s'il en a, où aux héritiers d'un ordre inférieur.

En décidant que les absents seront représentés par un notaire dans les partages, inventaires, et liquidations, l'article 113 ne semble-t-il pas cependant leur reconnaître le droit de recueillir des successions ?

Non ; il suppose le cas où une personne serait absente au moment du partage, tout en ayant été présente au moment de l'ouverture de la succession.

Quels sont les devoirs des personnes à qui les droits qui compétaient à l'absent ont été dévolus?

Les personnes à qui les droits qui compétaient à l'absent ont été dévolus peuvent les exercer à titre de propriétaires, sans être obligées comme les envoyés en possession provisoire à faire inventaire et à fournir caution.

Toutefois il ne leur est permis d'en user qu'à la charge d'en opérer la restitution à l'absent où à ses représentants, si la preuve de son existence au moment où ces droits se sont ouverts vient à être fournie avant qu'il se soit écoulé trente ans depuis leur prise de possession. (Art. 137).

Quels sont les pouvoirs qui leur sont conférés?

Le législateur ne s'est pas expliqué à cet égard. On infère cependant des principes généraux, qu'ils peuvent, d'un côté, faire tous les actes d'administration, parce qu'ils sont possesseurs, mais que d'un autre côté, il leur est interdit de faire aucun acte de disposition à titre gratuit, parce qu'ils sont obligés de restituer. En ce qui concerne les actes de disposition à titre onéreux, tels qu'hypothèques où alienations, les auteurs sont partagés :

suivant les uns, il faut permettre à ces possesseurs de les consentir, parce qu'ils ont en même temps la double qualité de représentants de l'absent et de propriétaires sous condition résolutoire; suivant les autres, il faut, au contraire, leur refuser cette faculté ; car ils ne sont ni des représentants de l'absent parcequ'ils peuvent prescrire contre lui , ni des propriétaires parcequ'ils sont obligés de faire la restitution des biens qu'ils possèdent.

TROISIÈME SECTION.

Des effets de l'absence relativement au mariage.

Articles 139 et 140.

Le mariage est-il dissous par l'absence?

Non, parce que le mariage ne peut être dissous que lorsque le décès de l'un des deux conjoints est absolument certain. Or, l'effet du jugement en déclaration d'absence ne va pas jusque là, puisqu'il se borne à faire considérer le décès de l'absent comme probable.

Le second mariage que l'époux présent aurait réussi à contracter, en trompant l'officier de l'état civil, serait-il cependant absolument nul?

Non, il serait seulement annulable. En effet, si d'un côté, l'incertitude sur le décès de l'époux absent forme un obstacle au second mariage, d'un autre côté, l'incertitude sur son existence, est un empêchement à la dissolution du nouveau mariage.

Dans quel cas le second mariage de l'époux présent pourrait-il être attaqué?

Il pourrait être attaqué dès que l'existence de l'époux absent serait devenue certaine; mais il ne pourrait l'être, aux termes de l'article 139, que par cet époux lui-même, ou par son fondé de pouvoir.

Cet article doit-il être entendu dans son sens littéral?

Non, car il se trouverait en opposition avec les articles 184 et 147, qui autorisent le ministère public, ainsi que toutes les personnes qui y ont un intérêt né et actuel, à demander la nullité d'un second mariage qui aurait été contracté avant la dissolution du premier. (M. Valette.)

Le second mariage de l'époux présent pourrait-il encore être attaqué, si l'époux absent était venu à mourir, depuis qu'il a été contracté?

Non, car ainsi que nous l'avons dit, le second mariage de l'époux présent n'est pas absolument nul. En supposant que l'on ait su plus tard que l'époux absent existait encore au moment où il a été contracté, il n'en est pas moins vrai que son existence étant douteuse à ce moment, la seconde union n'était pas entachée de bigamie.

Quel est l'objet de l'article 140?

L'article 140 a pour objet de faire connaître dans quel rang il faut placer l'époux parmi ceux des héritiers de l'absent qui peuvent demander l'envoi en possession provisoire.

CHAPITRE IV.

De la surveillance des enfants mineurs du père qui a disparu.

Articles 141 à 143.

Quand y a-t-il lieu de pourvoir à la surveillance des enfants mineurs par suite de la disparition du père?

Il n'y a lieu de pourvoir à la surveillance des enfants mineurs par suite de la disparition du père que lorsqu'on se trouve dans la période de présomption d'absence, durant laquelle l'existence de l'absent est considérée comme probable. A partir de la déclaration d'absence, la tutelle peut s'ouvrir, parce que le décès de l'absent est regardé comme probable, et le tuteur se trouve chargé de la surveillance.

A qui appartient la surveillance des enfants mineurs en cas de disparition du père, et lorsqu'on se trouve encore dans la période de présomption d'absence?

Il faut distinguer :

1° Lorsque la mère est vivante et présente, et que les enfants sont communs, elle appartient à la mère. (Art. 141.)

2° Lorsque la mère est vivante et présente, mais que les enfants sont issus d'un premier mariage que l'absent aurait contracté, elle est déférée par le conseil de famille aux ascendants paternels les plus proches, ou à un tuteur provisoire. (Art. 143.)

3° Enfin, lorsque la mère est décédée, elle est confiée pour les six premiers mois, à compter de la disparition, à une personne commise à cet effet par le tribunal. Une fois ces six mois écoulés, elle est déférée, comme dans l'hypothèse précédente, par le conseil de famille, aux ascendants les plus proches ou à un tuteur provisoire. (Art. 142.)

Pourquoi dans l'hypothèse où la mère est décédée ne nomme-t-on pas immédiatement un tuteur définitif?

C'est afin de ne pas porter atteinte aux droits de l'absent, qui est appelé par la loi à la tutelle dès qu'elle s'est ouverte par le décès de la mère, et qui, d'un moment à l'autre, peut reparaître ou faire parvenir de ses nouvelles.

LIVRE I. TITRE V.

DU MARIAGE.

Le mariage est la société légitime de l'homme et de la femme, qui s'unissent pour perpétuer leur espèce et se prêter une mutuelle assistance.

La procréation n'étant pas ainsi la seule fin du mariage, on s'explique pourquoi il est permis aux vieillards de se marier entre eux ou de s'unir, même à des personnes d'un âge tout à fait disproportionné. Le droit civil s'écarte en cela du droit naturel.

Le mariage est un acte qui doit sa perfection à la loi, et sa sainteté à la religion. Mais nous n'avons à l'envisager que comme contrat de droit civil, car sa légitimité dépend du seul fait de la célébration par un officier de l'état civil; la cérémonie religieuse est un acte purement facultatif.

Sous ce rapport, l'acte du mariage intéressait trop vivement la société pour que le législateur ne se soit pas appliqué à l'entourer de toutes les garanties d'ordre, de publicité, de sincérité désirables.

Le titre du mariage est ainsi divisé par le Code :

Chapitre I. — Des qualités et conditions requises pour pouvoir se marier.

Chapitre II. — Des formalités relatives à la célébration du mariage.

Chapitre III. — Des oppositions au mariage.

Chapitre IV. — Des demandes en nullité de mariage.

Chapitre V. — Des obligations qui naissent du mariage.

Chapitre VI. — Des droits et devoirs respectifs des époux.

Chapitre VII. — De la dissolution du mariage.

Chapitre VIII. — Des seconds mariages.

Au chapitre II concernant les formalités relatives à la célébration du mariage, nous joindrons le chapitre III du titre II concernant les actes de l'état civil, que nous avons placé sous ce titre afin de traiter avec plus d'ensemble tout ce qui concerne l'importante question du mariage.

CHAPITRE I.

Des qualités et conditions requises pour pouvoir se marier.

Articles 144 à 164.

Quel est l'objet de ce chapitre?

Ce chapitre comprend les trois questions suivantes :
1° des empêchements dirimants et prohibitifs;
2° des empêchements dirimants;
3° des empêchements simplement prohibitifs.

§ I. — Des empêchements dirimants et prohibitifs.

Quand y a-t-il mariage?

Il y a mariage lorsque deux personnes de sexe différent consentent à s'unir en présence d'un officier de l'état civil.

Ainsi, les trois éléments constitutifs du mariage sont :

1° La différence des sexes.

2° Le consentement des parties.

3° L'intervention d'un officier de l'état civil.

Le concours de ces trois éléments suffit-il à rendre le mariage valable ?

Non, le concours de ces trois éléments ne suffit que pour l'existence du mariage. D'autres conditions sont encore nécessaires pour sa validité.

Comment appelle-t-on l'omission d'une des conditions nécessaires à l'existence ou à la validité du mariage ?

L'omission d'une des conditions nécessaires à l'existence ou à la validité du mariage constitue un empêchement au mariage.

N'y a-t-il pas deux sortes d'empêchements au mariage ?

Oui, il y a des empêchements dirimants et des empêchements simplement prohibitifs.

Les empêchements dirimants sont ceux qui forment obstacle à l'existence ou à la validité du mariage, et à plus forte raison à sa célébration.

Les empêchements simplement prohibitifs sont ceux qui ne forment obstacle qu'à sa célébration, et qui, une fois cette célébration accomplie, n'exercent aucune influence sur l'existence ou la validité du mariage.

Quels sont les empêchements dirimants ?

Les empêchements dirimants sont :

1° Le défaut d'âge.

2° L'existence d'un premier mariage.

3° Le défaut de consentement des époux.

4° Le défaut de consentement des parents.

5° Le défaut de publicité et d'intervention d'un officier de l'état civil.

6° La parenté et l'alliance.

C'est sans doute à cause de l'empêchement trop évident qu'il apporte au mariage, que le Code ne parle pas du défaut de différence des sexes.

Quels sont les empêchements simplement prohibitifs?

Les empêchements simplement prohibitifs sont :
1° Le défaut d'actes respectueux.
2° L'existence d'une opposition au mariage.
3° Le défaut de publications.
4° Les dix mois de viduité.

§ II. — Des empêchements dirimants.

A quel âge peut-on se marier?

L'homme avant dix-huit ans, la femme avant quinze ans révolus, ne peuvent contracter mariage. Néanmoins, il est loisible à l'Empereur d'accorder des dispenses d'âge pour des motifs graves. (Art. 144, 145.)

Peut-on, lorsqu'on est déjà marié, contracter un second mariage?

Non, on ne peut contracter un second mariage avant la dissolution du premier. (Art. 147.)

Le mariage peut-il exister sans le consentement des deux époux?

Non, il n'y a pas mariage sans le consentement des deux époux. (Art. 146.) Quoique le mariage puisse être attaqué soit seulement lorsqu'il y a défaut, soit lorsqu'il y a seulement vice de consentement, il faut soigneusement distinguer ces deux cas. Il y a défaut de consentement lorsque le consentement n'a pas été matériellement exprimé, il y a vice de consentement lorsque le consentement n'a pas été donné librement et en connaissance de cause. Dans le premier cas, le mariage est radicalement nul, car il manque d'une condition nécessaire à son existence, et tout le monde peut l'attaquer. — Dans le second cas, le mariage existe, car il ne manque que d'une condition nécessaire à sa validité, et l'époux seul, dont le consentement n'a pas été donné librement et en connaissance de cause peut en demander l'annulation.

Les sourds-muets peuvent-ils contracter mariage?

Oui, parce qu'ils peuvent témoigner suffisamment par des signes de leur consentement au mariage.

Les personnes judiciairement interdites peuvent-elles contracter mariage?

Non, parce que le jugement qui déclare une personne interdite fait considérer légalement cette personne comme absolument incapable d'accomplir aucun acte. (Art. 502).

L'état habituel d'imbécilité, de fureur, où de démence, qui n'a pas été judiciairement constaté, n'est pas un empêchement aussi absolu au mariage, il peut cependant servir de base à une demande en annulation fondée sur ce que le consentement de l'un des époux n'a pas été donnée librement et en connaissance de cause. (Art. 180).

Les personnes, qui tout en se trouvant interdites se seraient néanmoins mariées, pourraient-elles, si elles étaient ensuite relevées de leur interdiction, rendre leur mariage valable en le ratifiant?

Non, parce qu'on considère le mariage qu'elles ont contracté pendant leur état d'interdiction comme absolument nul, parce qu'il y a eu de leur part absence et non pas seulement vice de consentement. Or, on peut ratifier un acte entaché d'un vice et par là le rendre valable, mais on ne peut pas ratifier de même un acte qui n'existe pas. (MM. Bugnet, Valette, Marcadé).

A quel moment le consentement au mariage doit-il être donné?

Il doit être donné au moment même de la célébration du mariage , en présence de l'officier de l'état civil, et sur son interrogation. (Art. 75).

La promesse de mariage produit-elle quelques effets ?

Non, la promesse de mariage est absolument nulle, et cette nullité entraine celle de la clause par laquelle on se serait engagé à payer une certaine somme en cas de dédit de sa parole. (1).

Comment les père et mère donnent-ils leur consentement au mariage?

Les père et mère donnent leur consentement au mariage, soit verbalement, au moment de la célébration ; soit par un acte notarié, qui doit indiquer le nom de la personne avec laquelle leur enfant va contracter mariage. (Art. 73. 75).

Pourquoi exige-t-on le consentement des parents?

On l'exige dans l'intérêt des parents et dans celui des enfants.

(1) Que l'on nous permette ici une observation. Pourquoi le législateur, qui entoure avec raison les incapables de tant de garanties lorsqu'il s'agit d'intérêts pécuniaires, montre-t-il une telle indifférence à l'égard du dommage qu'entraîne la séduction ? Pourquoi surtout s'écarte-t-il du droit commun relativement aux promesses de mariage, en ne leur permettant pas de produire des effets, lorsqu'elles ont été consenties librement et en connaissance de cause, par des majeurs ? Pourquoi au lieu de prendre en main la cause de la morale publique, en protégeant la personne lâchement et misérablement frappée dans son existence morale et quelquefois même dans ses intérêts pécuniaires, le législateur enlève-t-il à la victime la faculté naturelle d'obtenir la réparation du dol commis à son préjudice?

Sans doute, la preuve de la séduction serait difficile à faire Sans doute, c'est une question que l'on ne peut trancher légèrement, que celle de savoir, s'il faudrait autoriser la preuve testimoniale en cette matière.

Ne pourrait-on pas cependant l'admettre en en subordonnant l'emploi à

En effet les premiers sont intéressés à ce que leur enfant ne fasse pas un choix qui les déshonore; et d'un autre côté, les enfants eux-mêmes trouvent avantage à ce qu'on les empêche de contracter imprudemment des engagements, dont ils pourraient avoir à se repentir.

Le consentement des parents est-il toujours nécessaire?

Non, il n'est nécessaire que jusqu'à l'âge de vingt-un ans pour les filles et de vingt cinq ans pour les fils. — Au-dessus de cet âge, les enfants n'ont plus besoin du consentement de leurs parents pour pouvoir se marier ; mais ils doivent encore leur demander conseil avant de le faire. (Art. 148).

Est-il nécessaire d'obtenir le consentement du père et de la mère?

Non. On doit il est vrai demander le consentement au père et à la mère. Mais en cas de dissentiment le consentement du père suffît.

De plus, en cas de mort, d'interdiction où d'absence de l'un des deux époux le consentement de l'autre est également suffisant. (Art. 148. 149).

l'existence d'un commencement de preuve par écrit ? C'est un sujet que le cadre de ces études ne nous permet pas de traiter. Mais quoiqu'il en soit de la séduction, en nous bornant à ce qui concerne la promesse par écrit de mariage, notre esprit se refuse à comprendre pour quels motifs, cette promesse lorsqu'elle a toutes les conditions exigées pour la validité des contrats, ne vaudrait pas comme une autre promesse.

Est-ce la crainte du scandale qui a arrêté le législateur ? Mais c'est l'impunité du dol qui est scandaleuse ! D'ailleurs cette crainte du scandale ne l'a pas empêché, et avec raison, d'autoriser les actions en désaveu, et en nullité de mariage, la recherche de la maternité et d'autres encore, où l'on retrouve la malheureuse empreinte de l'imperfection humaine.

Il faut que la femme soit protégée par la loi ; qu'elle le soit au moins à titre d'enseignement moral, afin que sa vertu ne puisse pas être regardée comme un objet de convoitise dont on peut se jouer sans scrupule ; il le faut surtout dans une société démocratique, où la première vertu virile devrait être le respect de la femme.

A qui doit-on demander le consentement au mariage, à défaut des père et mère ?

Lorsque le père et la mère sont morts, où dans l'impossibilité de manifester leur volonté, il faut demander ce consentement aux ascendants des deux lignes paternelle et maternelle, qui dans chacune de ces deux lignes, se trouvent au degré le plus rapproché de l'enfant.

Faut-il obtenir le consentement de tous les ascendants qui représentent les deux lignes ?

Non. On doit, il est vrai, ainsi que nous venons de le dire, demander le consentement des ascendants les plus rapprochés des deux lignes, mais il n'est pas nécessaire de l'obtenir de tous ceux auxquels il faut le demander. — D'abord, en cas de dissentiment entre les deux lignes, lorsque l'une accorde, et que l'autre refuse, le consentement de l'une suffit. — De plus, en cas de dissentiment entre l'aïeul et l'aïeule qui représentent la même ligne, le consentement de l'aïeul est également suffisant. Enfin, en cas de mort, d'interdiction où d'absence de l'un des ascendants d'une même ligne, le consentement de l'autre est compté comme s'il émanait de deux ascendants et représente à lui seul le consentement de la ligne. Il résulte de là, que si une ligne est représentée par une aïeule qui y donne son consentement, et l'autre par un aïeul et par une aïeule, qui le refusent, la volonté de la première l'emportera sur celle des deux autres ascendants. (Art. 150).

A qui doit on demander le consentement au mariage, à défaut des père et mère et des ascendants ?

Lorsque les père et mère, ainsi que les ascendants, sont décédés où dans l'impossibilité de manifester leur volonté, l'obligation de demander le consentement au mariage n'est plus imposée qu'aux mineurs de vingt-un ans. Ils doivent demander et obtenir le consentement de leur conseil de famille. (Art. 160).

Si l'ascendant qui a donné son consentement au mariage est mort avant la célébration, l'enfant doit-il obtenir un nouveau consentement?

Oui, car il faut alors considérer comme non avenu le consentement au mariage qui a été donné. Par conséquent, l'enfant qui l'avait obtenu doit en demander un nouveau à celui de ses parents sous la puissance duquel il se trouve par suite du décès de cet ascendant.

Le consentement des père et mère est-il également nécessaire pour la validité du mariage des enfants naturels?

Oui, mais à défaut des père et mère, celui des autres ascendants n'est pas exigé, car aucun lien de parenté ne les unit aux enfants naturels,

Lorsque ces enfants sont mineurs de vingt et un ans, et que les père et mère sont décédés ou dans l'impossibilité de manifester leur volonté, ils doivent obtenir le consentement d'un tuteur *ad hoc*, qui leur est donné spécialement pour le mariage. (Art. 159.)

L'acte de célébration du mariage doit-il faire mention du consentement des parents?

Oui, l'officier de l'état civil qui rédige l'acte de célébration, est tenu d'y énoncer la mention que le consentement des parents a été donné, sous peine, d'une amende de trois cent francs au plus et d'un emprisonnement de six mois au moins. (Art. 156.)

La peine serait encore plus forte si l'officier de l'état civil avait procédé à la célébration du mariage en l'absence de tout consentement.

En quoi consiste la publicité du mariage?

La publicité du mariage est un fait complexe résultant de la réunion de plusieurs faits accessoires qui y concourent.

Ces faits accessoires sont:

1° L'obligation de se marier au lieu du domicile.

2° Les publications qui précèdent le mariage.

3° L'intervention d'un officier de l'état civil.

4° La célébration à la maison commune, en présence de quatre témoins, avec faculté pour le public d'y assister.

L'absence d'un de ces faits suffit-elle pour constituer un empêchement dirimant?

Il faut distinguer :

Parmi les quatre faits qui concourrent à la publicité du mariage, il y en a un, l'intervention d'un officier de l'état civil, dont la seule absence suffit pour constituer un empêchement dirimant.

Quant aux autres, ils ne sont pas par eux-mêmes et pris isolément, une qualité aussi essentielle de la publicité.

Qu'est-ce que la parenté?

La parenté est le lien de famille qui unit plusieurs personnes entre elles.

Il y a deux espèces de parentés :

La parenté en ligne directe et la parenté en ligne collatérale.

La parenté en ligne directe est celle qui unit plusieurs personnes, descendant l'une de l'autre.

La parenté en ligne collatérale est celle qui unit plusieurs personnes, descendant d'un auteur commun, mais non l'une de l'autre.

Comment compte-on les degrés de parenté?

Dans la ligne directe on compte autant de degrés qu'il y a de générations. Ainsi du père au fils il y a un degré, de l'aïeul au petit fils il y a deux degrés, etc., etc.

Dans la ligne collatérale on compte les degrés en remontant de l'un des parents à l'auteur commun, pour descendre ensuite de cet auteur commun, jusqu'à l'autre parent.

Ainsi du frère à la sœur il y a deux degrés, puisque chacun

d'eux est à un degré de l'auteur commun ; du cousin à la cousine il y a quatre degrés; de l'oncle au neveu trois degrés.

Qu'est-ce que l'alliance?

L'alliance est le lien qui unit chacun des époux avec les parents de son conjoint. Elle emprunte à la parenté ses lignes directes et collatérales.

Le mariage est-il absolument défendu entre parents ou alliés dans la ligne directe?

Oui, il est absolument défendu entre un ascendant et un descendant, à quelque degré que ce soit. Cette prohibition existe à l'égard des alliés comme à l'égard des parents. (Art. 161).

Est-il également prohibé entre parents ou alliés dans la ligne collatérale?

Non, il n'est pas absolument prohibé entre parents où alliés dans la ligne collatérale. Ainsi, il est permis entre collatéraux dès qu'il se trouvent chacun à deux degrés de l'auteur commun, comme le sont les cousins germains. (Art. 162. 163).

L'empereur n'a-t-il pas la faculté d'accorder des dispenses?

Oui, l'article 164 l'autorise à lever, pour des causes graves, les prohibitions portés par l'article 162 aux mariages entre beaux-frères et belle-sœurs, et par l'article 163 aux mariages entre l'oncle et la nièce, la tante et le neveu.

L'adoption ne produit-elle pas également des empêchements au mariage?

Oui ; ainsi le mariage est prohibé, soit entre l'adoptant et l'adopté, soit entre les enfants de l'adoptant et ceux de l'adopté, soit entre plusieurs adoptés, de la même personne, soit enfin entre l'adopté et le conjoint de l'adoptant. (Article 348.)

La parenté naturelle, lorsqu'elle est légalement établie par une reconnaissance volontaire ou judiciaire, produit-elle les mêmes obstacles au mariage que la parenté légitime?

Il faut distinguer :

dans la ligne directe, la parenté naturelle légalement établie, produit un obstacle aussi absolu que la parenté légitime;

dans la ligne collatérale, elle ne produit d'obstacle qu'entre les frères et sœurs. (Art. 162.)

La parenté naturelle qui n'est pas légalement établie par une reconnaissance, donne t-elle lieu aux mêmes empêchements?

A cet égard les auteurs sont partagés :

Suivant les uns, quoique en général la parenté naturelle ne soit susceptible de produire des effets que lorsqu'elle est légalement établie par une reconnaissance volontaire ou forcée, il faudrait cependant pour le cas qui nous occupe, laisser aux tribunaux la faculté de déclarer le mariage impossible, lorsque la parenté naturelle leur paraît établie par des preuves suffisantes ; à cause de l'intérêt supérieur de l'ordre public et des bonnes mœurs. (MM. Marcadé, Demolombe.)

Suivant les autres, lorsque, la loi a décidé qu'un fait ne peut être légalement établi que par un mode de constatation spécial, il n'est pas permis, pour quelque motif que ce soit, de rechercher l'existence de ce fait en dehors de ce mode. Par conséquent, la parenté naturelle ne fait obstacle au mariage que lorsqu'elle résulte d'une reconnaissance. (M. Valette). Cette dernière opinion nous paraît préférable.

*L'alliance naturelle qui résulte du concubinage fait-elle
de même obstacle au mariage ?*

A cet égard les auteurs sont également partagés :

Suivant les uns, on ne pourrait admettre sans outrage
pour la morale publique que le concubin de la mère pût
épouser la fille. L'alliance naturelle qui résulte du concubinage ferait donc obstacle au mariage, pourvu toutefois, qu'il
fut légalement établi ; par exemple, par la reconnaissance
d'un enfant commun émané des deux concubins. (M. Marcadé.)

Suivant d'autres auteurs, le concubinage ne forme pas
d'alliance ; il pouvait, il est vrai, en former dans notre ancien droit, mais le code n'en fait aucune mention; et comme
en matière d'empêchements au mariage il ne faut admettre
que ceux qui ont été expressément établis; on doit conclure
que le concubinage ne fait pas obstacle au mariage entre
parents des concubins. (MM. Bugnet, Valette.)

§ III. — Des empêchements simplement prohibitifs.

Quels sont les empêchements simplement prohibitifs ?

Les empêchements simplement prohibitifs sont, ainsi que
nous l'avons vu précédemment :

1° Le défaut d'actes respectueux.

2° Les oppositions.

3° Le défaut de publications.

4° Les dix mois de viduité.

Qu'entend-on par actes respectueux ?

On entend par actes respectueux, les actes au moyen desquels les enfants majeurs quant au mariage , font constater
qu'ils ont demandé le conseil de leurs parents.

En effet, si les enfants ne sont obligés que jusqu'à un certain âge d'obtenir le consentement de leurs parents pour pouvoir se marier, ils sont tenus à tout âge de prendre leur conseil. (Art. 151.)

Dans quelle forme les actes respectueux doivent ils être faits?

Les actes respectueux doivent être rédigés par un notaire en la forme d'une demande formelle et respectueuse adressée aux parents.

Ils doivent également être notifiés par un notaire, assisté d'un autre notaire, ou de deux témoins. Par respect pour les parents, le code exclut dans l'espèce les huissiers, dont l'intervention a presque toujours un caractère vexatoire. (Art. 154.)

A qui la notification de ces actes doit-elle être faite?

Elle doit être faite, autant que possible, aux parents eux-mêmes ; c'est, du moins, ce qui semble résulter de l'obligation qui est imposée au notaire, de consigner dans son procès-verbal de notification, la réponse qu'ils ont faite. (Art. 154.)

Quels sont les ascendants auxquels les actes respectueux doivent être notifiés ?

Ils doivent être notifiés à ceux des ascendants dont le consentement serait nécessaire au mariage, suivant l'ordre que nous avons indiqué, si l'enfant était mineur quant au mariage.

Doit-on notifier plusieurs actes respectueux?

Il faut distinguer :

Jusqu'à l'âge de vingt-cinq ans pour les filles et de trente ans pour les fils, trois actes respectueux doivent être notifiés de mois en mois.

Passé cet âge, une seule notification suffit.

Le mariage ne peut être célébré qu'un mois après que la dernière notification a été faite. (Art. 152, 153.)

Comment procède-t-on dans le cas d'absence ou d'empêchement de l'ascendant auquel les actes respectueux doivent être notifiés ?

Cela dépend :

S'il y a d'autres ascendants, on leur fait notifier les actes respectueux. — S'il n'y en a pas, on établit, l'absence de l'ascendant auquel les notifications devraient être adressées au moyen d'une expédition du jugement en présomption d'absence, où l'empêchement qui ne permet pas de les faire, au moyen d'un acte de notoriété. (Art. 155.)

Comment procède-t-on dans le cas où le domicile de l'ascendant est inconnu ?

La loi permet dans ce cas de passer outre à la célébration du mariage, sur la déclaration à serment faite par les parties que le domicile de leur ascendant leur est inconnu. (A. 155.)

En quoi le défaut d'actes respectueux constitue-t-il un empêchement prohibitif ?

C'est parce qu'il est interdit aux officiers publics, sous peines d'amende et même d'emprisonnement, de procéder à la célébration du mariage en l'absence de ces actes, lorsqu'ils sont nécessaires. (Art. 157.)

Quel est l'effet des oppositions au mariage ?

Les oppositions ont pour effet de faire obstacle à la célébration du mariage, mais, le mariage qui aurait pu être contracté malgré l'existence d'une opposition, n'en serait pas moins valable s'il n'y avait pas d'ailleurs d'autres empêchements.

Quel est l'effet du défaut de publications ?

Le défaut des publications forme également obstacle à la célébration du mariage, mais il n'a de même aucune influence sur sa validité, s'il a pu être célébré.

Nous aurons, d'ailleurs, à revenir sur ce sujet, ainsi que sur les oppositions.

Pourquoi est-il défendu aux veuves de se remarier avant qu'il se soit écoulé dix mois depuis la mort de leur mari?

Cette prohibition a été établie, soit par un motif de décence publique, soit pour empêcher une confusion de part relativement à l'enfant qui viendrait à naître dans ces dix mois. Ainsi que les autres empêchements prohibitifs, l'empêchement qui résulte des dix mois de viduité, ne forme d'ailleurs obstacle qu'à la célébration du mariage.

L'engagement dans les ordres sacrés constitue-t-il un empêchement dirimant, ou tout au moins, un empêchement prohibitif au mariage.

La plupart des auteurs pensent que cet engagement ne constitue pas un empêchement dirimant, — mais les opinions sont partagées, sur la question de savoir, s'il constitue ou non un empêchement prohibitif.

Pour établir que l'engagement dans les ordres est un empêchement prohibitif, on fait observer :

1° Que la loi civile approuve et protège la condition toute exceptionnelle des prêtres, puisqu'elle les exempte des charges communes aux autres citoyens, puisqu'elle détermine par le concordat leurs rapports avec l'autorité civile, et enfin puisqu'elle les salarie.

2° Que la loi du 18 août 1792, en ne prohibant que les vœux perpétuels des religieux, a reconnu implicitement par là l'existence légale des vœux des prêtres attachés aux paroisses. (MM. Duranton, Marcadé.)

Pour soutenir, au contraire, que l'engagement dans les ordres sacrés n'est pas un empêchement prohibitif et ne fait pas obstacle à la célébration du mariage, on dit :

1° Que l'état ne salarie les ministres du culte, qu'il ne s'occupe de régler leurs rapports avec l'autorité civile, qu'il ne les exempte enfin de certaines charges que dans un but d'ordre public, et parce que dès l'instant qu'il permet la liberté des cultes il doit en faciliter et en régler l'exercice; de sorte qu'on ne peut pas conclure de là qu'il protége où qu'il adopte les prescriptions religieuses de ces cultes.

2° Que la faculté de pouvoir contracter mariage est d'ordre public et que nul ne peut y renoncer, — que le vœu de célibat n'étant pas sanctionné par la loi, se trouve incapable de produire des obligations civiles, — et qu'enfin, le principe même de la liberté de conscience, s'oppose à ce qu'il en produise. (MM Bugnet, Valette.)

CHAPITRE II.

Des formalités relatives à la célébration du mariage.

Articles 165 à 171.

CHAPITRE III, DU TITRE II.

Des actes de mariage.

Articles 63 à 76.

Pourquoi place-t-on habituellement ces deux chapitres sous la même rubrique.

C'est parce qu'ils ont rapport à des matières qui se rapprochent l'une de l'autre. — C'est en effet au moyen de l'acte de mariage que l'on constate l'accomplissement de toutes les formalités nécessaires au mariage.

Notre sujet comprend les règles qui concernent :

1º la publicité du mariage.

2º la production des pièces qui établissent que les parties ont les conditions requises pour pouvoir se marier.

3º la confection de l'acte de mariage.

4º les mariages contractés à l'étranger.

I. — De la publicité du mariage.

Quels sont les faits qui concourent à la publicité du mariage?

Ainsi que nous l'avons dit, les faits qui concourent à la publicité du mariage sont :

1° L'obligation de contracter le mariage au domicile de l'une des parties.

2° L'intervention d'un officier de l'état civil.

3° Sa compétence.

4° La publicité de la célébration.

5° Les publications.

Comment l'obligation de contracter mariage au lieu du domicile concourt-elle à la publicité du mariage?

C'est parce qu'on présume que c'est au lieu de leur domicile que les futurs époux sont le plus connus.

L'article 74 n'a-t-il pas établi un domicile spécial pour le mariage?

Oui, cet article décide que le domicile quand au mariage s'établira par six mois d'habitation continue dans la même commune. On en conclut généralement que le mariage peut être célébré non-seulement au lieu du domicile ordinaire de l'un des deux époux, mais encore dans toute commune où ils se trouvent en résidence depuis six mois. (MM. Bugnet, Valette, Demolombe).

Nous devons cependant faire observer, que suivant quelques auteurs, loin de créer un domicile de faveur pour faciliter le mariage, l'article 74 décide au contraire que le domicile ordinaire ne peut valoir pour le mariage, s'il n'y a eu habitation continue depuis six mois. Mais on fait observer avec raison que si le législateur avait entendu déroger aussi gravement aux régles du domicile, il se serait formellement expliqué.

Comment l'intervention d'un officier public concourt-elle à la publicité du mariage ?

L'intervention d'un officier public concourt à la publicité du mariage parce que cet officier représente la société civile qui est intéressée au plus haut point dans l'union légale des époux, à cause des changements qu'elle produit dans leur condition et de ses conséquences relativement à l'établissement de la famille. Aussi l'on peut dire, ainsi que nous l'avons fait observer plus haut, que l'intervention d'un officier de l'état civil ne concourt pas seulement à la publicité du mariage , mais qu'elle en est la qualité essentielle et constitutive.

Ne faut-il pas que l'officier de l'état-civil qui intervient soit compétent ?

Oui, le mariage ne doit pas seulement être célébré par un officier de l'état civil quelconque , mais il faut encore qu'il le soit par celui qui se trouve compétent.

L'officier de l'état civil compétent est celui de la commune où le mariage doit être célébré. (Art. 165 , 191).

Ne faut-il pas pour la publicité du mariage que la célébration elle-même soit publique ?

Oui, pour que la célébration soit publique, il faut qu'elle ait eu lieu dans la maison commune, en présence de témoins, les portes ouvertes au public. (Art. 75.)

Le mariage qui aurait été célébré hors de la maison commune serait il absolument nul ?

On admet généralement que les tribunaux auraient la faculté de le maintenir si toutes les autres conditions de publicité se trouvaient d'ailleurs accomplies.

Mais il ne leur serait pas permis de maintenir le mariage qui aurait été célébré par l'officier de l'état civil compétent hors de la commune du domicile des époux, parce que la publicité de la célébration s'en trouverait plus gravement atteinte, et que d'ailleurs, l'article 74 s'exprime formellement à cet égard.

Comment les publications concourent-elles à la publicité du mariage?

Les publications sont l'annonce publique du mariage; elles concourent donc à sa publicité en le faisant connaître à l'avance aux tiers.

En quoi consistent les publications?

Régulièrement les publications devraient être faites verbalement, mais en pratique elles consistent dans une affiche écrite qui est apposée à la porte de la maison commune deux dimanches de suite, et qui y reste durant un intervalle de huit jours. Cette affiche contient un extrait des actes de publications.

Comment les actes de publications sont-ils dressés et quelles sont les énonciations qu'ils renferment?

Les actes de publications sont dressés et inscrits sur un registre public par l'officier de l'état civil, à la requête des parties intéressées. Ils énoncent :

1° Les prénoms, noms, professions et domicile des futurs époux.

2° Leur qualité de majeurs ou de mineurs.

3° Les prénoms, noms, profession et domicile de leur père et mère.

4° Les jours, lieux et heures où les publications ont été faites. (Art. 63.)

La seconde publication est-elle toujours nécessaire?

Non, aux termes de l'article 169, le chef de l'Etat ou les

procureurs impériaux peuvent, pour causes graves, en dispenser.

Dans quelles communes les publications doivent-elles être faites ?

Les publications doivent être faites :

1° Dans les communes où les futurs époux peuvent contracter mariage, soit qu'ils y aient un domicile réel, soit qu'ils y aient acquis par une résidence de six mois un domicile spécial quant au mariage. (Art. 166, 167.)

2° Dans les communes où sont domiciliés les père et mère ou les autres ascendants, lorsque leur consentement est nécessaire pour contracter mariage. (MM. Bugnet, Valette.)

3° Dans la commune où se réunit le conseil de famille, lorsque son consentement est nécessaire pour contracter mariage. (Art. 163.)

Le mariage peut-il être célébré aussitôt que les publications ont été faites?

Non, afin de laisser aux tiers, à qui les publications feront connaître le mariage, le temps de révéler les empêchements qui peuvent exister, l'article 64 décide que le mariage ne pourra être célébré que trois jours après la dernière publication.

D'un autre côté, l'article 65 déclare que les publications qui ont été faites, ne conservent leur effet que pendant une année à compter de l'expiration du délai des publications.

§ II. — De la production des pièces qui établissent la capacité des parties.

Quelles sont les pièces dont l'officier de l'état civil doit exiger la production avant de procéder à la célébration du mariage ?

Avant de procéder à la célébration du mariage, l'officier de l'état civil doit exiger la production de toutes les pièces qui sont nécessaires pour établir que les futurs époux ont les conditions et qualités requises pour pouvoir se marier. A cet effet ces derniers doivent lui remettre :

1° Leur acte de naissance, ou s'ils sont dans l'impossibilité de le produire, un acte de notoriété rédigé conformément aux articles 71 et 72.

2° Un acte authentique du consentement de leurs parents, où les procès verbaux des actes respectueux qui leur ont été adressés, à moins qu'ils n'assistent en personne à la célébration, ou que leur décès ne soit établi.

3° Une expédition authentique des dispenses d'âge ou de parenté, s'il en a été accordé.

4° L'acte de décès de son premier conjoint, lorsque l'un des futurs a déjà été marié.

5° Les certificats délivrés par les officiers publics pour constater que les publications ont été faites dans toutes les communes où elles étaient nécessaires.

6° Les mainlevées des oppositions qui ont été formées.

7° Un certificat du contrat de mariage délivré par le notaire qui l'a rédigé, si les futurs époux ont fait un contrat. (Art. 70, 73, 68, loi de 1850.)

§ III. — De la confection de l'acte de mariage.

Comment a lieu le mariage?

Au jour indiqué, les parties se rendent à la maison commune et comparaissent en présence de l'officier de l'état civil, accompagnés de leurs témoins, qui doivent être au nombre de quatre.

L'officier de l'état civil donne lecture :

1° Des pièces ci-dessus mentionnées ; 2° du chapitre VI, du titre du mariage où la loi règle les droits et les devoirs des époux. Puis, il demande à chacun des deux futurs époux s'ils veulent se prendre pour mari et pour femme, et sur leur réponse affirmative, il déclare au nom de la loi qu'ils sont mariés et il en dresse acte sur le champ. (Art. 75.)

A partir de la réponse des deux futurs époux, le mariage existe, car l'acte qui suit leur déclaration est nécessaire pour la preuve et non pour l'existence du mariage. (MM. Bugnet, Valette, Demolombe).

Quelles sont les énonciations qui doivent être contenues dans l'acte de célébration du mariage?

L'acte de célébration du mariage doit énoncer :

1° Les prénoms, noms, profession, âge, lieu de naissance et domicile des époux, la déclaration qu'ils sont majeurs ou mineurs.

2° Les prénoms, noms, profession et domicile des père et mère, leur consentement ou celui des autres ascendants s'il était nécessaire, les actes respectueux s'il en a été fait.

3° Les publications qui ont été faites.

4° La mainlevée des oppositions s'il y en a eu, ou la mention qu'il n'y en a pas eu.

5° La déclaration des futurs époux qu'ils veulent se prendre pour mari et pour femme, et le prononcé de leur union par l'officier public.

6° Les prénoms, noms, âge, profession et domicile des témoins.

7° Enfin, la date du contrat de mariage, s'il en a été fait, ainsi que le nom et la résidence du notaire qui l'a rédigé; ou la mention que les époux se sont mariés sans contrat. (Art. 76. — Loi de 1850.)

§ IV. — Des mariages contractés à l'étranger.

A quelles conditions les mariages contractés à l'étranger entre deux Français, ou entre un Français et une étrangère sont-ils valables en France?

Ils sont valables en France à trois conditions :

1° S'ils ont été célébrés conformément aux formes usitées dans le pays où ils ont eu lieu, suivant la règle *locus regit actum.*

2° Si toutes les dispositions essentielles de la loi française relativement à l'âge, au consentement des époux et des ascendants, à la parenté, etc., ont été remplies ; car, les lois qui règlent l'état et la capacité des personnes sont obligatoires pour les Français en quelque lieu qu'ils se trouvent. (Art. 3.)

3° Si des publications ont été faites en France. (Art. 170.)

Ajoutons, que le mariage peut être valablement célébré, soit devant un officier public du pays, soit devant un agent diplomatique français lorsqu'il a lieu entre Français; mais qu'il ne peut être célébré que par l'officier public étranger lorsqu'il a lieu entre Français et étrangers.

Le mariage qui a été célébré à l'étranger sans les publications prescrites par l'article 170, est-il absolument nul?

A cet égard nous trouvons deux systèmes :

D'après le premier, il faut laisser aux tribunaux la faculté de maintenir ou d'annuler le mariage, s'il a reçu en fait toute la publicité désirable, quoiqu'il n'ait pas été précédé de publications, parceque ces publications sont quelquefois difficiles ou impossibles à faire. (M. Valette.)

D'après le second système, les tribunaux doivent, au contraire, prononcer toujours la nullité des mariages contractés à l'étranger lorsqu'ils n'ont pas été précédé des publications; — parce que l'art. 170 le décide en termes assez formels pour ne laisser subsister aucun doute à cet égard; — et que, d'ailleurs, on conçoit très-bien que le législateur ait fait des publications une condition nécessaire à la validité des mariages ainsi contractés, puisque sans ces publications, ils manqueraient complètement de publicité.—Ainsi, de même que la publicité, c'est-à-dire l'ensemble d'un certain nombre de faits qui font connaître l'union matrimoniale, est nécessaire à la validité des mariages contractés en France; de même les publications se confondant ici avec la publicité, sont nécessaires à la validité des mariages contractés à l'étranger. (M. Bugnet.)

Le second système nous semble préférable.

Les Français qui ont contracté mariage à l'étranger devant un officier public étranger, ne sont-ils pas soumis, à leur retour en France, à une obligation particulière?

Oui, aux termes de l'article 171, ils doivent dans les trois mois de leur retour en France, faire transcrire leur acte de mariage sur les registres de l'état civil du lieu de leur domicile. Mais le législateur a omis d'indiquer la sanction de cette disposition. On peut en conclure que le défaut de transcription n'entraîne aucune peine contre les époux; à plus forte raison qu'il n'entraîne pas la nullité du mariage. Il ne paraît avoir pour effet que d'en rendre la preuve plus difficile et plus lente.

CHAPITRE III.

Des oppositions au mariage.

Articles 172 à 179.

Qu'est-ce que l'opposition ?

L'opposition est un acte par lequel certaines personnes, ayant qualité à cet effet, font défense à l'officier de l'état civil de célébrer un mariage.

Quel est l'effet de l'opposition ?

L'effet de l'opposition est d'empêcher la célébration du mariage. La loi punit, en effet, l'officier public qui passe outre, d'une amende de trois cent francs et de tous dommages-intérêts, pourvu que l'opposition ait été faite dans la forme voulue par la loi et par des personnes ayant qualité. (Art. 68).

Quel est l'objet de l'opposition ?

En général, l'opposition a pour objet de faire obstacle à la célébration du mariage, en portant à la connaissance de l'officier de l'état civil les empêchements dirimants ou prohibitifs qui existent ; mais, de plus, elle peut être faite par les ascendants, simplement dans le but de retarder pendant quelque temps la célébration du mariage, alors même que les parties réunissent toutes les conditions et qualités pour le contracter valablement.

Toute personne peut-elle former opposition ?

L'opposition ne peut être formée que par certaines personnes et suivant des formes déterminées par la loi. A la vérité, tout le monde peut bien faire connaître à l'officier public les empêchements qui s'opposent à un mariage, mais il n'y a dans ce fait qu'un simple avertissement, qui est loin d'avoir la portée d'une opposition. En effet, l'opposition lorsqu'elle est régulière, forme par elle-même et indépendamment du bien fondé des motifs sur lesquels elle s'appuie, un obstacle au mariage; tandis que cet avertissement n'oblige l'officier public qu'autant qu'il lui fait connaître des empêchements qu'il ignorait.

Quelles sont les personnes qui peuvent former opposition?

Ce sont :

1° La personne engagée dans le mariage avec l'un des deux futurs époux. (Art. 172.)

2° Les père et mère, et à leur défaut, les ascendants les plus proches des deux lignes; mais en observant que la présence du père ou de l'aïeul exclut l'intervention de la mère ou de l'aïeule.

3° Certains collatéraux, tels que le frère ou la sœur, l'oncle ou la tante, le cousin ou la cousine germains. Mais ils ne peuvent former opposition qu'à défaut d'ascendants et seulement dans deux cas.

4° Le tuteur ou le curateur de l'enfant mineur, également dans deux cas.

5° Le procureur impérial. (Art. 173, 174, 175).

L'opposition doit-elle énoncer les motifs sur lesquels elle se fonde?

Il faut distinguer :

Si elle est formée par la personne engagée dans le mariage avec l'un des futurs époux, elle doit énoncer l'existence du premier mariage.

Si elle est formée par les père et mère ou par les ascendants, il n'est pas nécessaire qu'il y soit énoncé des motifs, car elle a pu être faite simplement dans le but de retarder le mariage ; seulement si le futur époux en demande la main-levée, son ascendant ne peut la faire maintenir qu'ne faisant valoir un motif légal d'opposition, c'est-à-dire un empêchement dirimant ou prohibitif.

Si elle est formée enfin par les collatéraux où par le tuteur elle doit énoncer, soit le défaut de consentement du conseil de famille lorsqu'il était nécessaire, soit l'état de démence du futur époux ; mais, dans ce cas l'opposant devra demander son interdiction dans le délai fixé par le jugement.

Si enfin elle est formée par le procureur impérial, elle doit énoncer des motifs d'ordre public.

En quelle forme l'opposition doit-elle être faite, et quelles sont les énonciations qui doivent y être contenues ?

L'opposition doit être formée par exploit d'huissier, et signée par l'opposant où par son mandataire sur l'original et sur la copie.

Elle doit énoncer:

1° La qualité de l'opposant ainsi que les motifs sur lesquels elle est fondée, si elle n'émane pas des père et mère où des ascendants.

2° Une élection de domicile de l'opposant dans le lieu où le mariage doit être célébré, afin que les futurs époux puissent en obtenir la main levée avec plus de facilité. (Art. 176).

A qui l'opposition doit-elle être signifiée ?

Elle doit être signifiée :

1° Aux parties.

2° A l'officier de l'état civil de l'une des communes où le mariage peut avoir lieu. Du reste, peu importe quel est celui des officiers de l'état civil compétents qui aura ensuite à procéder à la célébration du mariage, puisqu'on ne doit y procéder qu'autant que tous les officiers de l'état civil des communes où les futurs époux ont domicile ont certifié l'absence d'opposition. (Art. 69).

L'officier de l'état civil qui reçoit la copie de l'opposition est tenu d'apposer son visa sur l'original, afin qu'il ne puisse pas y avoir de contradiction entre lui et l'huissier, qui a également un caractère public. (Art. 69).

L'officier de l'état civil mentionne immédiatement l'opposition qu'il a reçu sur le registre des publications. (Art. 67).

Qu'est-ce que la main levée de l'opposition?

La main levée de l'opposition est un acte qui en anéantissant les effets de l'opposition, fait disparaître l'empêchement au mariage qui en résultait.

De quelle manière les futurs époux peuvent-ils obtenir la main levée sur l'opposition ?

Ils peuvent l'obtenir soit par une renonciation amiable et volontaire de l'opposant, soit par un jugement. Dans ce dernier cas la demande en main levée est jugée comme affaire urgente. (Art. 177. 178).

Si l'opposition est rejetée, les opposants, autres néanmoins que les ascendants, pourront être condamnés à des dommages intérêts, (Art. 179).

CHAPITRE IV.

Des demandes en nullité de mariage.

Articles 180 à 202.

Ce chapitre ne peut-il pas se diviser en trois parties principales?

Oui, car il a en vue trois objets bien distincts. Aussi, quoique le code se soit abstenu d'en indiquer les divisions, nous croyons qu'il est utile de le faire, sans nous écarter d'ailleurs de l'ordre suivi par le législateur.

Ces trois parties pourront elles-mêmes être subdivisées en paragraphes.

1re partie. — Des causes de nullité du mariage.

2e partie. — De la preuve du mariage.

3e partie. — Des mariages putatifs.

PREMIÈRE PARTIE.

Des causes de nullité du Mariage.

Articles 180 à 193.

Les causes de nullité du mariage ne se divisent-elles pas en trois classes?

Oui, elles se divisent :

1° En nullités relatives.

2° En nullités relatives et absolues.

3° En nullités absolues.

Mais, avant d'aborder l'étude de ces trois classes de nullités, il est nécessaire de dire quelques mots sur les causes de nullités en général.

§ I. — Des causes de nullité du mariage.

D'où proviennent les nullités du mariage ?

Nous avons dit précédemment qu'il y avait trois conditions nécessaires à l'existence du mariage, savoir : la différence des sexes, le consentement des parties, et l'intervention d'un officier de l'état civil. — Nous avons ajouté ensuite qu'il existait six conditions nécessaires à sa validité, savoir : le consentement libre desépoux, l'inexistence d'un premier mariage, la puberté, l'absence de toute parenté, le consentement des parents, la publicité. — Nous avons enfin fait remarquer que l'omission d'une de ces conditions constituait un empêchement dirimant, c'est-à-dire qu'elle ne formait pas seulement obstacle à la célébration du mariage, mais qu'elle le rendait attaquable. — On voit par là que les mêmes

faits qui, avant la célébration du mariage, sont des empêchements dirimants, deviennent aussitôt cette célébration
accomplie, des causes de nullité du mariage.

En énumérant ces causes de nullités, le code passe sous
silence celles qui sont produites par l'absence d'une condition nécessaire à l'existence du mariage. Mais son silence à
cet égard ne peut, donner lieu à aucune incertitude. Il
est par trop évident que si le mariage qui manque d'une condition nécessaire à sa validité peut être attaqué, il en est de
même de celui qui manque d'une condition nécessaire à son
existence.

*Que faut-il entendre par nullités relatives, mixtes et
absolues ?*

Les nullités relatives sont celles qui ne peuvent être invoquées que par certaines personnes et pendant un certain
temps.

Les nullités mixtes ou nullités relatives et absolues sont
celles qui peuvent être invoquées par toutes les personnes
qui y ont un intérêt né et actuel, mais seulement pendant un
certain temps.

Les nullités absolues sont celles qui peuvent être invoquées en tout temps et par toutes les personnes qui y sont
intéressées.

*Les nullités absolues n'ont-elles pas pour effet de rendre
le mariage absolument nul, tandis que les nullités relatives
le rendent seulement annulable ?*

Oui, les nullités absolues ont pour effet de rendre le mariage absolument nul; c'est-à-dire qu'elles le font considérer
comme dépourvu de toute existence légale, parcequ'elles
sont fondées sur la violation d'un principe d'ordre public.—
Les nullités relatives, au contraire, rendent seulement le
mariage annulable, c'est-à-dire qu'elles le font considérer
comme irrégulier ; parcequ'elles ne sont fondées que sur la

violation d'une règle d'intérêt privé. — Toutes les nullités ont d'ailleurs cela de commun, qu'elles doivent également être invoquées et judiciairement établies ; car, dès qu'il y a un acte matériel de mariage, il est nécessaire de s'adresser aux tribunaux pour faire reconnaître que le mariage n'existe qu'en apparence.

§ II. — Des nullités relatives.

Quelles sont les nullités relatives ?

Les nullités relatives sont :

1° Le vice de consentement des époux. (Art. 180.)

2° Le défaut de consentement des parents. (Art. 182.)

I. *Quelle différence y a-t-il entre le vice et le défaut de consentement des époux ?*

Il y a vice de consentement dès qu'il y a absence d'une des qualités qui concourent à le rendre parfait. Mais, en supposant son imperfection, le vice du consentement implique son existence, et à cause de cela il ne constitue qu'une nullité relative. Il y a, au contraire, défaut de consentement, lorsque ce consentement n'existe à aucun degré, soit parce qu'il n'a pas été physiquement exprimé, soit parce qu'il a été donné par une personne à qui la loi ne reconnaît pas le pouvoir de le donner. Aussi le défaut de consentement constitue-t-il une nullité absolue.

Quels sont les vices qui peuvent affecter le consentement et le rendre imparfait ?

Les vices qui peuvent affecter le consentement et le rendre imparfait sont l'erreur, la violence et le dol.

Toutefois, relativement au mariage, le dol ne constitue pas un vice de consentement distinct ; il se confond avec l'erreur. Ainsi, pour être valable, le consentement au mariage doit en définitive avoir été donné librement et en connaissance de cause.

Qu'est-ce que la violence?

La violence est la crainte actuelle d'un mal considérable, sans laquelle la partie n'aurait pas contracté.

Le législateur n'a pas déterminé quels sont les faits qui la constituent. Il a préféré laisser à cet égard aux tribunaux une liberté complète d'appréciation, en leur enjoignant seulement de tenir compte de l'âge, du sexe, et de la condition des personnes. (Art. 1112).

Pourquoi la violence n'est-elle pas une cause de nullité absolue?

C'est parce que le consentement qui a été donné sous l'empire de la crainte, n'en a pas moins été donné; et que, d'ailleurs, le vice dont il est affecté, est susceptible d'être couvert par une adhésion volontaire.

Qu'est-ce que l'erreur?

L'erreur est le fait d'attribuer à une personne ou à une chose des qualités qu'elle n'a pas. — De même que la violence, elle n'est pas une cause de nullité absolue, parce qu'elle rend seulement le consentement imparfait sans affecter son existence.

Aux termes de l'article 180, l'erreur est une cause de nullité du mariage, quand il y a eu erreur *dans la personne* avec laquelle on a contracté.

Que faut-il entendre par ces mots « erreur dans la personne? »

Leur interprétation a donné lieu à deux systèmes. Mais avant de les exposer, nous devons, pour les faire mieux comprendre, indiquer en quelques mots les effets de l'erreur en général.

L'erreur peut porter, soit sur l'objet physique qu'on a en vue en contractant; soit sur ses qualités essentielles, c'est-à-dire sur celles qui lui donnent un caractère distinctif; soit sur ses qualités accessoires, c'est-à-dire sur celles qui modifient sa manière d'être, sans changer sa destination. Dans le premier cas, l'erreur produit la nullité du contrat; dans le second elle le rend seulement annulable ; dans le troisième, enfin, elle lui laisse toute sa validité. (Art. 1109, 110.)

Voyons maintenant nos deux systèmes :

Suivant le premier, en disant que le mariage peut être attaqué, lorsqu'il y a eu erreur dans la personne, par celui des deux époux qui a été trompé, l'article 180 entend parler de l'erreur sur l'identité physique de la personne avec laquelle on a contracté; de celle qui a lieu, par exemple, lorsqu'on s'est marié avec Prima en croyant épouser Secunda.

Suivant le second système, cet article entend parler, au contraire, de l'erreur sur les qualités essentielles de la personne avec laquelle on a contracté. Cette interprétation est préférable, et il est facile de le démontrer. En effet, — 1° en cas d'erreur sur l'identité physique de la personne avec laquelle on a contracté mariage, il n'y a pas vice, mais défaut, c'est-à-dire inexistence de consentement. Or, le cas d'inexistence du consentement ayant déjà été prévu par l'article 146, il ne peut pas en être question ici. — 2° Puisque l'erreur sur l'identité physique produit la nullité absolue du mariage pour défaut de consentement, le législateur aurait dû permettre à toute personne de l'invoquer, tandis qu'il n'y autorise que l'époux qui a été induit en erreur, et seulement pendant six mois. — 3° Enfin, s'il s'agissait de cette sorte d'erreur, on pourrait dire que notre article 180 se trouve à peu près inutile, puisqu'il s'appliquerait à une hypothèse qui ne se réalisera que très-difficilement.

Aussi, d'après la doctrine aujourd'hui universellement acceptée, ces mots « erreur dans la personne » s'entendent de l'erreur sur ses qualités essentielles.

Mais quelles sont les qualités dont la présence est essentielle dans chacun des deux époux?

A cet égard nous trouvons également deux systèmes :

Suivant le premier, il faut laisser aux tribunaux la faculté d'apprécier quelles sont les qualités dont l'absence peut entraîner la nullité du mariage, puisque la loi ne les a pas déterminées elle-même. C'est là, en un mot, une question de fait et non une question de droit.

Suivant le second système, les qualités dont la présence est essentielle dans chacun des deux époux, sont celles ans lesquelles on ne pourrait obtenir l'accomplissement de   des deux fins légales du mariage : l'assistance ou la procréation. Par conséquent, la nullité du mariage pourrait être demandée, pour cause d'erreur dans la personne, lorsqu'on a épousé une personne qu'on croyait moralement et physiquement propre au mariage et qui ne l'est pas ; par exemple, lorsqu'une catholique a épousé un prêtre en ignorant sa qualité de prêtre, ou lorsqu'on a épousé un condamné à une peine perpétuelle en le croyant libre, ou enfin lorsqu'on a épousé un impuissant qu'on croyait apte à la procréation et dont l'impuissance peut d'ailleurs être démontrée suffisamment.— Au contraire, la nullité du mariage ne pourrait pas être demandée si l'on avait épousé une prostituée en la croyant honnête femme, ou si l'on avait épousé une batarde en la croyant légitime, ou même, enfin, si l'on avait épousé la fille de *Primus* en la croyant fille de *Secundus*. En effet, la mission de la loi se borne à garantir l'accomplissement des fins légales du mariage ; elle n'a rien de plus à garantir, et c'est aux particuliers à prendre leurs mesures pour être assurés de trouver dans la personne qu'ils épousent, les qualités spéciales et personnelles auxquelles ils attachent du prix. Pour le législateur il suffit que la personne qu'on épouse ait les qualités absolument nécessaires pour remplir le but commun du mariage, pour être, en un mot, une personne mariable.

Qui peut intenter une demande en nullité de mariage pour vice de consentement?

Cette demande ne peut être formée que par l'époux dont le consentement n'a pas été donné librement et en connaissance de cause. De plus, s'il y a eu cohabitation, elle doit être formée par lui dans un délai de six mois, à partir du moment où il a recouvré sa pleine liberté, ou reconnu son erreur. (Art. 180, 181.)

II. — *Quelles sont les personnes qui peuvent former une demande en nullité de mariage pour défaut de consentement des parents?*

Ce sont :

1° L'époux qui avait besoin de leur consentement pour pouvoir se marier.

2° Les ascendants ou le conseil de famille dont le consentement était nécessaire et n'a pas été demandé. (Art. 182.)

Est-il permis à la mère de former une demande en nullité de mariage lorsque son consentement ne lui a pas été demandé?

Il faut distinguer :

Il ne lui est pas permis de former cette demande si le père existait au moment du mariage et avait donné son consentement ; car, aux termes de l'article 148, le consentement du père suffit.

Il lui est permis, au contraire, de la former si le consentement n'avait pas été donné par le père, et si celui-ci étant venu à décéder depuis la célébration du mariage, la mère lui a succédé dans l'exercice de la puissance paternelle.

Il en serait de même si le père étant déjà décédé au moment de la célébration du mariage, le consentement de la mère n'avait pas été donné ; car, alors, il aurait été nécessaire.

Pendant combien de temps la demande en nullité du mariage pour défaut de consentement des parents peut-elle être formée ?

Cela dépend :

Si elle est intentée par l'époux qui s'est marié sans le consentement de ses parents, elle peut être formée par lui pendant une année à partir du moment où il est devenu majeur quant au mariage.

Si elle est intentée par les ascendants ou le conseil de famille, elle peut être formée par eux pendant une année à partir du moment où ils ont eu connaissance du mariage. (Art. 183.)

En laissant passer ce délai, l'enfant ou les ascendants qui avaient le droit de former une demande en nullité, sont présumés y avoir tacitement renoncé. Les ascendants peuvent en outre ratifier expressément le mariage soit par écrit, soit en recevant chez eux les nouveaux époux.

§ III. — Des nullités mixtes ou nullités relatives et absolues.

Quelles sont les nullités relatives et absolues ?

Les nullités relatives et absolues sont :

1º Le défaut de puberté. (Art. 184.)

2º Le vice de publicité et l'incompétence de l'officier de l'état civil. (Art. 165.)

I. — *Pourquoi le défaut de puberté constitue-t-il en même temps une nullité relative et absolue ?*

Il constitue une nullité relative parce qu'il est susceptible de s'effacer par l'effet du temps ; mais d'un autre côté il constitue une nullité absolue parce qu'il est une infraction à un principe d'ordre public.

Quelles sont les personnes qui peuvent former une demande en nullité de mariage pour cause d'impuberté ?

Ce sont toutes les personnes qui y ont un intérêt né et actuel. (Art. 184.) Savoir :

1º Le ministère public, qui représente l'intérêt social.

2º Les époux eux-mêmes.

3º Les ascendants les plus proches, si d'ailleurs ils n'ont pas consenti au mariage. (Art. 186.)

4º Les créanciers des époux, lorsqu'il y ont un intérêt né et actuel.

5º Leurs collatéraux ; toutefois il n'est permis à ces derniers d'intenter cette action que lorsque l'un des époux est décédé et que sa succession s'est ouverte, car c'est alors seulement qu'ils ont un droit né et actuel. (Art. 187.)

Pendant combien de temps la demande en nullité de mariage pour cause d'impuberté peut elle être formée ?

Il faut distinguer :

Si c'est le mari qui est impubère, elle peut être formée jusqu'à ce qu'il se soit écoulé six mois depuis qu'il a atteint l'âge de puberté.

Si c'est la femme, elle peut de même être formée jusqu'à ce qu'il se soit écoulé six mois depuis qu'elle a atteint l'âge de puberté. Mais de plus l'action cesse d'être recevable si elle se trouve en état de grossesse avant d'avoir atteint cet âge. (Art. 185.) Il devient, en effet, certain par là qu'elle était propre au mariage avant d'être nubile.

II. — *Quelle différence y a-t-il entre le vice et le défaut de publicité ?*

Il y a vice de publicité lorsqu'il y a absence d'un des éléments qui concourent à la former, par exemple : lorsque les publications n'ont pas été faites, ou que le mariage n'a pas été célébré par un officier de l'état civil compétent, ou qu'il n'a pas eu lieu à la maison commune. — Il y a défaut de publicité, c'est-à-dire clandestinité complète du mariage, lorsque plusieurs de ces faits accessoires ont été simultanément omis, ou lorsque le mariage n'a pas été célébré par un officier de l'état civil quelconque.

Le vice de publicité constitue une nullité mixte, c'est-à-dire une nullité à la fois relative et absolue; le défaut de publicité constitue, au contraire, une nullité absolue.

Pourquoi le vice de publicité du mariage et l'incompétence de l'officier de l'état civil qui l'a célébré, constituent-ils en même temps une nullité relative et absolue?

Ils constituent une nullité relative, parce qu'aux termes de l'article 193, les irrégularités qui rendent la publicité du mariage incomplète, ainsi que l'incompétence de l'officier de l'état civil, n'entraînent pas toujours la nullité du mariage, mais peuvent, au contraire, être couvertes par l'effet du temps et d'une publicité postérieure; car elles ne portent pas une atteinte permanente à l'ordre public. — Mais, sous un autre rapport, le vice de publicité et l'incompétence de l'officier public constituent une nullité absolue, parcequ'aux termes de l'article 191, ils rendent le mariage attaquable par toutes les personnes qui y ont intérêt.

Quelles sont les personnes qui peuvent former une demande en nullité de mariage pour vice de publicité et incompétence de l'officier de l'état civil?

Ce sont toutes les personnes qui y ont un intérêt né et actuel, savoir: le ministère public, les époux, lesascendants, certains créanciers, et enfin les collatéraux lorsque l'un des époux étant décédé ils sont devenus ses héritiers. (art. 191)

Mais, ainsi que nous l'avons dit, les juges peuvent tenir compte des circonstances qui ont pu couvrir le vice de publicité, et maintenir le mariage.

§ IV. — Des nullités absolues.

Quelles sont les nullités absolues?
Les nullités absolues sont:
1º Le défaut de différence des sexes.
2º Le défaut de consentement des époux.

3º Le défaut de publicité et d'intervention d'un officier de l'état civil quelconque.

4º L'existence d'un premier mariage.

5º La parenté ou l'alliance. (Art. 146, 184.)

Quelles sont les personnes qui peuvent attaquer le mariage, en se fondant sur une des nullités absolues que nous venons d'énoncer ?

Ce sont toutes les personnes qui y ont un intérêt né et actuel, savoir :

Le ministère public, les époux, les ascendants, certains créanciers, les collatéraux, lorsque l'un des époux étant décédé ils sont devenus ses héritiers. (Art. 184).

Dans le cas d'existence d'un premier mariage, l'époux au préjudice duquel le second a été contracté, peut également en demander la nullité ; mais si les époux opposent la nullité du premier mariage, cette question sera jugée préalablement. (Art. 188, 189.)

Pendant combien de temps peut-on former une demande en nullité de mariage en se fondant sur une cause de nullité absolue ?

Les demandes en nullité de mariage qui se fondent sur des causes de nullité absolue sont imprescriptibles, parce que ces causes de nullité offensent l'ordre public d'une manière permanente. De plus, lorsque les faits qui les constituent sont établis, les juges n'ont pas la faculté de maintenir le mariage.

DEUXIÈME PARTIE.

De la preuve du Mariage.

Articles 194 à 200.

Comment peut-on établir la célébration du mariage ?

On peut établir la célébration du mariage par quatre modes de preuve, savoir :

11

1° Par la représentation de l'acte de célébration inscrit sur les registres de l'état civil. (Art. 194.)

2° Par les registres et papiers domestiques, ainsi que par témoins. (Art. 194, 46.)

3° Par le jugement rendu au criminel contre l'officier de l'état civil, ou toute autre personne, reconnue coupable d'avoir falsifié ou détruit l'acte de célébration. (A. 198, 200.)

4° Enfin, par la possession d'état d'enfants légitimes, non contredite par l'acte de naissance. (Art. 197.)

Avant d'aborder l'examen de chacun de ces quatre modes de preuve, nous devons faire deux remarques très-importantes :

1° De ces quatre sortes de preuves, celle qui résulte de l'acte de célébration du mariage, est seule de droit commun. Les autres ne sont admises que par exception dans les cas où la preuve par la représentation de l'acte ne serait pas possible.

2° Le dernier mode de preuve n'a même été introduit qu'en faveur des enfants issus du mariage et ne peut être invoqué que par eux.

§ I. — Preuve de la célébration du mariage par la représentation de l'acte de mariage.

En principe comment se prouve le mariage ?

La preuve du mariage résulte en principe de la représentation de l'acte de célébration inscrit sur les registres de l'état civil. Hors les cas exceptionnels, dont nous parlerons tout à l'heure, nulle autre preuve n'est admissible. (Art. 194, 195.)

La possession d'état d'époux légitime n'est-elle pas cependant susceptible de produire certains effets civils ?

Oui, aux termes de l'article 196, la possession d'état lorsqu'elle est jointe à un acte de célébration du mariage, rend

les époux non recevables à demander la nullité de cet acte.
Ainsi, en supposant que l'acte de célébration soit irrégulier
et que l'un des époux se fondant sur cette irrégularité demande la nullité du mariage, l'autre époux pourra opposer
la possession d'état pour couvrir les vices de l'acte et faire
maintenir le mariage.

*Comment peut-on concevoir que la possession d'état
puisse couvrir des nullités de forme, puis qu'aucune des
formalités requises pour les actes de l'état civil n'est prescrite à peine de nullité ?*

Nous avons vu précédemment, en effet, que l'omission
d'une formalité requise pour les actes de l'état civil n'entraîne pas la nullité de cet acte. Aussi, la plupart des
auteurs n'entendent pas par ces mots « *l'acte de célébration* » l'écrit qui a été rédigé pour servir de preuve
au mariage; mais bien le fait de la célébration elle-même
avec toutes les conditions de publicité qui la constituent,
telles, par exemple, que les publications, la compétence de
l'officier de l'état civil, la célébration à la maison commune,
la faculté pour le public d'y assister. Ainsi, l'effet de la possession d'état consiste donc à couvrir le vice de publicité
dont le mariage est entaché. Mais, là, d'ailleurs se borne son
efficacité; elle ne couvre pas les vices du mariage qui affec-
tent l'ordre public d'une manière permanente, tels que : la
bigamie, l'inceste, l'impuberté, le défaut du consentement.
(MM. Bugnet, Valette, Demolombe.)

§ II. — Preuve de la célébration du mariage par titres et papiers
domestiques ou par témoins.

*Dans quels cas le mariage peut-il être prouvé par titres
et papiers domestiques ou par témoins?*

Le mariage ne peut être prouvé de cette manière que dans
deux cas :

1° Lorsqu'il n'a pas existé de registres, ou qu'ils présentent des omissions ou des retranchements.

2° Lorsqu'ils ont été perdus ou détruits en tout ou en partie. (Art. 194, 46.)

§ III. — Preuve de la célébration du mariage par le jugement rendu au criminel pour falsification ou destruction de l'acte de célébration.

Comment la preuve de la célébration du mariage peut-elle résulter d'un jugement criminel qui constate la falsification ou la destruction des registres ?

C'est parce que ce jugement est inscrit sur les registres de l'état civil, et qu'il tient ainsi lieu de l'acte de célébration. (Art. 198.)

Comment sont intentées les poursuites contre l'auteur de la destruction ou de la falsification de l'acte ?

Les poursuites criminelles peuvent donner lieu à deux actions bien distinctes : l'action publique qui a pour objet la punition du coupable et qui est exercée par le ministère public, — et l'action civile qui a pour objet la réparation du préjudice causé et qui est exercée par la partie lésée.

De plus, il est également de règle en matière pénale, que l'action publique s'éteint par la mort du prévenu, tandis que l'action civile subsiste, au contraire, contre ses héritiers, et qu'elle ne peut alors être exercée que par la partie civile.

Or, le code déroge ici à ces deux règles.

Il déroge à la première en autorisant le ministère public à demander au moyen d'une action civile, la rectification de l'acte falsifié ou détruit.

Il déroge d'une manière encore plus sensible à la seconde, en décidant que lorsque le prévenu est décédé dans l'intervalle des poursuites, l'action civile qui subsiste contre ses héritiers pourra, non-seulement être exercée par le ministère public, mais encore qu'elle ne pourra l'être que par lui. (Art. 199, 200.)

Comment peut-on justifier ces dérogations au droit commun ?

On justifie la première en disant que l'importance qui s'attache au rétablissement de la preuve du mariage est telle, qu'elle peut être considérée comme étant d'ordre public, et qu'ainsi c'est avec raison que la loi autorise le ministère public à agir.

On justifie la seconde en disant que l'action criminelle étant éteinte par la mort du prévenu et la condamnation poursuivie contre ses héritiers ne pouvant être que pécuniaire, il serait à craindre, si l'action civile était exercée par la partie lésée, qu'il ne s'établit entre elle et le défendeur une connivence coupable à l'effet de procurer à la première la preuve d'un mariage qui, peut-être, n'a jamais existé, en se laissant condamner à une réparation qui serait elle-même secrètement et largement payée.

Les articles 198 et 199 ne renferment-ils pas quelques inexactitudes ?

Oui ; — d'abord l'expression de *procédure criminelle*, qui se trouve employée dans l'article 198, doit être entendue dans un sens général et non pas dans le sens technique qu'elle a aujourd'hui depuis la confection du code pénal et la classification des peines. On peut donc l'appliquer à une procédure correctionnel'e tout aussi bien qu'à une procédure criminelle.

Cette proposition de l'article 199 « *que le ministère public pourra intenter l'action criminelle, si les époux ou l'un d'eux sont décédés avant d'avoir découvert la fraude* » est également inexacte ; elle l'est même sous deux rapports. D'abord, le ministère public peut très-bien agir pendant que les époux sont encore vivants, s'ils négligent eux-mêmes de le faire. — Mais, de plus, il peut encore agir après leur mort, qu'ils aient ou non découvert la fraude avant de décéder ; car il ne dépend pas des particuliers d'empêcher par leur incurie le ministère public de poursuivre dans l'intérêt de la société. (MM. Bugnet, Valette.)

Comment pourrait-on prouver le mariage si les actions criminelles et civiles contre l'auteur de la falsification ou de la destruction des registres, ou contre ses héritiers, étaient prescrites?

On se trouverait alors dans l'hypothèse prévue par l'article 46. Dans cette hypothèse, la preuve du mariage peut, ainsi que nous l'avons vu, être établie par titres et papiers domestiques ou par témoins.

§ IV. — **Preuve de la célébration du mariage par la possession d'état d'enfants légitimes.**

A quelles conditions la preuve de la célébration du mariage des père et mère peut-elle être fournie par les enfants légitimes, indépendamment de toute représentation de l'acte de célébration?

Cette preuve ne peut être ainsi fournie par les enfants légitimes qu'aux quatre conditions suivantes. Il faut:

1° que les père et mère aient eu la possession d'état d'époux légitimes;

2° que les enfants aient eux-mêmes la possession d'état d'enfants légitimes;

3° que cette possession d'état ne soit pas contredite par leur acte de naissance;

4° que les père et mère soient décédés, — et l'on peut ajouter — ou qu'ils soient dans l'impossibilité de manifester leur volonté par suite d'interdiction ou d'absence. (MM. Bugnet, Valette.) (Art. 197.)

Pourquoi a-t-on accordé ce moyen d'établir la célébration du mariage aux enfants dont les père et mère sont décédés?

C'est pour deux motifs:

1° Parce qu'ils peuvent alléguer, pour se dispenser de représenter l'acte de célébration du mariage, qu'ils ignorent le lieu où il a été contracté et qu'il leur est impossible de le connaître.

2° parceque le législateur a voulu rendre plus facile la preuve de la légitimité. — Aussi, les collatéraux et les ascendants des époux, bien qu'ils puissent comme les enfants ignorer le lieu où le mariage a été célébré, n'ont-ils pas la faculté de recourir à ce mode de preuve exceptionnel.

Notons, d'ailleurs, que les enfants légitimes ne prouvent ainsi que la célébration du mariage de leurs père et mère. La question de savoir s'il n'est pas affecté d'une autre nullité reste toute entière.

TROISIÈME PARTIE.

Des Mariages putatifs

Articles 201, 202.

Qu'entend-on par mariage putatif?

On appelle mariage putatif, celui qui est entaché d'une nullité, mais qui a été contracté de bonne foi par les deux époux, ou par l'un d'eux.

Par un motif d'équité, le législateur a décidé que les mariages ainsi contractés, seraient susceptibles de produire des effets civils jusqu'au jour où ils auraient été judiciairement annulés. (Art. 201)

A quel moment faut-il que la bonne foi des époux ait existé, pour qu'un mariage entaché d'une nullité soit susceptible de produire des effets civils?

Il suffit qu'elle ait existé au moment de la célébration du mariage. On ne pourrait, en effet, faire un reproche à l'époux qui a reconnu plus tard le vice dont son mariage était affecté, de ne pas l'avoir déclaré.

Quels sont les effets du mariage putatif?

Il faut distinguer :

S'il a été contracté de bonne foi par les deux époux, le mariage putatif équivaut pour tous les deux à un mariage valable , jusqu'au jugement qui en prouve la nullité. Par conséquent, leur contrat de mariage, conserve ses effets, la puissance paternelle ainsi que tous les droits de succession et autres qui en dérivent leur sont laissés, ils continuent enfin à jouir, ainsi que leurs enfants, de tous les droits qu'ils avaient acquis par le mariage avant que sa nullité n'eut été prononcée.

Si le mariage n'a été contracté de bonne foi que par l'un des deux époux, il conserve seul les avantages dont nous venons de parler. (Art. 202.)

Dans tous les cas, soit que les deux époux aient été de bonne foi, soit que l'un d'eux seulement l'ait été, les enfants qui sont nés avant l'annulation judiciaire du mariage en recueillent tous les effets civils. On peut même ajouter que les enfants naturels qui ont été légitimes par le mariage putatif conservent la qualité d'enfants légitimés et tous les bénéfices qui y sont attachés, puis qu'aux termes des articles 201 et 202, ces mariages produisent tous les effets qu'ils auraient produit s'ils avaient été valables. (MM. Bugnet, Valette.)

Comment s'applique le bénéfice accordé par la loi aux mariages contractés de bonne foi ?

L'article 201 se borne à dire que les mariages déclarés nuls produisent des effets civils lorsqu'ils ont été contractés de bonne foi, sans faire aucune mention des causes de nullité qui sont ainsi susceptibles d'être couvertes par la bonne foi

Mais, ainsi que nous l'avons vu, la nullité d'un mariage peut être prononcée, soit parcequ'il manque d'une condition nécessaire à son existence, soit parcequ'il manque seulement d'une condition nécessaire à sa validité.

Suivant un premier système, qui emprunte une grande autorité aux éminents professeurs qui l'ont soutenu, le bénéfice des mariages putatifs peut être accordé lors même qu'un officier de l'état civil ne serait pas intervenu, dès qu'il y a eu consentement des époux et bonne foi de la part de l'un d'eux. En effet, disent-ils: le concours des deux volontés suffit pour qu'il y ait contrat, et puisque les dispositions du code en cette matière n'ont pas d'autre règle que d'équité, il faut les appliquer si ce contrat a été converti de bonne foi par l'une au moins des deux parties.

Nous pensons, néanmoins, que le bénéfice des mariages putatifs ne peut être accordé que lorsque toutes les conditions nécessaires à *l'existence* du mariage se trouvent réunies; c'est-à-dire lorsqu'il y a eu non-seulement consentement des époux, mais encore intervention d'un officier de l'état civil. Nous disons : l'effet de la bonne foi c'est de suppléer à l'absence des conditions nécessaires à la validité du mariage, ce n'est pas de faire naître un mariage qui n'existe pas, qui n'existe qu'en apparence. Or le mariage n'est pas un contrat ordinaire dépendant de la seule volonté des parties. Trois personnalités bien distinctes y apparaissent: celle du l'époux, celle de l'épouse, celle de l'officier de l'état civil représentant la société qui donne au mariage, par sa présence le caractère d'un acte social protégé par la loi. Il est donc un contrat *sui generis*, lequel n'a absolument aucune existence légale lorsqu'on n'y retrouve pas l'intervention d'un officier de l'état civil quelconque. Que l'on ne dise pas que la bonne foi suffit pour lui faire produire des effets, car ce bénéfice n'a été introduit qu'en faveur des mariages qui peuvent être annulés comme irréguliers, et non pas en faveur d'une union quelconque et volontaire de l'homme et de la femme ayant plus ou moins l'apparence du mariage, autrement l'équité n'aurait plus de limites.

CHAPITRE V.

Des obligations qui naissent du Mariage.

Art. 203 à 211.

Quel est l'objet de ce chapitre?

Ce chapitre n'a pas pour objet de faire connaître toutes les obligations qui naissent du mariage, ainsi que semblent l'indiquer les termes de sa rubrique. — Il ne s'occupe au contraire que de celle qui concerne les aliments de la famille et l'éducation des enfants.

Quelles sont les obligations des époux à l'égard des enfants qui naissent du mariage?

Les époux contractent ensemble, par le fait seul du mariage, l'obligation de nourrir, entretenir et élever leurs enfants. (Art. 203.)

Les époux sont-ils également tenus de faire donner à leurs enfants une éducation conforme à leur fortune et à leur position sociale?

Non, ils n'y sont pas tenus expressément. — A la vérité quelques auteurs sont d'avis qu'ils peuvent être contraints judiciairement; mais, quelque grand que nous paraisse à nous-même le bienfait de l'éducation, cette considération ne nous semble pas, comme elle semble à nos contradicteurs, une raison suffisante pour en conclure que l'obligation de donner une éducation convenable aux enfants est garantie par une action, lorsque cette action ne paraît résulter d'aucun texte. Il ne faut pas confondre un devoir moral et une obligation légale.

Aux termes de l'article 204, les enfants n'ont pas d'action contre leurs père et mère pour un établissement par mariage, ou autrement.

En quoi consiste l'obligation des époux de nourrir, élever et entretenir leurs enfants?

Elle consiste à leur fournir toutes les choses qui sont né-

cessaires à la vie, ou à les faire élever par d'autres personnes,
à leurs frais. — Les époux y sont tenus, non-seulement
lorsque leurs enfants sont en bas-âge, mais encore toutes les
fois qu'ils se trouvent dans le besoin. Cette obligation constitue ce qu'on appelle la dette alimentaire.

*La dette alimentaire n'est elle pas également due par les
enfants à leurs père et mère, lorsqu'ils se trouvent dans le
besoin ?*

Oui, cette dette est essentiellement réciproque entre les
père et mère et les enfants ; elle n'existe pas seulement
d'ailleurs entre eux, mais elle existe encore :

1° Entre les époux ;

2° Entre tous les ascendants et descendants ;

3° Entre les beaux-pères et belles-mères et leurs gendres
et belles-filles. (Art. 205, 206, 207.)

Cette obligation peut-elle cesser ?

Il faut distinguer :

Entre les père et mère et leurs enfants, entre les époux,
entre les ascendants et descendants, cette obligation ne peut
jamais cesser. Il suffit que l'une de ces personnes se trouve
dans le besoin, pour qu'elle puisse exercer une demande en
pension alimentaire.

Entre les beaux-pères et belles-mères et leurs gendres et
belles-filles, elle cesse lorsque l'époux qui produisait l'alliance
est décédé et qu'il ne reste aucun enfant issu du mariage.

Elle cesse encore à l'égard de la belle-mère qui se remarie.
Mais ici, par exception au principe que la dette alimentaire
est essentiellement réciproque, cette dernière continue d'en
être tenue à l'égard de ses gendres et belle-filles; car son
second mariage ne doit pas nuire à d'autres qu'à elle-même.
(Art. 206.)

*La dette alimentaire est-elle due simultanément par
toutes les personnes qui sont tenues?*

Non, quoique la loi ait gardé le silence à cet égard, on

s'accorde généralement à dire qu'elle n'est due par elles que successivement, les unes à défaut des autres.

Suivant l'opinion commune, il faut pour déterminer le rang d'après lequel les ascendants et les descendants doivent la fournir, considérer l'ordre des successions que la loi a établi entre eux; mais, en faisant passer les parents avant les alliés.

Ainsi, la demande en pension alimentaire doit être adressée par la personne qui est dans le besoin:

1° à ses enfants si elle en a ;

2° à défaut d'enfants, ou s'ils sont impuissants à la secourir, à ses ascendants;

3° à défaut d'ascendants à ses gendres et belle-filles;

4° à défaut des gendres et belle-filles, à ses beau-père et belle-mère;

5° enfin, si le père ou la mère sont décédés, pour moitié au père ou à la mère survivante et pour l'autre moitié aux héritiers de l'époux décédé.

Comment détermine-t-on le quantum de la dette alimentaire?

Pour le déterminer on prend pour base :

1° Les besoins de la personne qui la demande.

2° La fortune de celui qui doit la fournir.

Du reste, aux termes de l'article 209, lorsque celui qui la fournit ou celui qui la reçoit est replacé dans un état tel que l'un ne puisse plus en donner, ou que l'autre n'en ait plus besoin en tout ou en partie, la décharge ou réduction peut en être demandée.

Comment la dette alimentaire doit elle être acquittée?

En principe, elle doit être acquittée au moyen d'une pension en argent, toutes les fois que cela est possible. — Toutefois, par exception, les père et mère peuvent s'en acquitter en recevant chez eux l'enfant qui la réclame, quand même il leur serait possible de fournir une pension en argent. (Art. 210, 211.)

La dette alimentaire n'est-elle pas due quelquefois par plusieurs personnes en même temps ?

Oui, elle est due en même temps par toutes les personnes qui se trouvent être les héritiers au même degré de celui qui la réclame. Ainsi, un père qui aurait trois enfants, pourrait en réclamer un tiers à chacun d'eux.

Quand la dette alimentaire est partagée entre plusieurs parents, ces derniers sont-ils tenus solidairement pour l'intégralité de son paiement ?

Non, chacun d'eux n'est tenu de fournir que sa part et portion, car la solidarité ne peut exister que là où elle a été expressément établie par la loi ; or, elle n'en fait pas mention à l'égard de la dette alimentaire.

La dette alimentaire est-elle transmissible aux héritiers ?

Elle est transmissible aux héritiers de celui qui la fournit, — mais elle ne l'est pas pour les héritiers de celui qui la reçoit. Ces derniers ne peuvent exiger que les termes échus et non payés au moment de la mort de leur auteur.

CHAPITRE VI.

Des droits et des devoirs respectifs des époux.

Articles 212 à 226.

Quel est l'objet de ce chapitre ?

Ce chapitre a en vue les deux objets suivants, savoir :

1º Les devoirs des époux.

2º Leurs droits, et notamment l'incapacité de la femme mariée.

§ 1. — Des devoirs des époux.

Les obligations des époux ne peuvent-elles pas se diviser en deux classes ?

Oui, elles peuvent se diviser en obligations communes aux deux époux, et en obligations spéciales à chacun d'eux.

Quelles sont les obligations communes aux deux époux ?

Les obligations communes aux deux époux sont : la fidélité, le secours et l'assistance. (Art. 212.)

La fidélité, consiste dans l'obligation où se trouvent les deux époux de ne pas commettre d'adultère.

Le secours, consiste dans l'obligation qui leur est imposée de se fournir des aliments, en cas de besoin.

L'assistance, enfin, consiste dans l'obligation à laquelle ils sont tenus de se donner les soins et les consolations nécessaires.

Quelle est la sanction de ces obligations ?

La sanction de ces obligations se trouve dans ce fait, que leur inobservation est une injure grave et constitue ainsi une cause de séparation de corps. De plus, l'obligation de secours est sanctionné par une action civile en pension alimentaire, et celle de fidélité par une action pénale.

Quelles sont les obligations spéciales à chacun des deux époux ?

Les obligations spéciales à chacun des deux époux, sont :

1º pour le mari — de protéger sa femme, de la recevoir chez lui, et de lui fournir tout ce qui est nécessaire pour les besoins de la vie, selon ses facultés et son état;

2º pour la femme — d'obéir à son mari, d'habiter avec lui et de le suivre partout où il lui plaît de résider. (Art. 213, 214.)

La femme peut-elle être contrainte par la force publique à habiter avec son mari ?

La plupart des auteurs tiennent pour l'affirmative. En effet, toute obligation doit avoir une sanction. Or, comme l'obligation du domicile commun n'est pas de sa nature susceptible de donner lieu à des dommages-intérêts en cas d'inéxécution, on ne peut refuser au mari le droit d'employer au besoin la contrainte pour la faire éxécuter.

L'obligation où se trouve la femme d'habiter avec son mari ne cesse-t-elle pas dans certains cas ?

Oui, cette obligation pourrait cesser dans deux cas :

1º Lorsque le mari ne lui offre pas un logement décent et convenable.

2º Lorsqu'il ne réside nulle part et qu'il y a danger pour elle à le suivre dans sa vie errante.

§ II. Des droits des époux et de l'incapacité de la femme mariée.

Quels sont les effets du mariage par rapport aux droits des époux ?

Le mariage n'établit pas seulement des obligations entre les deux époux, il produit encore des changements dans leur condition civile ; il entraîne notamment l'incapacité de la femme mariée.

D'où résulte cette incapacité ?

Elle résulte uniquement de la loi et par conséquent elle existe, quelque soient les conventions des époux en se mariant. Ces conventions peuvent seulement la rendre plus où moins étendue.

Quelles sont les causes qui l'on fait établir ?

Il y en a trois principales :

1º L'intérêt de la famille, qui demande l'unité d'administration.

2° Le peu d'aptitude que les femmes ont en général pour les affaires.

3° Le devoir d'obéissance, auquel elle sont tenues envers leur mari; devoir qui n'aurait pas toute son efficacité si elles conservaient leur indépendance à l'égard de leur fortune

Quels sont les actes que la femme ne peut pas faire sans autorisation de son mari?

Elle ne peut pas en général et sauf les exceptions que nous verrons ci-après :

1° Faire des actes de dispositions ; car aux termes de l'article 217, il lui est interdit d'aliéner, hypothéquer, acquérir à titre gratuit où onéreux sans le concours du mari dans l'acte , où son consentement par écrit.

2° Introduire une demande en justice, où y défendre sans l'autorisation de son mari, à moins qu'elle ne soit poursuivie en matière criminelle où de police. Le droit sacré de la défense lorsqu'il s'agit de la vie, de la liberté, où de l'honneur des personnes, doit en effet passer avant toute autre considération. (Art. 215. 216).

3° Contracter d'obligations, car les dettes entraînent l'aliénation forcée du débiteur, (art. 2092) à moins, toutefois, que les engagements qu'elle contracte n'aient pour objet l'administration de ses biens, au cas où elle lui a été laissée par son contrat de mariage.

4° Enfin acquérir à titre gratuit, recevoir aucune donation où legs sans l'autorisation de son mari. (Art. 117).

La femme autorisée à plaider en première instance aurait-elle besoin d'une nouvelle autorisation pour plaider en appel?

Non, à moins que l'autorisation qui lui a été donné n'ait été expressément restreinte à la procédure à suivre en première instance. Mais une nouvelle autorisation lui serait toujours nécessaire pour se pourvoir en cassation; parce que ce pourvoi est une voie extraordinaire d'attaquer les jugements.

Quels sont les actes que la femme mariée peut exceptionnellement faire sans autorisation ?

Elle peut :

1° Faire tous les actes d'administration qui concernent sa fortune, lorsqu'elle y est autorisée par son contrat de mariage.

2° Faire certains actes qui lui sont expressément permis par la loi, tels que : donner son consentement au mariage de ses enfants; (a. 148 et 149) — accepter en leur nom les donations qui leur sont offertes; (a. 935) — révoquer les donations qu'elle a faites elle-même à son mari pendant le mariage; (a. 1096) — faire inscrire son hypothèque légale, (art. 2139) — et enfin faire son testament. (Art. 226).

3° S'acquitter de sobligations qui proviennent du dommage qu'elle a volontairement où involontairement causé à autrui.

4° Faire des actes conservatoires, comme par exemple, interrompre une prescription, pourvu d'ailleurs que ces actes ne l'entraînent pas à ester en justice.

Comment la femme mariée est-elle relevée de son incapacité ?

Elle en est relevée en obtenant pour l'acte qu'elle veut faire, où pour le différend qu'elle veut porter devant les tribunaux, l'autorisation de son mari, où à son défaut celle de justice.

A quel moment le mari doit-il donner son autorisation ?

Il doit la donner, soit avant l'acte qu'elle concerne, soit au moment même où il s'accomplit. (Art. 217).

L'autorisation qui ne serait accordée qu'après l'accomplissement de l'acte aurait bien pour effet d'obliger le mari, mais elle ne rendrait pas valable l'engagement qui a été contracté par la femme avant que cette autorisation n'eut été accordée.

12

Dans quel cas la femme mariée peut-elle obtenir une autorisation de justice ?

Elle peut l'obtenir dans trois cas :

1º Lorsque le mari lui refuse injustement son autorisation.

2º Lorsqu'il est mineur, interdit, où absent.

3º Lorsqu'il subit une condamnation afflictive où infamante. (Art. 218, 221, 222, 224).

L'autorisation de justice est-elle aussi étendue que celle du mari ?

Non, l'autorisation du mari est absolument nécessaire, et ne peut être remplacée par celle de justice dans les trois cas suivants :

1º Pour que la femme puisse exercer un commerce séparé ;

2º pour qu'elle puisse aliéner un immeuble dotal en vue de l'établissement de ses enfants;

3º pour qu'elle puisse enfin accepter les fonctions d'exécuteur testamentaire. (Art. 1556, 1029).

L'autorisation entraîne-t-elle des engagements pour le mari ?

Cela dépend :

Si c'est avec l'autorisation du mari que la femme s'est obligée, il devient lui-même responsable de son engagement.

Si c'est avec l'autorisation de justice, il n'est tenu en aucune façon pour les obligations qu'elle contracte.

L'autorisation du mari peut-elle être générale?

Non, parcequ'une telle autorisation aurait pour effet de relever complètement la femme de son incapacité, ce qui serait contraire à la loi. (Art. 223).

Cette autorisation doit-elle être expresse ?

Elle peut être expresse où tacite.

Elle est expresse lorsqu'elle est donnée verbalement, où

par écrit; elle est tacite lorsque le mari a concouru à l'acte.

L'autorisation d'ester en justice ne peut-elle pas être donnée de deux manières, suivant que la femme est demanderesse où défenderesse?

Oui; lorsque la femme est demanderesse, elle doit être donnée de la même manière que s'il s'agissait d'un acte à faire, c'est-à-dire expressément où tacitement par le concours du mari dans l'instance ; il faut au contraire qu'elle soit donné sur l'assignation que la partie adverse adresse au mari pour avoir à autoriser sa femme, lorsque cette dernière est défenderesse.

Que doit faire la femme mariée pour obtenir une autorisation de justice ?

1º Si son mari est présent, elle doit lui faire d'abord une sommation de l'autoriser, et sur son refus, adresser une requête au président du tribunal de son domicile. Après avoir entendu le mari dans la chambre du conseil, le tribunal statuera sur l'autorisation.

2º S'il est absent où incapable, elle adressera simplement une requête motivée au président du tribunal. Le tribunal statuera ensuite sur l'autorisation, après avoir entendu le rapport d'un juge. (Art. 219, 220, 222).

Quelles sont les personnes qui peuvent seules invoquer la nullité des actes faits par la femme non autorisée ?

Le mari et la femme où ses héritiers peuvent seuls invoquer la nullité des actes faits par la femme sans autorisation. (Art. 225).

Le mari peut l'invoquer pendant dix ans à partir du jour où il en a eu connaissance.

La femme où ses héritiers peuvent exercer le même droit pendant dix ans à partir de la dissolution du mariage. Quant aux tiers qui ont contracté avec la femme, ils ne peuvent plus comme dans l'ancien droit, demander la nullité du contrat.

La femme commerçante, n'a-t-elle pas une capacité exceptionnelle?

Oui, elle peut en vertu de l'autorisation générale de faire le commerce qu'elle a reçue de son mari, acheter, vendre, échanger, s'obliger, accomplir en un mot tous les actes qui se rapportent à son commerce. Elle reste d'ailleurs incapable pour tous les autres actes qui n'ont pas directement en vue ses affaires commerciales. (Art 220).

La femme qui fait le commerce pour le compte de son mari jouit-elle de la même capacité?

Non, la femme commerçante n'est capable qu'autant qu'elle fasse le commerce pour son propre compte. L'orsqu'elle ne fait que détailler les marchandises du commerce de son mari, elle est réputée sa mandataire, et par conséquent elle l'oblige sans s'obliger elle-même.

La femme qui fait le commerce pour son propre compte oblige-t-elle son mari pour les actes de son commerce?

Elle l'oblige lorsqu'ils sont mariés sous le régime de communauté, car elle n'agit qu'en vertu de son autorisation.

CHAPITRE VII

De la dissolution du mariage.

Article 217.

Comment le mariage est-il dissous?

Sous l'empire du Code le mariage était dissous :

1° par la mort naturelle;

2° par le divorce légalement prononcé;

3° par la mort civile.

Depuis l'abolition du divorce par la loi de 1816, et l'abolition de la mort civile par la loi de 1854, le mariage n'est plus dissous que par la mort naturelle.

CHAPITRE VIII

Des seconds mariages.

Articles 228.

Les époux peuvent-ils se remarier immédiatement après la dissolution du mariage ?

Il faut distinguer :

Le mari peut se remarier immédiatement après la dissolution du mariage; mais la femme ne peut le faire que dix mois après.

Nous avons vu précédemment pour quels motifs ces dix mois de viduité lui ont été imposés.

————

LIVRE I. TITRE VI.

—

DU DIVORCE.

—

Le divorce introduit dans notre législation par la loi du 20 septembre 1792, a été ensuite aboli par celle de 1816.

En même temps que le divorce qui produit la dissolution du mariage, les auteurs du Code avaient admis la séparation de corps, qui fait seulement cesser la cohabitation. On voulait ainsi donner aux catholiques, qui regardent le mariage comme indissoluble, la faculté d'échapper à une vie commune insupportable sans être obligés de recourir à des moyens qui répugneraient à leur conscience. La séparation de corps a donc été établie pour tenir lieu du divorce. Aussi les dispositions législatives qui leur étaient communes, ont conservé toute leur autorité à l'égard de la séparation de corps. Ces dispositions sont contenues dans les articles 229, 230, 231, 232, 234, 235, 251, 268, 260, 271, 272, 273, 274, 298, 299, 301, 302.

Le titre du divorce n'a qu'un chapitre, qui soit complètement applicable aujourd'hui. C'est le chapitre V, de la séparation de corps.

CHAPITRE V

De la séparation de corps.

Articles 306 à 311.

Quel est l'objet de ce chapitre?

L'objet de ce chapitre est d'examiner les causes et les effets de la séparation de corps, ainsi que la procédure à suivre pour l'obtenir.

§ I. — Des causes de la séparation de corps.

Qu'est-ce que la séparation de corps ?

La séparation de corps consiste dans la faculté accordée par la justice à chaque époux d'avoir un domicile distinct et séparé.

Quelles sont les causes de séparation de corps ?

De même qu'il y avait trois causes déterminées du divorce, il y a trois causes de séparation de corps; ce sont :

1° l'adultère ;

2° les excès, sévices, ou injures graves ;

3° la condamnation de l'un des époux à une peine infamante.

On entend par *excès*, les violences qui mettent la vie de la personne en danger ; par *sévices*, les mauvais traitements qui par leur répétition rendent la vie commune insupportable ; et par *injures*, les actes ou les propos qui portent gravement atteinte à l'honneur ou à la considération. Les tribunaux ont pleine liberté d'appréciation à cet égard. (Art. 306, 329, 231, 232).

L'adultère est-il toujours une cause de séparation de corps ?

Il faut distinguer :

L'adultère de la femme est toujours une cause de séparation du corps, en quelque lieu et de quelque manière qu'il soit commis.

L'adultère du mari n'est, au contraire, une cause de séparation de corps, que lorsqu'il entretient une concubine dans la maison commune; c'est-à-dire dans la maison qui est destinée à sa résidence et à celle de sa femme. (Art. 229, 230).

L'adultère de la femme n'est-il pas puni plus sévèrement que celui du mari?

Oui, aux termes de l'article 308, la femme convaincue

d'adultère, encourt un emprisonnement de trois mois à deux ans; tandis qu'aux termes de l'article 339 du Code pénal, le mari qui s'est rendu coupable du même délit n'est condamné qu'à une amende. (c. p. 339). On conçoit d'ailleurs, que l'adultère de la femme soit puni plus sévèrement que celui du mari, car il a des conséquences bien plus graves.

Quelles sont les fins de non recevoir qui peuvent être opposées à une demande en séparation de corps ?

Ce sont :

1° La mort de l'un des conjoints.

2° La condamnation des deux époux à une peine infamante.

3° La réconciliation entre les deux époux, lorsqu'elle a eu lieu soit depuis la demande en séparation, soit depuis les faits sur lesquels elle s'appuie.

Les faits antérieurs ne sont pas cependant complètement effacés par la réconciliation ; ils pourraient être invoqués si des faits nouveaux survenus depuis cette réconciliation étaient venu motiver une nouvelle demande. (Art. 272, 273).

Pourquoi le consentement mutuel des époux, qui constituait une cause du divorce, n'est-il pas également une cause de séparation de corps ?

C'est parce que les époux peuvent, s'ils le désirent, se séparer amiablement de fait sans faire intervenir la justice pour prononcer une séparation légale ; tandis que la dissolution du mariage n'aurait pu avoir lieu, sans que le divorce n'eut été judiciairement prononcé.

Peut-on repousser la demande en séparation de corps, en alléguant qu'il existe des torts de la part des deux époux ?

Cela dépend :

Si les torts consistent en excès, sévices ou injures graves,

on ne pourrait repousser la demande en séparation en alléguant qu'ils sont réciproques, parce qu'ils n'en rendent pas
moins dans ce cas la vie commune insupportable :

S'ils consistent dans l'adultère, l'époux contre lequel on
fait valoir ce grief, ne pourrait pas davantage et pour les
mêmes motifs en opposer la réciprocité comme une fin de
non recevoir.

Si enfin ils consistent dans la condamnation à une peine
infamante, l'époux contre lequel on l'invoque peut très bien,
au contraire, en opposer la réciprocité pour repousser la demande en séparation.

§. II. — Des effets de la séparation de corps.

Quels sont les effets de la séparation de corps ?

Les effets de la séparation de corps consistent :

1° A faire cesser l'obligation du domicile commun.

2° A entraîner la séparation de biens.

3° Enfin, suivant une opinion généralement admise, à faire
perdre à l'époux contre lequel elle est prononcée tous les
avantages pécuniaires qu'il a reçu de son conjoint. (Art. 300,
311).

Comment la séparation de corps peut-elle cesser ?

Elle peut cesser par le consentement réciproque des époux.
Ce consentement doit d'ailleurs être constaté par un acte
authentique et être rendu public comme la séparation l'a été,
afin d'avertir les tiers qui pourraient avoir à traiter avec les
époux du rétablissement de la communauté.

La réconciliation survenue depuis la séparation de corps
n'enlève pas aux époux le droit de former une nouvelle demande en séparation, pourvu qu'elle soit fondée sur de nouveaux griefs. (Art. 272, 273).

§ III. — De la procédure à suivre pour obtenir la séparation de corps.

Comment se forme la demande en séparation de corps ?

Elle se forme au moyen d'une requête adressée au président du tribunal civil, à la suite de laquelle les deux époux sont invités à comparaître seuls à seuls devant lui, afin de se réconcilier, s'il est possible.

Si la réconciliation n'a pas eu lieu, la demande est portée devant le tribunal civil pour y être jugée en la forme ordinaire. Un premier jugement autorise la femme à se retirer provisoirement du domicile commun. Un second jugement lui alloue, s'il est nécessaire, une pension alimentaire. (Art. 268).

Ensuite, le tribunal décide s'il y a lieu d'ordonner une enquête à l'égard des faits qui ont été articulés dans la requête; puis il rend un jugemement définitif, après avoir entendu le ministère public en ses conclusions. (Art. 307).

Les tribunaux civils n'ont-ils pas une compétence exceptionnelle à l'occasion des demandes en séparation de corps ?

Oui, lorsque la demande est fondée sur l'adultère de la femme, ils peuvent en prononçant la séparation de corps, la condamner en outre à un emprisonnement de trois mois à deux ans. (Art. 308).

Si le mari veut obtenir une condamnation pénale contre sa femme sans faire prononcer la séparation de corps il doit s'adresser au tribunal correctionnel.

LIVRE I. TITRE VII.

DE LA PATERNITÉ ET DE LA FILIATION.

On entend par ces mots paternité et *filiation*, le lien que la procréation établit entre les père et mère et leurs enfants. Considéré par rapport aux enfants, ce lien s'appelle filiation ; considéré par rapport aux parents il porte le nom de paternité.

La filiation est légitime, légitimée, naturelle, adultérine, incestueuse, où adoptive.

Elle est *légitime*, lorsque l'enfant est né de parents unis par le mariage.

Elle est *légitimée*, lorsqu'il est né de parents qui ne sont mariés qu'après sa conception.

Elle est *naturelle*, lorsqu'il est né de personnes qui n'étaient pas unies, mais qui pouvaient s'unir par le mariage.

Elle est *adultérine* lorsqu'il est né de personnes dont l'une au moins était mariée avec une autre personne.

Elle est *incestueuse* lorsqu'il est né de personnes parentes au degré prohibé.

Enfin, elle est *adoptive*, lorsqu'il n'existe qu'un lien purement légal entre l'enfant et ses père et mère.

La filiation produit des droits très importants, et qui sont plus où moins étendus suivant son espèce. Il importe donc de déterminer les règles et les conditions de chaque sorte de filiation. Tel est l'objet de notre titre.

Le titre de la filiation se divise en trois chapitres qui traitent :

Chapitre I. — De la filiation des enfants légitimes.

Chapitre II. — Des preuves de la filiation des enfants légitimes.

Chapitre III. — Des enfants naturels.

CHAPITRE I

De la filiation des enfants légitimes.

articles 312 à 318.

Quels sont les enfants qui peuvent prétendre à la qualité d'enfants légitimes ?

Il y a trois classes d'enfants qui peuvent prétendre à la qualité d'enfants légitimes, savoir :

1º Les enfants conçus et nés dans le mariage.

2º Les enfants conçus avant le mariage, mais nés depuis qu'il a été contracté.

3º Les enfants conçus dans le mariage, mais nés après sa dissolution.

Relativement à ces trois classes d'enfants nous déterminerons dans ce chapitre :

1º Comment s'établit la filiation légitime.

11º Comment elle peut être attaquée par les actions en désaveu et en contestation de légitimité.

§ I. — Comment s'établit la filiation légitime

Quels sont les faits que doit prouver l'enfant qui veut établir sa filiation légitime ?

Il doit prouver les quatre faits suivants :

1º que la femme dont il se dit l'enfant est mariée ou l'a été ;

2º que cette femme est accouchée ;

3° qu'il est l'enfant dont elle est accouchée ;

4° qu'il est issu des œuvres de son mari.

Ainsi, l'enfant doit se rattacher d'abord à sa mère et établir ensuite sa filiation par rapport à son père. Pour être logique le législateur aurait du suivre le même ordre ; il aurait du déterminer tout d'abord de quelle manière l'enfant prouvera l'accouchement de sa mère, et son identité ; mais il a, au contraire, interverti cet ordre et voici comment :

La matière de la filiation légitime comprend deux chapitres. — Dans le premier, le législateur supposant établi le mariage de la mère et son accouchement, ainsi que l'identité de l'enfant, trace les règles au moyen desquelles cet enfant prouvera qu'il est issu du mari de sa mère.

Une fois l'enfant rattaché à son père, le législateur revenant en arrière, détermine ce que doit faire l'enfant pour se rattacher à sa mère. Quant à la manière dont il fera la preuve du mariage de celle-ci, nous n'avons plus à nous en occuper; il nous suffit de renvoyer à ce que nous avons dit précédemment sur la preuve du mariage.

Comment, en supposant établi le lien qui unit un enfant à sa mère et le mariage de celle-ci, l'enfant prouvera-t-il qu'il est issu des œuvres du mari ?

Avant de répondre à cette question, nous devons tout d'abord faire observer que la preuve directe en est impossible à fournir, parceque la conception ne se révèle pas par des signes extérieurs. Mais pour y suppléer, le législateur a établi deux présomptions qui reposent toutes les deux sur de graves probabilités et qui doivent servir de règles et tenir lieu de preuves dans tous les cas où elles ne sont pas contredites par des circonstances exceptionnelles. Ce sont les présomptions *is est pater quem nuptiæ demonstrant*, ainsi que la période légale de conception — présomption qui reviennent à dire que l'enfant qui est né dans le mariage a pour père le mari, et que l'enfant qui vient de naître a été conçu à un certain moment.

Sur quelles probabilités la présomption is est pater quem nuptiæ demonstrant est-elle fondée?

Elle est fondée sur de l'accomplissement des fins légales et des devoirs du mariage : 1° sur la cohabitation des époux. — 2° Sur la fidélité de la femme. Ainsi, pour l'établir, le législateur part de cette idée que les rapports qui naissent de la cohabitation ont eu lieu entre les époux, et que ces rapports n'ont eu lieu qu'entre les époux. Cette présomption serait néanmoins inutile si l'on ne connaissait pas le moment où l'enfant qui vient de naître a pu être conçu.

De quelle manière le moment de la conception est-il déterminé ?

Le moment de la conception ne pouvant être connu que d'une façon très-incertaine, la loi, pour obvier aux inconvénients de cette incertitude, l'a déterminé elle-même d'une façon absolue. S'appuyant à cet égard sur la science physiologique elle a établi en principe :

1° Que l'enfant ne peut naître que 180 jours après sa conception ;

2° qu'il ne peut naître que 300 jours au plus après cette conception.

Ainsi, la conception doit être placée dans un intervalle de 120 jours, qui commence, en remontant en arrière à partir du jour de la naissance, au 180ᵉ jour, pour finir au 300ᵉ. Cet intervalle de 120 jours qui constitue la période légale de la conception, période doit coïncider avec le mariage des père et mère, pour que la présomption *is est pater* puisse recevoir son application.

Quelles sont les conséquences qui résultent du concours de ces deux présomptions ?

Le concours de ces deux présomptions produit les conséquences suivantes :

1° Si le mariage existe depuis plus de 180 jours, l'enfant

qui vient à naître est réputé conçu et né durant le mariage, — il a pour père légitime le mari.

2° Si le mariage existe depuis moins de 180 jours, l'enfant qui vient à naître est réputé conçu avant le mariage ; mais, comme il est né depuis qu'il a été contracté, on lui donne pour père le mari, à moins que celui-ci n'y forme opposition.

3° Si le mariage est dissous depuis moins de 300 jours, l'enfant qui vient à naître est réputé conçu dans le mariage, il a pour père le mari.

On voit par là, comment en invoquant ces deux présomptions, l'enfant peut établir sa filiation légitime par rapport à son père. — Il nous reste à examiner de quelle manière on paralyse, l'efficacité de la présomption *is est pater*, en démontrant qu'elle est inapplicable. C'est là l'objet des actions en désaveu et en contestation de légimité, dont nous allons parler dans le paragraphe suivant.

§ I. — Comment la filiation de légitime peut être attaquée par les actions en désaveu et en contestation de légitimité.

L'action en désaveu est celle par laquelle le mari répudie la paternité des enfants issus dans le mariage, en prouvant que la présomption *is est pater* se trouve inapplicable à son égard à raison d'une circonstance exceptionnelle.

Quel est le fondement de l'action en désaveu ?

Ainsi que nous l'avons dit, la présomption de paternité du mari repose sur ces deux faits ; la cohabitation des époux et le fidélité de la femme. Cette présomption ne conserverait donc pas toute sa force probante si le mari pouvait établir avec certitude, soit le défaut du cohabitation, soit l'infidélité de la femme.

Mais, d'un autre côté, l'action en désaveu est une action toute exceptionnelle, elle ne peut être exercée que dans certains cas prévus par la loi ; hors ces cas, quelque certitude que puisse avoir le mari qu'il n'est pas le père des enfants issus du mariage, quelque soient les preuves qu'il offre de produire, sa demande doit être rejetée.

Quelles sont les enfants contre lesquels on peut intenter l'action en désaveu?

On peut l'intenter, soit contre les enfants conçus et nés pendant le mariage, soit contre les enfants conçus avant le mariage et nés depuis qu'il a été contracté.

A l'égard de la troisième classe d'enfants, de ceux qui sont nés après la dissolution du mariage il existe une autre action, l'action en *contestation de légitimité* qui ne peut pas être exercée comme l'action en désaveu par le mari lui-même, mais seulement par ses héritiers.

Dans quels cas l'action en désaveu peut-elle être formée?

Elle peut être formée dans les quatre cas suivants :

1° Lorsque le mari allègue l'impossibilité de la cohabitation pendant la période légale de conception, en se fondant sur son éloignement, ou sur un accident qui lui est survenu depuis le mariage.

2° Lorsqu'il allègue l'improbabilité de la cohabitation pendant cette période, en se fondant sur les effets du jugement qui a prononcé la séparation de corps.

3° Lorsqu'il allègue l'invraisemblance de la cohabitation durant cette période, en se fondant sur l'adultère de la femme, et le recel de l'enfant.

4° Enfin lorsqu'il allègue que l'enfant a été conçu avant le mariage, en se fondant sur la période légale de gestation.

les trois premiers cas se rapportent aux enfants conçus et nés dans le mariage, le dernier concerne, au contraire, les enfants conçus hors mariage.

1er cas. — *Que doit prouver le mari qui intente l'action en désaveu en alléguant l'impossibilité physique de la cohabitation?*

Pour être admise cette impossibilité doit, ainsi que nous

l'avons dit, résulter, soit de l'éloignement du mari, soit d'un accident qui lui serait survenu postérieurement au mariage. Le mari qui la fait valoir est donc tenu de prouver l'existence de l'un de ces deux faits, au moment de la période légale de conception.

Le code ne détermine ni les conditions de cet éloignement, ni la nature de cet accident. Il laisse aux tribunaux, et avec raison, le soin d'apprécier quand ils ont pu rendre impossible les rapports des époux ; il refuse, d'ailleurs, formellement au mari la faculté d'invoquer son impuissance naturelle puisque la preuve en serait à la fois scandaleuse et incertaine. (Art. 312, 313.)

2ᵉ cas. — *Que doit prouver le mari qui intente l'action en désaveu, en alléguant l'improbabilité de la cohabitation résultant de la demande en séparation de corps qui a été formée?*

Il faut distinguer :

Si la séparation a été prononcée, il doit prouver que l'enfant est né plus de 300 jours après l'ordonnance du président qui a autorisé la femme à habiter un domicile séparé.

Si elle a été rejetée, il doit prouver que l'enfant est né avant qu'il se soit écoulé 180 jours, depuis que la femme est rentrée au domicile commun d'où elle avait été autorisée à se retirer pendant l'instance.

S'il avait eu un rapprochement entre les époux, après que la séparation de corps a été prononcée, ce serait à l'enfant ou à la mère à prouver que ce rapprochement a eu lieu; car la séparation de corps établit en faveur du mari une présomption de non cohabitation. (Loi de 1850.)

3ᵉ cas. — *Que doit prouver le mari qui intente l'action en désaveu, en alléguant l'invraisemblance de la cohabitation par suite de l'adultère de la femme et du recel de l'enfant?*

Faisons d'abord une observation qui mérite d'être signalée.

Dans les deux cas précédents de l'action en désaveu, le mari n'a qu'un seul fait à prouver; il doit procurer soit l'éloignement, soit l'accident, soit la séparation de corps. Ici, au contraire, il a deux preuves à faire. Il doit non-seulement établir ce fait complexe de l'adultère de la femme et du recel de l'enfant, mais encore cet autre fait, dont il pourra démontrer l'exactitude par tous les moyens en son pouvoir, qu'il n'est pas le père de l'enfant. Ainsi la première preuve ne détruit pas la présomption de paternité, elle l'affaiblit seulement. Son effet consiste à faire accorder au mari la faculté d'employer la seconde. (Art. 313.)

4ᵉ cas. — *Que doit prouver le mari qui intente l'action en désaveu, en alléguant que l'enfant a été conçu avant le mariage?*

Il n'a qu'à prouver que le mariage n'existe pas, depuis plus de 180 jours.

Toutefois, aux termes de l'article 314, son action n'est plus recevable :

1° s'il a eu connaissance de la grossesse de la femme avant le mariage;

2° s'il a assisté à l'acte de naissance et si cet acte est signé de lui, ou s'il porte la déclaration qu'il ne sait pas signer;

3° si l'enfant n'est pas né viable.

L'enfant né avant le cent-quatre vingtième jour du mariage et non désavoué, est-il un enfant légitime, ou un enfant légitimé?

Avant de répondre à cette question, il faut en montrer l'intérêt. Or, cet intérêt consiste en ce que l'enfant légitimé ne peut pas, comme l'enfant légitime, recueillir les successions qui se sont ouvertes à son profit au moment où il n'était encore que conçu

On décide généralement que l'enfant dont il s'agit est bien un enfant légitimé et non un enfant légitime ; car l'art. 312

ne compte parmi les enfants légitimes que ceux qui ont été conçus dans le mariage.

Par qui l'action en désaveu peut-elle être intentée ?

Elle ne peut être intentée que par le mari ou ses héritiers, lorsqu'il est mort avant l'expiration des délais qui lui sont accordés pour cela. Mais il y a entre le mari qui l'exerce et ses héritiers cette différence, que le premier a surtout un intérêt moral à défendre, tandis que les autres défendent un intérêt purement pécuniaire ; d'où il résulte, que les héritiers qui ont renoncé à la succession ne sont pas recevables à exercer l'action.

Dans quels délais l'action en désaveu doit-elle être intentée?

Il faut distinguer :

Si c'est le mari qui l'exerce, elle doit être intentée par lui dans le délai d'un mois, à partir du jour de la naissance de l'enfant, — à moins toutefois que la naissance ne lui ait été cachée ou qu'il se soit trouvé absent. Dans ces deux cas on lui accorde un délai de deux mois qui ne commence à courir qu'à dater du jour de son retour, ou de la découverte du recel. (Art. 316.)

Ces délais une fois expirés, la légitimité de l'enfant est désormais inattaquable. Mais si, au contraire, le mari meurt avant leur expiration, le droit de former l'action en désaveu passe à ses héritiers.

Lorsque ce sont ces derniers qui l'exercent, comme ils ne l'exercent qu'en vue d'un intérêt purement pécuniaire, ils ne peuvent l'intenter qu'à partir du moment où cet intérêt a pris naissance; par exemple à partir du moment où l'enfant s'est mis possession de la succession du mari. Le délai de leur action sera de deux mois, à partir de cet événement. (Art. 317.)

Ces délais ne peuvent-ils pas être prorogés ?

Oui, aux termes de l'art. 318, le mari ou ses héritiers peuvent les proroger d'un mois, en désavouant l'enfant par acte extra-judiciaire, c'est-à-dire par un acte notarié, où un exploit d'huissier.

Une autre disposition du même article exige qu'un tuteur *ad hoc* soit donné à l'enfant, même dans le cas où il aurait un tuteur ordinaire, pour défendre à l'action en désaveu. Ce tuteur sera nommé par le tribunal et non par le conseil de famille, parceque ce conseil est le plus souvent composé de ceux là même qui ont intérêt à contester la légitimité de l'enfant?

Qu'est-ce que l'action en contestation de légitimité?

L'action en contestation de légitimité est celle par laquelle on prétend que l'enfant qui est né après la dissolution du mariage, n'a pas été conçu dans le mariage et ne peut dès lors être considéré comme un enfant légitime.

Pour établir ce fait, il suffit de prouver que l'enfant est né plus de 300 jours après la dissolution du mariage. (Art. 315.)

Pourquoi l'enfant qui est né plus de 300 jours après la dissolution du mariage, n'est-il pas considéré de plein droit comme un enfant conçu hors du mariage, ce qui aurait dispensé d'intenter contre lui l'action en contestation de légitimité?

C'est parce qu'il peut arriver que personne n'ait intérêt à intenter cette action ; par exemple, si la succession du mari est de peu de valeur. Il est alors préférable de laisser à l'enfant une qualité qui ne cause aucun préjudice à autrui.

Les tribunaux ont-ils la faculté de maintenir la légitimité de l'enfant qui est né plus de 300 jours après la dissolution du mariage, lorsque cette légitimité est contestée?

Quelques auteurs s'appuyant sur le texte de l'article 315, aux termes duquel la légitimité de l'enfant né plus de 300 jours après la dissolution du mariage *pourra* être contestée, décident que les tribunaux ont la faculté de la maintenir, parcequ'il est possible que la grossesse excède quelquefois sa durée légale. (M. Bugnet.)

Mais, suivant l'opinion la plus générale, cette expression de l'article 315 *pourra* être contestée, fait allusion à la faculté qu'ont les héritiers d'intenter ou de ne pas intenter l'action ; elle ne s'applique nullement aux juges ; ceux-ci ne peuvent pas maintenir la légitimité de l'enfant, dès qu'on oppose qu'il est né 300 jours après la dissolution du mariage, (M. Valette.)

Quelles sont les personnes qui peuvent intenter l'action en contestation de légitimité ?

Les termes généraux de l'article 315 autorisent à décider que cette action peut, suivant le droit commun, être intentée par toutes les personnes qui y ont intérêt ; non-seulement par les héritiers du mari, mais encore par ceux de la mère et par l'enfant lui-même. Les mêmes motifs ont fait décider qu'elle ne peut être éteinte qu'au bout de trente ans, comme toutes les actions en général.

Les actions en désaveu et en contestation de légitimité doivent être portées devant les tribunaux civils, qui ne prononceront qu'après avoir entendu le ministère public en ses conclusions.

CHAPITRE II.

Des preuves de la filiation des enfants légitimes.

Articles 319 à 330.

Quel est l'objet de ce chapitre ?

Ainsi que nous l'avons fait remarquer dans le chapitre qui précède, l'enfant qui veut établir sa légitimité doit se rattacher d'abord à sa mère, prouver que celle-ci a été ou est mariée, et se rattacher ensuite à son père. Supposant établis les premiers faits, nous avons en suivant l'ordre du code, abordé l'examen de la présomption *is est pater*, au moyen de laquelle la paternité se lie à la maternité.

Nous devons maintenant revenir sur nos pas et examiner quels sont les faits dont l'enfant doit fournir la preuve pour se rattacher à sa mère. Ainsi que nous l'avons dit, il est tenu de prouver : 1° que la femme dont il se dit l'enfant est accouchée; — 2° qu'il est l'enfant dont elle est accouchée. Or, il établira ces deux faits :

1° soit par l'acte de naissance;

2° soit par la possession d'état;

3° soit par témoins.

§ I. — Preuve par l'acte de naissance.

Quelle est la force probante de l'acte de naissance pour établir la filiation légitime?

Aux termes de l'article 319, l'acte de naissance inscrit sur les registres de l'état civil prouve la filiation légitime; mais cette proposition ne doit être acceptée qu'avec certaines réserves. D'abord, cet acte n'établit que l'accouchement de la mère, il reste sans effet en ce qui concerne l'identité de l'enfant ; de plus, cette preuve même de l'accouchement qui en résulte, n'est pas inattaquable; puisque l'officier de l'état civil qui dresse l'acte n'affirme pas avoir vu l'accouchement, mais affirme seulement qu'on le lui a fait connaître. C'est ce qui explique pourquoi l'acte de naissance, lorsqu'il n'est pas appuyé d'une possession d'état conforme, peut être combattu par la preuve testimoniale.

Les irrégularités contenues dans l'acte de naissance lui enlèvent-elles sa force probante?

Non, elles ne lui enlèvent pas sa force probante, pourvu que le fait de l'accouchement et la désignation de la per-

sonne accouchée y soient clairement exprimés. Ainsi, lors
même que le nom du père n'y aurait pas été porté, cet acte
n'en produirait pas moins tous ses effets à l'égard de la mère,
parcequ'on pourrait facilement suppléer à cette omission
au moyen de la règle *is est pater*. (MM. Bugnet, Valette.)

*De quelle manière l'enfant prouvera-t-il son identité,
puisqu'il ne peut l'établir par son acte de naissance?*

Il pourra la prouver par tous les moyens en son pouvoir;
par titres, par témoins, et même par de simples présomptions.

§ II. — Preuve par la possession d'état.

*Quel est le fondement de la force probante de la posses-
sion d'état?*

La force probante de la possession d'état repose sur ce
principe : que celui qui est en possession d'une chose, doit,
jusqu'à preuve contraire, être considéré comme ayant le
droit de la posséder.

*La force probante de la possession d'état est-elle plus
forte, ou est-elle au contraire moins forte que celle qui résulte de l'acte de naissance?*

Elle est moins forte que celle qui résulte de l'acte de
naissance, puisqu'aux termes de l'ar. 320, elle ne doit être
invoqué qu'à *défaut* de cet acte. Mais, d'un autre, elle est
plus étendue que cette dernière parcequ'ele prouve en
même temps l'accouchement de la mère et l'identité de l'enfant.

*Quels sont les éléments dont se compose la possession
d'état?*

Elle se compose de trois éléments principaux, qui sont :

Nomen, c'est-à-dire le fait que l'enfant a toujours porté le
nom de celui qu'il désigne comme son père.

Tractatus, c'est-à-dire le fait qu'il a toujours été traité comme un enfant légitime par la famille.

Fama, c'est-à-dire le fait qu'il a toujours été regardé par le public comme appartenant à cette famille. (Art. 321.)

Quelles sont les qualités essentielles que doit avoir la possession d'état pour servir de preuve à la filiation légitime?

Elle doit avoir deux qualités :

1° il faut qu'elle soit *constante*, c'est-à-dire qu'elle ait existé d'une façon continue.

2° Il faut qu'elle soit incontestable tant à l'égard de la mère qu'à l'égard du père, c'est-à-dire que l'enfant ait été traité par tous les deux comme un enfant légitime.

La preuve qui résulte de la possession d'état est-elle inattaquable en elle-même?

Non, car elle ne peut être invoquée contre l'acte de naissance, et de plus elle est susceptible d'être combattue par la preuve testimoniale.

Toutefois cette dernière preuve ne pourrait être opposée si la possession d'état était conforme à l'acte de naissance. La preuve qui résulterait de cette conformité aurait une telle force, qu'aucune autre ne pourrait réunir plus d'éléments de certitude. (Art. 322.)

§ III. — Preuve par témoins.

A quelles conditions est-il permis d'établir la filiation légitime par la preuve testimoniale?

Il faut distinguer :

Lorsque l'acte de naissance ne peut pas être représenté, parceque les registres sur lesquels il devait être inscrit ont été perdus ou détruits, ou n'ont pas existé, on peut établir la filiation légitime par la preuve testimoniale sans aucune condition. C'est là le cas prévu par l'article 46.

Mais, lorsqu'au contraire l'enfant n'a pas établi cette impossibilité de représenter l'acte de naissance, ou lorsqu'il veut le contredire, la preuve testimoniale n'est admise qu'autant qu'il y a déjà un commencement de preuve par écrit, ou des indices graves et dès lors constants, qui rendent sa prétention vraisemblable (Art. 323.)

Qu'entend-on par un commencement de preuve par écrit ?

On entend par là, toute présomption favorable qu'on pourrait tirer de titres de famille, registres ou papiers domestiques; ou de tous actes émanant d'une personne engagée dans la contestation , ou qui aurait, si elle était vivante, un intérêt contraire à celui de l'enfant. (Art. 324.)

Qu'entend-on par indices graves?

On entend par là, les indices qui peuvent résulter, soit des objets trouvés sur la personne de l'enfant et qui ont appartenu à celle qu'il prétend être sa mère, soit de la ressemblance qu'il a avec elle, soit de tous autres faits, dont les juges auront à apprécier la gravité. Aux termes de l'article 323, les faits allégués par l'enfant doivent être déjà *constants*, c'est-à-dire qu'ils doivent être déjà prouvés.

Lorsque la maternité n'est établie que par la preuve testimoniale, le mari ne pourrait-il pas établir de la même manière qu'il n'est pas le père de l'enfant ?

Oui, l'article 325 lui en accorde la faculté. Le législateur ne l'oblige pas ici à intenter l'action en désaveu pour faire tomber la présomption *is est pater;* parceque cette présomption ne possède pas toute sa force probante, lorsqu'au lieu de s'être rattaché à sa mère par un lien certain et régulier, comme celui qui résulte de l'acte de naissance, l'enfant n'a pu établir la maternité que par la preuve testimoniale.

*Comment appelle-t-on l'action par laquelle on peut éta-
blir sa filiation légitime, et par qui cette action peut-elle être
intentée ?*

On l'appelle action en réclamation d'état. Elle ne peut être
intentée que par l'enfant lui-même ou par ses héritiers. Elle
est d'ailleurs imprescriptible pour l'enfant, tandis que pour
ses héritiers, elle devient non recevable dans les trois cas
suivants :

1° lorsque leur auteur est mort sans l'exercer et qu'il était
majeur depuis cinq ans au moins;

2° lorsqu'après avoir intenté l'action il s'en est désisté,
soit expressément, soit en laissant passer trois années sans
poursuites;

3° lorsqu'il a expressément renoncé aux droits pécuniaires
qui pouvaient résulter de sa qualité d'enfant. (Art. 328, 329,
330.)

*Quels sont les tribunaux compétents pour statuer sur les
actions en réclamation d'état?*

Ce sont les tribunaux civils. Ils ne doivent prononcer qu'a-
près avoir entendu le ministère public en ses conclusions.
(Art. 326.)

Aux termes de l'article 327, l'action criminelle contre un
délit de suppression d'état, ne pourra commencer qu'après
le jugement définitif sur la question d'état.

CHAPITRE III.

Des enfants naturels.

Ce chapitre n'est-il pas divisé en deux sections?

Oui ; il y a en effet deux actes au moyen desquels les enfants naturels obtiennent les droits de famille, savoir : la

légitimation qui les leur confère complètement, et la reconnaissance qui leur en procure seulement une partie. Ainsi nous traiterons :

Section 1re, de la légitimation.

Section 2e, de la reconnaissance.

PREMIÈRE SECTION.

De la légitimation des enfants naturels.

Art. 331 à 333.

Qu'est-ce que la légitimation ?

La légitimation est un acte par lequel un enfant qui n'est pas issu du mariage acquiert cependant tous les droits d'enfant légitime.

Quels sont les enfants qui doivent être légitimés ?

Il y a, comme nous l'avons dit, deux classes d'enfants naturels : les enfants naturels simples, et les enfants naturels adultérins ou incestueux. Ces derniers ne peuvent être ni légitimés ni reconnus. Ils sont privés de tous les droits de famille, et la seule faculté que la loi leur reconnaisse, consiste à pouvoir exiger de leurs parents qu'ils leur fournissent une pension alimentaire, ou qu'ils leur fassent apprendre un état. Le bénéfice de la légitimation n'appartient donc qu'aux enfants naturels simples. (Art. 331.)

Comment s'opère la légitimation ?

Elle s'opère de plein droit et sans aucune formalité par le mariage des père et mère ; mais à la double condition que ce mariage soit valable ou putatif et que l'enfant ait été reconnu, soit avant qu'il ait été contracté, soit dans l'acte même de célébration.

L'article 331 exclut d'une façon absolue, comme insuffisante pour la légitimation, toute reconnaissance postérieure au mariage.

Les enfants nés de personnes parentes ou alliées au degré prohibé pourraient-ils être légitimés, si leur père et mère venaient à se marier après avoir obtenu des dispenses?

Non. En effet, l'article 331 décide en termes formels que les enfants incestueux ne peuvent pas être légitimés par le mariage subséquent des père et mère. Or, cet article ne peut évidemment s'appliquer qu'en vue des cas où ce mariage serait devenu possible, par l'obtention des dispenses nécessaires.

Notons cependant que la jurisprudence de ces derniers temps s'est montrée plus favorable à la légitimation des enfants incestueux. Mais elle nous paraît en cela s'écarter du texte et de l'esprit de la loi; et pour le dire en passant, cette tendance qu'ont un certain nombre de tribunaux et de jurisconsultes à faire valoir des raisons d'équité et de convenance, lorsque les textes ne présentent pas de difficultés sérieuses d'interprétation, nous paraît infiniment fâcheuse; elle est plutôt propre à égarer les esprits qu'à les éclairer.

Quels sont les effets de la légitimation?

Ils consistent à procurer à l'enfant légitimé la jouissance de tous les droits d'enfants légitimes, à partir du mariage de ses père et mère. (Art. 333.)

Aux termes de l'article 332, la légitimation peut avoir lieu, même en faveur des enfants décédés qui ont laissé des descendants; et dans ce cas, elle profite à ces descendants.

DEUXIÈME SECTION.

De la reconnaissance des enfants naturels

Articles 334 à 342.

Comment s'établit la filiation naturelle?

La filiation naturelle s'établit, soit par une reconnaissance volontaire, c'est-à-dire par l'aveu spontané du père ou de la mère contenu dans un acte authentique; soit par une reconnaissance forcée, c'est-à-dire par une déclaration judiciaire.

Nous traiterons dans cette section :

1° de la reconnaissance volontaire;

2° de la reconnaissance forcée;

3° de la question de savoir si l'enfant peut invoquer la possession d'état pour établir judiciairement sa filiation naturelle;

4° des effets de la reconnaissance.

§ I. — De la reconnaissance volontaire.

La reconnaissance volontaire d'un enfant naturel ne peut-elle pas être faite de deux manières ?

Oui, elle peut être faite, soit dans l'acte de naissance, soit dans un acte authentique postérieur. (Art. 334.)

La simple mention du nom du père ou de la mère natu-turel sur l'acte de naissance, équivaut-elle à une reconnaissance ?

Non. En effet l'acte de naissance des enfants naturels n'est pas destiné à établir leur filiation, mais à constater leur identité. La reconnaissance doit donc y être faite d'une manière expresse et formelle ; elle doit émaner directement des parents, ou de leurs mandataires. Suivant une doctrine que nous avons repoussée, la mention du nom de la mère pourrait, il est vrai, servir de commencement de preuve par écrit, mais en admettant même cette doctrine, elle n'équivaudrait pas à une reconnaissance volontaire.

En quelle forme doit être faite la reconnaissance, lorsqu'elle est postérieure à l'acte de naissance ?

L'article 334 se borne à dire que la reconnaissance d'un

enfant naturel doit être faite par un acte authentique, lorsqu'elle ne l'aura pas été dans l'acte de naissance. En n'énonçant aucune autre condition, cet article autorise à décider que la reconnaissance est également valable, soit qu'elle ait été faite par acte notarié, soit qu'elle ait eut lieu devant un juge de paix, soit enfin qu'elle ait été constatée par un tribunal quelconque.

Par qui la reconnaissance peut-elle être faite?

Elle ne peut être faite que par le père ou par la mère, ou en leur nom par un mandataire. Aux termes de l'article 336, la reconnaissance du père, sans l'indication et l'aveu de la mère, ne produit d'effet qu'à l'égard du père. Cette disposition paraît au premier abord tout à fait inutile, on l'explique en faisant observer que dans le projet du code la reconnaissance du père devait être agréé par la mère. Le législateur ne jugeant pas à propos de maintenir cette disposition a voulu qu'elle fut abrogée expressément dans la crainte que son silence ne put donner lieu à de fausses interprétation. (M. Valette.)

A quel moment les enfants naturels peuvent-ils être reconnus?

A cet égard la loi ne fixe aucun délai. On doit en conclure qu'ils peuvent l'être à toute époque de leur existence, même lorsqu'ils ne sont que conçus, et même après leur décès, lorsqu'ils laissent une postérité légitime.

Suivant une opinion assez généralement admise, il serait même permis de les reconnaître, lorsqu'ils sont décédés sans laisser de postérité légitime. (M. Valette.)

La reconnaissance volontaire d'un enfant naturel peut-elle être attaquée?

Oui, elle peut être attaquée par tous ceux qui y ont intérêt; par exemple, par les personnes qui l'ont déjà reconnu ou qui voudraient le reconnaître, par les héritiers de celui de qui émane la reconnaissance, enfin, par la mère ou par l'enfant lui-même. (Art. 339.)

La contestation peut, d'ailleurs, être soulevée de diverses manières. Ainsi elle portera, soit sur la régularité de l'acte, soit sur la sincérité des déclarations qui y sont contenues, soit sur la validité du consentement qui y a été donné.

Aux termes de l'article 337, la reconnaissance faite pendant le mariage, par l'un des époux, au profit d'un enfant naturel qu'il aurait eu, avant son mariage, d'un autre que de son épouse, ne pourra nuire ni à celui-ci, ni aux enfants nés de ce mariage.

§ II. — De la reconnaissance forcée.

A défaut de reconnaissance volontaire, peut-on intenter une action pour établir sa filiation naturelle?

Oui, mais on ne peut établir ainsi sa filiation naturelle que par rapport à sa mère. C'est ce qui a fait donner à l'action qu'on intente à cet effet le nom de *recherche de la maternité.*

La recherche de la maternité consiste à établir par témoins l'accouchement de la mère et l'identité de l'enfant avec celui dont elle est accouchée. (Art. 340, 341.)

Pourquoi la recherche de la paternité est-elle interdite? (1)

C'est parce que la conception par laquelle l'enfant se rattache à son père, n'étant pas révélée comme l'accouchement par des signes extérieurs, il serait difficile d'en fournir des

---

(1) Nous ne voulons pas aborder ici la grave question de savoir si, en la subordonnant à un commencement de preuve par écrit, la recherche de la paternité présente tous les inconvénients qu'on y trouve. Ce serait sortir du cadre étroit que nous avons dû nous tracer. Et puis, serait-ce bien le moment?

preuves. La présomption *is est pater quem nuptiœ demonstrant* ne pourrait ici y suppléer, puisqu'elle n'établit la conception que par rapport aux enfants issus du mariage.

La recherche de la paternité n'est-elle pas exceptionnellement admise dans deux cas?

Oui, aux termes de l'article 340, elle est admise dans le cas d'enlèvement, lorsque l'époque de l'enlèvement se rapporte à celle de la conception. Les juges ont alors la faculté de déclarer la paternité du ravisseur sur la demande des parties intéressées.

Au cas d'enlèvement prévu par le code, on peut ajouter par analogie celui de rapt, lorsqu'il a lieu dans les mêmes circonstances.

A quelles conditions l'enfant est-il admis à établir par témoins sa filiation naturelle par rapport à sa mère?

Ce n'est qu'à la condition de prouver qu'il est identiquement le même que celui dont elle est accouchée, — il n'est d'ailleurs reçu à faire cette preuve, que lorsqu'il a déjà un commencement de preuve par écrit. (Art. 341.)

A défaut de ce commencement de preuve, des indices graves ne pourraient pas y suppléer, comme lorsqu'il s'agit de la recherche de la filiation légitime.

Quelles sont les personnes qui peuvent intervenir dans l'instance et combattre la prétention de l'enfant?

Ce sont toutes celles qui pourraient former opposition à une reconnaissance volontaire. (Art. 331.)

La recherche de la maternité est-elle imprescriptible?

La loi a encore gardé le silence à cet égard. On doit en conclure par analogie que de même que l'action en réclamation d'état, elle est imprescriptible pour l'enfant, mais que ses héritiers perdraient le droit de l'intenter s'il y avait expressément ou tacitement renoncé.

Elle doit également être portée devant les tribunaux civils, dont la compétence s'étend sur toutes les questions d'état, et le ministère public doit y être entendu.

La recherche de la filiation adultérine ou incestueuse est-elle permise ?

Non ; les enfants adultérins ou incestueux ne peuvent être volontairement reconnus par leurs parents ; à plus forte raison ne peuvent-ils pas intenter une action pour faire prononcer judiciairement cette reconnaissance. (Art. 335, 342.)

D'où résulte la qualité d'enfants adultérins ou incestueux, puisqu'elle ne peut être établie, ni par une reconnaissance volontaire, ni par une reconnaissance forcée ?

Elle résulte de plusieurs faits. Ainsi, la qualité d'enfants adultérins s'applique à ceux qui ont été l'objet d'un désaveu judiciairement prononcé, et la qualité d'enfants incestueux à ceux qui sont issus d'un mariage dont la nullité a été prononcée pour cause de parenté entre les époux. On peut admettre également que la filiation incestueuse résulte d'un jugement criminel pour viol, rapt ou détournement, lorsque ces faits coïncident avec l'époque de la conception. On voit par là que la qualité d'enfants adultérins ou incestueux peut être légalement établie, quoique ce soit d'une autre manière que par une reconnaissance volontaire ou forcée.

§ III. — De la preuve de la filiation naturelle par la possession d'Etat.

La question de savoir si la preuve de la filiation naturelle peut être faite au moyen de la possession d'état, n'a-t-elle pas donné lieu à deux systèmes ?

Oui ; — mais avant de les examiner il est nécessaire d'indiquer le point sur lequel porte la controverse.

Nous avons dit dans le chapitre précédent, qu'on pouvait établir la filiation légitime de trois manières, savoir : par

14

l'acte de naissance, par la possession d'état d'enfant légitime, et par témoins. Mais relativement à la filiation naturelle, le législateur se borne à décider qu'elle peut être établie, soit par un acte de reconnaissance, soit par témoins ; il n'exclut, ni n'autorise la preuve résultant de la possession d'enfant naturel. Faut-il décider qu'en omettant d'en faire mention, le législateur a entendu l'écarter en cette matière? — Ou bien faut-il, au contraire, décider que le silence absolu qu'il garde à cet égard doit être interprété en ce sens qu'il a entendu la maintenir. C'est là le point du débat.

Suivant un premier système, la possession d'état équivaut à une reconnaissance volontaire ; elle peut servir de moyen de preuve pour établir la filiation naturelle, tant à l'égard du père qu'à l'égard de la mère.

A l'appui de cette proposition on dit :

1° Que si le Code n'en fait pas mention, que s'il ne la signale pas comme un des modes de preuves, au moyen desquelles on peut établir la filiation naturelle, c'est parce qu'il ne s'est pas proposé de tracer toutes les règles de cette matière ; mais seulement, d'indiquer celles qui diffèrent des règles établies pour la recherche de la filiation légitime, avec laquelle la filiation naturelle présente un grand rapport d'analogie.

2° Que la possession d'état équivaut à une reconnaissance volontaire , parcequ'elle constitue certainement de la part des pères et mères un aveu énergique, constant et réitéré ; que d'ailleurs, de même que l'acte de reconnaissance, elle n'a pas besoin d'être prouvée ; car, elle est un fait public et avéré qu'il suffit simplement de constater.

3° Enfin, qu'il n'y a aucun inconvénient à la produire, car elle n'entraîne pas la recherche de faits incertains ou scandaleux, puisqu'il suffit pour l'établir, de constater que des soins ont été donnés à l'enfant. (MM. Oudot, Valette, Demolombe).

Suivant un second système, la possession d'état n'équivaut pas à une reconnaissance volontaire ; elle ne peut pas servir de moyen de preuve pour établir la filiation naturelle.

A l'appui de cette doctrine, on dit :

1° Que les dispositions de la loi, relativement à la recherche de la filiation naturelle, forment un ensemble complet, indépendant de toutes les dispositions qui se rapportent à la recherche de la filiation légitime. Qu'ainsi, l'on doit interpréter le silence de la loi à l'égard de la possession d'état comme un signe qu'elle a voulu l'exclure des modes de preuves qui servent à établir la filiation naturelle. Et cela se conçoit d'autant mieux, que cette possession ne peut pas prouver la maternité naturelle sans prouver en même temps la paternité naturelle, dont la recherche est interdite.

2° Qu'en admettant même que la possession d'état ait toute la valeur d'une reconnaissance résultant d'un acte authentique, il faudrait faire constater par témoins que cette possession existe ; et que de cette manière on arriverait indirectement à éluder la loi, en établissant la filiation naturelle par la preuve testimoniale sans qu'elle ait été précédée d'un commencement de preuve par écrit. (MM. Toullier, Zachariæ, Marcadé) (1)

_____

(1) A notre avis, le fait d'avoir donné des soins à une personne, de l'avoir constamment et publiquement élevé et traité comme son enfant, n'équivaut pas d'une façon complète à une reconnaissance résultant d'un acte authentique. Cette reconnaissance implique, en effet, de la part des père et mère l'intention réfléchie et déterminée d'établir entr'eux et l'enfant un lien légal ; intention que le fait d'avoir donné des soins constants n'implique pas aussi absolument. Est-il permis, d'ailleurs, de reconnaître une reconnaissance tacite, lorsque la loi déclare que la reconnaissance doit être expresse, lorsqu'elle déclare qu'elle ne peut résulter que d'un acte authentique ?

§ IV. — Des effets de la reconnaissance.

Quels sont les effets de la reconnaissance ?

La reconnaissance volontaire ou forcée d'un enfant naturel a pour effets :

1° d'établir un lien de parenté entre lui et la personne qui l'a reconnu, sans le rattacher, toutefois, aux ascendants et aux collatéraux de cette personne;

2° de lui donner le nom de son père où celui de sa mère, dans le cas ou cette dernière l'a seule reconnu;

3° de faire naître entre l'enfant et ses père et mère des droits de succession et des obligations d'aliments. (Art. 338.)

LIVRE I, TITRE VIII.

DE L'ADOPTION ET DE LA TUTELLE OFFICIEUSE.

C'est avec raison que le législateur a mis à cette place le titre de l'adoption. En effet, après avoir traité dans le Titre précédent de la filiation légitime et de la filiation naturelle, il convenait de traiter dans celui-ci la troisième espèce de filiation, la filiation adoptive.

Le Titre de l'adoption comprend deux chapitres, savoir :

Chapitre Ier. — De l'adoption.

Chapitre II. — De la tutelle officieuse.

CHAPITRE Ier.

De l'adoption.

Comment se divise ce chapitre?

Il est divisé par les codes en deux sections, savoir :

Section 1re. — De l'adoption et de ses effets.

Section 2e. — Des formes de l'adoption.

PREMIÈRE SECTION.

De l'adoption et de ses effets.

Articles 343 à 352.

Qu'est-ce que l'adoption?

L'adoption est un acte qui établit entre deux personnes des rapports civils de paternité et de filiation.

Il y a trois sortes d'adoption, savoir :

L'adoption ordinaire, ou adoption proprement dite.

L'adoption rénumératoire qui n'est admise qu'en faveur de celui qui a sauvé la vie de l'adoptant.

L'adoption testamentaire, qui n'est permise qu'au tuteur officieux.

Ces trois espèces d'adoptions produisent d'ailleurs les mêmes effets et ne diffèrent entr'elles que sous le rapport des conditions et des formalités qui leur sont imposées.

Quelles sont les conditions requises pour l'adoption ordinaire?

Il y a d'abord six conditions requises de la part de l'adoptant. Il faut :

1° qu'il soit âgé de plus de cinquante ans;

2° qu'il n'ait ni enfants, ni descendants légitimes ;

3° qu'il ait au moins quinze ans de plus que l'adopté; (Art. 343);

4° qu'il ait, s'il se trouve marié, le consentement de l'autre époux. (Art. 344);

5° qu'il jouisse d'une bonne réputation. (Art. 355);

6° qu'il ait donné à l'adopté, pendant qu'il était mineur, des soins et des secours pendant six ans au moins. (Art. 345.)

De plus, il y a trois conditions requises de la part de l'adopté. Il faut :

1° qu'il soit majeur, (Art. 346);

2° qu'il n'ait encore été adopté par aucune autre personne, si ce n'est par le conjoint de l'adoptant ;

3° qu'il ait le consentement de ses père et mère, s'ils existent tous deux; ou du survivant d'eux s'il n'a pas vingt-cinq ans. Après vingt-cinq ans, il est tenu de requérir leur conseil. (Art. 344.)

*Quelles sont les conditions requises pour l'adoption rému-
nératoire?*

Il y a seulement trois conditions requises de la part de
l'adoptant. Il faut :

1° qu'il n'ait ni enfants, ni descendants légitimes ;

2° qu'il ait, s'il se trouve marié, le consentement de l'autre
époux ;

3° qu'il jouisse d'une bonne réputation.

De plus, les trois conditions requises de la part de l'adopté
dans l'adoption ordinaire, sont également nécessaires ici.
(Art. 345.)

*Les enfants naturels peuvent-ils être adoptés par leurs
père et mère?*

Le Code ne s'est pas expliqué à cet égard. Mais comme
l'adoption est de droit commun, on doit, à notre avis, interpréter son silence dans un sens favorable aux enfants naturels
reconnus. Aucune raison sérieuse ne s'oppose à ce qu'ils échan-
gent une filiation incomplète, au point de vue des droits
qu'elle leur procure, contre une filiation plus avantageuse.

*Quels sont les effets de l'adoption ordinaire, ou rémuné-
ratoire?*

L'adoption produit toujours les mêmes effets, qu'elle soit
ordinaire ou rémunératoire. Elle établit entre l'adoptant et
l'adopté une parenté civile qui a pour conséquence :

1° de conférer le nom de l'adoptant à l'adopté, qui l'ajoute
au sien. (Art. 347) ;

2° de créer divers empêchements prohibitifs au mariage.
(Art. 348) ;

3° de faire naître entre l'adoptant et l'adopté l'obligation
réciproque de se fournir des aliments. (Art. 349) ;

4° de conférer à l'adopté sur la succession de l'adoptant,
les mêmes droits que ceux d'un enfant légitime, même
lorsque des enfants légitimes seraient nés à l'adoptant depuis
l'adoption. (Art. 350.)

*L'enfant adopté conserve-t-il dans sa famille naturelle
ses droits d'enfant légitime ?*

Oui ; mais par contre, il n'acquiert aucun droit de suc-
cessibilité sur les biens des parents de l'adoptant. (A. 348,
350.)

*L'adoptant acquiert-il des droits sur la succession de
l'adopté ?*

Non ; il peut seulement reprendre dans la succession de
l'adopté les biens qu'il lui avait donné, si celui-ci est décédé
sans laisser de postérité légitime.

Les enfants de l'adoptant ont également la faculté de
reprendre ces biens, mais seulement dans la succession de
l'adopté et non dans celle de ses descendants.

DEUXIÈME SECTION.

Des formes de l'adoption.

Articles 353 à 360.

*Quelles sont les formes de l'adoption ordinaire et rému-
nératoire ?*

Les formes de l'adoption ordinaire et rémunératoire sont
les mêmes. Elles consistent dans les quatre faits suivants :

1° *Déclaration* faite par l'adoptant et l'adopté, devant le
juge de paix du domicile de l'adoptant. Cette déclaration a
une telle importance, que si l'une des parties venait à décéder, après qu'elle a été faite, il serait possible à l'autre de
parfaire l'adoption. (Art. 353, 360.)

2° *Jugement* du tribunal civil prononçant l'homologation
de cette déclaration. Ce jugement statue sans énoncer de
motifs. (Art. 354, 355, 356.)

3° *Arrêt* de la Cour impériale confirmant le jugement
rendu en première instance. Cet arrêt statue également
sans énoncer de motifs, afin qu'on ne puisse pas l'interpréter

d'une manière fâcheuse pour la réputation de l'adoptant. (Art. 357, 358.(

4° *Inscription* dans les trois mois de l'arrêt d'homologation sur les registres de l'état civil.

L'adoption peut-elle être annulée par le consentement des parties?

Oui, elle peut être annulée du consentement mutuel des deux parties, tant qu'elle n'a pas été inscrite sur les registres de l'état civil. — Mais une fois cette formalité accomplie, elle ne peut plus l'être que par un jugement rendu sur la demande des tiers.

CHAPITRE III.

De la tutelle officieuse.

Articles 371 à 370.

Qu'est-ce que la tutelle officieuse?

La tutelle officieuse est un acte par lequel une personne s'engage à fournir gratuitement à un mineur la nourriture et l'éducation, et à le mettre en état de gagner sa vie.

Quelles sont les conditions requises pour la tutelle officieuse?

Quatre conditions sont requises de la part du tuteur. Il doit :

1° être âgé de plus de cinquante ans; (Art. 361.)

2° n'avoir aucun descendant légitime ;

3° être muni, s'il est marié, du consentement de son conjoint. (Art. 362);

4° être capable de gérer une tutelle.

Deux conditions sont requises de la part du pupille. Il doit :

1° être âgé de moins de quinze ans; (Art. 364.)

2° avoir le consentement de ses père et mère; (Art. 361.)

Comment se forme la tutelle officieuse?

Elle se forme par acte passé devant le juge de paix, entre celui qui veut être tuteur et les personnes qui ont autorité sur le mineur. (Art. 363.)

Quels sont les principaux effets de la tutelle officieuse?

Ils consistent :

1° à faire passer au tuteur officieux l'administration de la personne et des biens du pupille et à l'obliger de nourrir et élever celui-ci, sans qu'il puisse imputer les dépenses d'éducation sur ses biens. (Art. 364, 365.)

2° à permettre au tuteur d'adopter son pupille par un simple acte testamentaire, pourvu qu'il ait exercé la tutelle pendant cinq années entières et qu'à son décès il ne laisse pas d'enfants légitimes. (Art. 366.)

3° à donner au pupille qui a atteint l'âge de majorité depuis trois mois au moins, une action pour obliger son tuteur à l'adopter ou à lui fournir des secours, s'il ne l'a pas mis en état de gagner sa vie. (Art. 369.)

La tutelle officieuse est-elle bien en usage?

Non, elle est à peu près inconnue dans la pratique.

LIVRE I. TITRE IX.

DE LA PUISSANCE PATERNELLE.

Articles 371 à 587.

A la suite du mariage et de la filiation, les rédacteurs du Code, suivant l'enchaînement naturel des faits, ont placé la puissance paternelle. Nous trouvons ici ce qu'on appelle les droits et les devoirs de famille.

Le titre de la puissance paternelle ne comprend qu'un chapitre. Nous y examinerons les questions suivantes :

1° caractère de la puissance paternelle;

2° des droits d'éducation et de correction;

3° des droits d'usufruit légal et d'administration.

§ I. — Caractère de la puissance paternelle.

Qu'est-ce que la puissance paternelle ?

La puissance paternelle consiste dans l'autorité qui est accordée par la loi aux père et mère sur la personne et sur les biens de leurs enfants.

Cette autorité a sa source dans le droit naturel, mais notre droit civil la confirme et la règle. L'émancipation ou la majorité de l'enfant la diminuent considérablement, sans la faire absolument cesser. En effet, ainsi que le dit l'article 371 « l'enfant, à tout âge, doit honneur et respect à ses père et mère. » (Art. 371, 372.)

A qui appartient l'exercice de la puissance paternelle ?

Elle appartient au père seul durant le mariage, à moins qu'il ne soit incapable de l'exercer. A son défaut, elle appartient à la mère. A défaut des père et mère, elle passe à certains égards, aux ascendants ; et si l'enfant est mineur, an conseil de famille et au tuteur. (Art. 373, 150, 450.)

Quel est le caractère de la puissance paternelle dans notre législation ?

La puissance paternelle a dans notre législation un caractère de protection. Elle y existe dans l'intérêt de l'enfant, tout aussi bien que dans celui du père et de l'état

Quels sont les principaux éléments dont se compose la puissance paternelle ?

Elle se compose de trois éléments principaux, savoir :
1º le droit d'éducation ;
2º le droit de correction ;
3º le droit d'usufruit légal et d'administration.

§ II. — Des droits d'éducation et de correction.

L'autorité des père et mère en ce qui concerne l'éducation de leurs enfants est-elle bien étendue ?

Oui, elle est en quelque sorte absolue à cet égard. Aussi l'enfant ne peut-il quitter la maison paternelle sans la permission de son père, si ce n'est pour enrôlement volontaire après l'âge de dix-huit ans révolus. (Art. 374, loi de 1832.

En quoi consiste le droit de correction ?

Il consiste principalement dans la faculté que la loi accorde aux père et mère, de faire emprisonner leurs enfants pendant un certain temps.

Cette faculté est, d'ailleurs, accordée au père avec plus d'étendue qu'à la mère.

Le père n'exerce-t-il pas le droit de correction de deux manières ?

Oui, il l'exerce tantôt par voie d'autorité et tantôt par voie de correction. Il l'exerce par *voie d'autorité*, en faisant détenir son enfant pendant un mois au plus, en vertu d'un ordre d'arrestation délivré par le président du tribunal d'arrondissement, et que celui-ci ne peut lui refuser.

Il l'exerce par voie de *réquisition*, en demandant au président du tribunal d'arrondissement une détention, que celui-ci est libre de lui accorder ou de lui refuser, et qui ne peut excéder six mois.

Le père n'est-il pas quelquefois obligé d'agir par voie de réquisition ?

Oui ; ainsi il est obligé :

1° si l'enfant est âgé de seize ans commencés ; (Art. 377.)

2° s'il a des biens personnels ou un état; (38?.)

3° si le père lui-même s'est remarié. (380.)

Aux termes de l'article 379, le père est toujours maître d'abréger la détention par lui ordonnée ou requise.

De quelle manière le droit de correction est-il exercé par la mère survivante ?

Elle ne peut l'exercer que par voie de réquisition et avec le concours des deux plus proches parents paternels. (Art. 380.) De plus, elle le perd en se remariant, parce qu'elle passe sous une autre autorité.

L'enfant n'a-t-il aucune voie de recours contre son arrestation ?

La loi ne lui en accorde que dans le cas ou il a des biens personnels ou un état. Il peut alors adresser un mémoire au procureur général du ressort, lequel après avoir pris des renseignements auprès du procureur impérial, fera son rapport au président de la cour impériale, qui maintiendra ou révoquera l'ordre d'arrestation. (Art. 382.)

L'arrestation de l'enfant ne doit-elle pas avoir lieu se-
crètement?

Oui, il n'y a dans tous les cas où elle a lieu aucune écri-
ture ni formalité judiciaire, si ce n'est l'ordre même d'arrestation et la demande du père, qui contient soumission de
payer les frais et de fournir les aliments. (Art. 378.)

§ III. — Du droit d'usufruit légal.

En quoi consiste le droit d'usufruit légal des père et
mère sur les biens de leurs enfants?

Il consiste dans la jouissance qui leur est accordée par
la loi sur les biens personnel de leurs enfants, jusqu'à ce que
ceux-ci aient atteint l'âge de dix-huit ans, ou qu'ils aient
été émancipés.

Cette jouissance n'appartient qu'au père durant le mariage ; après sa dissolution, elle appartient au survivant des
deux époux. (Art. 384.)

Le droit de jouissance des père et mère s'étend-il sur tous
les biens de leurs enfants?

Non, il ne s'étend pas à ceux que les enfants ont acquis
par un travail séparé; où qui leur ont été donnés ou légués,
sous la condition que les père et mère n'en jouiront pas.
(Art. 387.)

Quelles sont les obligations dont les père et mère sont
tenus à raison de l'usufruit légal?

Ils sont tenus :

1º de supporter les obligations qui incombent aux usufruitiers ordinaires ; notamment l'entretien des biens, dont
ils ont la jouissance, et le paiement des arrérages ou intérêts
des capitaux;

2º d'acquitter les frais funéraires et de dernière maladie
concernant les personnes qui ont laissé des biens à leurs enfants ;

3º de fournir à ces derniers, selon leur fortune personnelle, la nourriture, l'entretien et l'éducation. (Art. 385.)

Comment s'éteint l'usufruit légal des père et mère ?

Il s'éteint :

1º par le défaut d'inventaire de la part du survivant des deux époux; (Art. 1442.)

2º par le second mariage de la mère usufruitière; (A. 386.)

3º par la condamnation du père ou de la mère pour excitation des enfants à la débauche; (C. P. 335.)

4º par la renonciation de l'usufruitier, ainsi que par l'abus de la jouissance; (Art. 618.)

5º par la mort de l'enfant, ou par celle du survivant des père et mère;

6º enfin par l'émancipation de l'enfant, ou l'accomplissement de sa dix-huitième année.

Quels sont les effets de la puissance paternelle relativement aux enfants naturels reconnus ?

Les père et mère n'ont pas la jouissance des biens de leurs enfants naturels, âgés de moins de dix-huit ans, mais ils peuvent user vis-à-vis d'eux des droits de correction paternelle. (Art. 383.)

LIVRE I, TITRE X.

DE LA MINORITÉ, DE LA TUTELLE ET DE L'ÉMANCIPATION.

Il y a, comme nous l'avons indiqué au commencement de ce livre, deux classes principales de personnes, savoir : les personnes capables et les personnes incapables.

Jusqu'ici, sauf ce qui concerne l'incapacité de la femme mariée, nous nous sommes exclusivement occupé des premières, — Nous devons maintenant, pour compléter l'étude juridique des personnes, examiner la condition des incapables.

L'incapacité naît de trois causes : le mariage, la minorité et l'interdiction. Nous connaissons déjà les effets du mariage, nous n'avons donc plus à étudier que ceux de la minorité et de l'interdiction.

Mais la loi distingue deux degrés de minorités :

Dans le premier, le mineur, considéré comme complétement incapable, est placé sous la garde d'un tuteur qui le représente.

Dans le second, il recouvre, par l'émancipation, la liberté de sa personne et la simple administration de ses biens.

Le Titre de la minorité comprend donc trois chapitres qui concernent :

I. — la minorité ;

II. — la tutelle ;

III. — l'émancipation.

CHAPITRE I.

De la Minorité.

Article 388.

Qu'est-ce que la minorité?

La minorité est l'état dans lequel se trouve l'individu de l'un ou de l'autre sexe, qui n'a point encore l'âge de vingt-un ans accomplis. (Art. 388.)

Les mineurs ne sont-ils pas toujours dans un état de dépendance?

Oui, mais cet état de dépendance n'est pas le même dans tous les cas. Ainsi ils peuvent se trouver :

1° Sous la puissance du père, pendant le mariage.

2° Sous la puissance du tuteur après la dissolution du mariage.

3° Sous la puissance du curateur après leur émancipation.

CHAPITRE II.

De la Tutelle.

Qu'est-ce.que la tutelle?

La tutelle est une charge publique, qui a pour objet la protection des incapables et l'administration de leurs biens.

Comment se divise le chapitre de la tutelle?

Le chapitre de la tutelle a été divisé par le Code en neuf sections.

Théoriquement il aurait été préférable de le diviser en trois sections relatives : — à la division de la tutelle; — à son organisation; — à son fonctionnement. Tout en suivant l'ordre du Code, nous retrouverons cette triple distinction. Ainsi, les trois premières sections du Code se rappor-

15

tent à la division de la tutelle en quatre espèces. — Les quatrième, cinquième, sixième et septième sections sont relatives à son fonctionnement puisqu'elles traitent du conseil de famille, du tuteur et du subrogé-tuteur, — la huitième et la neuvième règlent, enfin son fonctionnement puisqu'elles s'occupent de l'administration du tuteur et du compte de gestion auquel il est soumis.

PREMIÈRE SECTION.

De la tutelle des père et mère.

Articles 389 à 596.

Quel est l'objet de cette section?

Comme nous venons de le dire, cette section, ainsi que les deux suivantes, se rapporte à la division de la tutelle.

Il y a, en effet, quatre espèces de tutelles, savoir :

1º la tutelle du survivant des père et mère ;

2º la tutelle testamentaire ;

3º celle des ascendants ;

4º celle qui est déférée par le conseil de famille.

Quelle différence y a-t-il entre les pouvoirs du père administrateur des biens de ses enfants et ceux d'un tuteur?

L'article 389 ne définit pas les pouvoirs du père administrateur des biens de ses enfants, mais on peut les déterminer par analogie. Ainsi on décide qu'il peut faire *seul* tous les actes que le tuteur ne peut faire qu'avec l'autorisation du conseil de famille, parce que le législateur ne lui a pas imposé la surveillance de ce conseil ; mais qu'il ne peut accomplir aucun des actes à l'égard desquels le tuteur doit être autorisé par le tribunal. En effet, ces actes sont de telle nature qu'il n'appartient pas à un administrateur de les consentir.

A quel moment s'ouvre la tutelle?

La tutelle s'ouvre aussitôt après la dissolution du mariage, par la mort de l'un des époux. Elle appartient de plein droit au survivant des père et mère. (Art. 390.)

Les pouvoirs de la mère survivante ne diffèrent-ils pas sous certains rapports de ceux du père survivant?

Oui, ils en diffèrent sous trois rapports ; en effet :

1° Aux termes de l'article 394, la mère n'est pas tenue d'accepter la tutelle, elle doit seulement en remplir les devoirs jusqu'à ce qu'elle ait fait nommer un tuteur ; tandis que le père survivant est nécessairement tuteur s'il n'a aucune excuse à faire valoir.

2° Aux termes de l'article 391, le père a la faculté de nommer à la mère survivante et tutrice un conseil spécial , sans l'avis duquel elle ne pourra faire aucun acte relatif à la tutelle, où tout au moins certains actes qu'il aura expressément spécifié.

Cette nomination de conseil aura lieu , soit par testament, soit par déclaration faite en présence du juge-de-paix, soit par acte notarié. (Art. 392)

3° Enfin, la mère tutrice, qui se remarie, est déchue de plein droit de la tutelle, à moins que le conseil de famille ne veuille la lui conserver ; tandis que si le père venait à contracter un nouveau mariage, il n'en resterait pas moins tuteur de plein droit et indépendant de toute confirmation par le conseil de famille. (Art. 395.)

Lorsque la mère survivante se remarie , son nouveau mari n'encourt-il pas une responsabilité plus ou moins étendue relativement à la tutelle?

Oui, il se présente alors une des trois hypothèses suivantes :

1° Ou bien elle se remarie et avertit le conseil de famille, mais celui-ci ne juge pas à propos de lui conserver la tutelle. Dans ce cas, elle est déchargée, et son nouveau mari n'encourt aucune responsabilité.

2° Ou bien encore elle se remarie, après avoir pris soin d'en prévenir le conseil de famille, et celui-ci lui conserve la tutelle. Dans ce cas, son nouveau mari est nommé co-tuteur, mait il ne devient solidairement responsable avec elle que pour la gestion postérieure au mariage. (Art. 396.)

3° Ou bien elle se remarie sans en avoir donné avis au conseil de famille. Dans ce cas, elle est déchue de plein droit de la tutelle, et son nouveau mari devient solidairement responsable de sa gestion antérieure au mariage et de celle qu'elle aurait indûment conservée depuis qu'il a été contracté. (Art. 395.)

Le conseil de famille ne nomme-t-il pas un curateur au ventre, lorsque la femme est enceinte au moment de la dissolution du mariage?

Oui, pourvu toutefois que la femme n'ait pas d'autres enfants en tutelle. Les fonctions de ce curateur consistent à administrer les biens dont se compose la succession du mari décédé, et à empêcher soit une supposition, soit une suppression de part. En effet, suivant les cas, la femme peut avoir intérêt, tantôt à faire croire faussement qu'elle est accouchée et à produire comme sien un enfant étranger, afin d'acquérir par lui l'usufruit légal des biens du mari, — tantôt, au contraire, à faire disparaître l'enfant afin de conserver, sans aucune réduction, les libéralités qui lui ont été faites par son mari.

A la naissance de l'enfant, la mère en devient tutrice, et le curateur est de plein droit, son subrogé-tuteur.

DEUXIÈME SECTION.

De la tutelle déférée par le père ou la mère.

Articles 397 à 401.

A qui appartient le droit de nommer un tuteur testamentaire?

Le droit de nommer un tuteur testamentaire n'appartient qu'au dernier mourant des père et mère. (Art. 397.)

Cette nomination a lieu soit par testament, soit par une déclaration faite devant le juge de paix, soit par un acte notarié. (Art. 398.)

Suivant une doctrine généralement admise, elle ne peut être faite par l'époux survivant, qui pour un motif ou pour un autre, n'a pas exercé lui-même les fonctions de tuteur.

La mère survivante, qui s'est remariée et qui a été maintenue en tutelle par le conseil de famille, peut-elle nommer un tuteur testamentaire?

Oui, mais comme elle n'a elle-même exercé la tutelle qu'avec le consentement du conseil de famille, la nomination qu'elle fait a besoin d'être confirmée par ce conseil. Elle produit néanmoins un effet indépendamment de toute confirmation, c'est de faire écarter la tutelle légitime des ascendants. (Art. 400.)

TROISIÈME SECTION.

De la tutelle des Ascendants.

Articles 402 à 404.

Quand y a-t-il lieu à la tutelle des ascendants?

Il y a lieu à la tutelle des ascendants, lorsque les père et mère de l'enfant sont l'un et l'autre décédés et qu'aucun tuteur n'a été nommé par l'un d'eux, où choisi par le conseil de famille. (Art. 402.)

La nomination d'un tuteur testamentaire ou datif suffit pour écarter la tutelle des ascendants, car elle témoigne du peu de confiance que le survivant des père et mère avait dans ces derniers, et elle établit ainsi contre eux une présomption d'incapacité.

Comment la tutelle des ascendants est-elle déférée?

Elle est déférée au plus proche ascendant mâle.

S'il existe dans une ligne différente deux ascendants au

même degré, on donne la préférence à l'ascendant paternel; — en cas d'égale proximité entre deux ascendants de la ligne maternelle, et lorsqu'il n'y a pas d'ascendants à un degré aussi rapproché dans la ligne paternelle, le conseil de famille choisit. (Art. 403, 404.)

QUATRIÈME SECTION.

De la tutelle déférée par le conseil de famille.

Articles 405 à 410.

Quel est l'objet de cette section?

Comme nous l'avons dit, cette section, ainsi que les trois suivantes, se rapportent à l'organisation de la tutelle en général. Nous y examinerons les trois éléments qui la composent, savoir : le conseil de famille, le tuteur, et le subrogé tuteur.

Quand y a-t-il lieu à la tutelle déférée par le conseil de famille?

Il y a lieu à la tutelle déférée par le conseil de famille lorsqu'il n'existe ni père ni mère, ni tuteur testamentaire, ni ascendant, ou que le tuteur se trouve, pour une cause ou pour une autre, écarté de la tutelle. (Art. 405.)

I. — *Qu'est-ce que le conseil de famille?*

Le conseil de famille est une assemblée délibérante, ayant un pouvoir de direction et de contrôle sur le tuteur et le subrogé tuteur.

Il se compose :

1º Du juge de paix du lieu du domicile des père et mère, lequel préside le conseil, et y a voix délibérative et même prépondérante en cas de partage. (Art. 416.)

2º De six parents ou alliés, pris dans la commune ou dans la distance de deux myriamètres, moitié du côté paternel et moitié du côté maternel. Toutefois ce nombre ce six parents peut être dépassé pour les frères germains et les maris des sœurs germaines, non plus que pour les veuves d'ascendants et les ascendants. (Art. 407, 408.)

Aux termes de l'article 409, lorsque les parents ou alliés de l'une et de l'autre ligne se trouvent en nombre insuffisant sur les lieux, le juge-de-paix peut à son gré appeler soit des parents ou alliés domiciliés à de plus grandes distances, soit des amis du défunt pris dans la commune.

Par qui le conseil de famille est-il convoqué ?

Il est convoqué par le juge de paix, soit d'office, soit sur la réquisition de certaines personnes.

Les personnes qui peuvent requérir la convocation sont : le tuteur, lequel y est même obligé avant d'entrer en fonctions, les parents du mineur, ses créanciers et tous ceux qui y ont intérêt. (Art. 406.)

Dans quel lieu le conseil de famille est-il convoqué ?

Il est convoqué au lieu ou la tutelle a été ouverte, c'est-à-dire au domicile du père du pupille, les séances se tiennent chez le juge de paix, à moins qu'il ne désigne lui-même un autre local. (Art. 415.)

Comment se font les convocations ?

Dans la pratique elles se font par lettres missives ou verbalement, mais à la rigueur elles devraient avoir lieu par des citations d'huissier. (Art. 411.)

Tout parent, allié ou ami, convoqué régulièrement, est tenu de se rendre en personne, ou par un fondé de pouvoir spécial, sous peine d'une amende de 50 fr. prononcée par le juge. (Art. 412, 413.)

Tout individu qui aura été exclu ou destitué d'une tutelle, ne pourra plus être membre du conseil de famille. (Art. 445.)

La présence de cinq membres est nécessaire pour la validité des délibérations. En cas d'absence d'un membre, comme en tout autre cas où l'intérêt du mineur semblera l'exiger, le juge de paix pourra ajourner l'assemblée ou la proroger. (Art. 414.)

Comment les délibérations sont-elles prises ?

Les délibérations sont prises à la majorité. Le Code ne dit pas si c'est à la majorité absolue ou à la majorité relative. Il y a majorité absolue, lorsqu'une opinion réunit plus de la moitié de toutes les voix ; il y a majorité relative lorsqu'une opinion a seulement plus de voix que chacune des autres prises isolément. Malgré le silence du Code, on doit admettre que les délibérations du conseil de famille n'ont de valeur qu'autant qu'elles sont prises à la majorité absolue, car ce n'est que de cette manière qu'elles expriment réellement sa volonté.

Quels sont les principales attributions du conseil de famille ?

Elles consistent :

1° A nommer un curateur au ventre, lorsque la femme est enceinte lors du décès du mari.

2° A nommer un tuteur, à défaut de tuteur légal ou testamentaire.

3° A nommer un subrogé-tuteur.

4° A destituer le tuteur.

5° A l'autoriser dans un grand nombre de cas, pour l'administration des biens du pupille, ainsi que nous le verrons dans la huitième section.

6° Enfin à se prononcer sur l'émancipation du pupille.

II. — *Qu'est-ce que le tuteur ?*

Le tuteur est un fonctionnaire chargé de veiller à la personne du mineur et d'administrer ses biens, sous la surveillance du subrogé-tuteur, et l'autorité du conseil de famille.

A quel moment le tuteur entre-t-il en fonction ?

Il faut distinguer :

Le tuteur légal ou testamentaire entre en fonction à partir

du jour où il connaît le décès ou le testament qui donne ouverture à la tutelle.

Le tuteur datif entre en fonction à partir du jour où il connaît sa nomination par le conseil de famille, soit qu'elle lui ait été notifiée, soit qu'elle ait eu lieu en sa présence. (Art. 418)

Peut-on nommer plusieurs tuteurs ?

En général on ne peut nommer qu'un tuteur. Cependant, si le mineur domicilié en France avait des biens dans les colonies, ou réciproquement, l'administration spéciale de ces biens serait donnée à un pro-tuteur, — en ce cas, le tuteur et le pro-tuteur seront indépendants l'un envers l'autre pour leur gestion respective. (Art. 417.)

La tutelle est-elle transmissible aux héritiers du tuteur ?

Non, la tutelle est une charge personnelle qui ne passe point aux héritiers du tuteur. Ceux-ci seront seulement responsables de la gestion de leur auteur ; et, s'ils sont majeurs, ils seront tenus de la continuer jusqu'à la nomination d'un nouveau tuteur. (Art. 419.)

Quels sont les droits et les devoirs du tuteur ?

Les droits et les devoirs du tuteur sont relatifs à la personne et aux biens du pupille. Nous les examinerons en détail dans les huitième et neuvième sections.

CINQUIÈME SECTION.

Du Subrogé-Tuteur.

Articles 420 à 426.

Qu'est-ce que le subrogé-tuteur ?

Le subrogé-tuteur est un surveillant nommé par le conseil de famille pour contrôler les actes du tuteur

Ses fonctions consistent principalement; soit à provoquer

la destitution du tuteur, lorsqu'il y a lieu, ou sa nomination en cas de vacance de la tutelle; soit à agir pour les intérêts du pupille, lorsqu'ils sont en opposition avec ceux du tuteur. (Art. 424, 420.)

A quel moment la nomination du subrogé-tuteur a-t-elle lieu?

Cela dépend :

Elle a lieu immédiatement après la nomination du tuteur, dans le cas où la tutelle a été déférée par le conseil de famille.

Mais, lorsque celui-ci est un tuteur légal ou testamentaire, elle est faite à sa requête et avant son entrée en fonctions. Il lui est défendu de s'ingérer dans la gestion avant d'avoir rempli cette formalité. (Art. 421.)

Qui peut-on nommer subrogé-tuteur?

On peut nommer, soit un parent, soit un étranger. Mais si l'on nomme un parent, il devra être pris dans une autre ligne que celle à laquelle appartient le tuteur, à moins que celui-ci ne se trouve être frère germain du pupille. (Art. 423.)•

Comment cessent les fonctions du subrogé-tuteur?

Elles cessent en même temps que la tutelle, par la mort, l'émancipation, ou la majorité du pupille. (Art. 425.)

SIXIÈME SECTION.

Des causes qui dispensent de la tutelle.

Articles 427 à 441.

La tutelle est-elle obligatoire?

Oui, la tutelle est obligatoire. Elle a été instituée dans un intérêt d'ordre public, et l'on ne peut se refuser à l'accepter que lorsqu'on se trouve dans un des cas prévus par la loi.

De plus, la tutelle est une fonction publique, et comme telle, elle ne peut être remplie que par les personnes qui présentent les garanties nécessaires.

Elle donne donc lieu, soit à des causes de dispenses, soit à des causes d'incapacité, soit à des causes d'exclusion ou de destitution.

Quelles sont les causes de dispense de la tutelle?

Les causes de dispense de la tutelle sont :

1° Certaines fonctions ou services publics. (Art. 427, 428, 429, 430, 431.)

2° L'âge.

3° Les infirmités.

4° Le nombre des tutelles.

5° Le nombre des enfants.

6° La qualité d'étranger à la famille, lorsque dans le rayon de quatre myriamètres il y a des parents ou alliés en état de gérer la tutelle. (Art. 432, 433, 434, 435, 436.)

Les excuses fondées sur l'âge, les infirmités, les fonctions publiques, ont cela de plus que les autres qu'elles permettent non seulement de se faire dispenser de la tutelle lorsqu'elle n'a pas encore été acceptée, mais encore de s'en faire décharger lorsqu'on l'exerce. (Art. 431, 433, 434.)

A qui le tuteur doit-il proposer ses excuses?

Il doit les proposer au conseil de famille. Il les lui fera connaître immédiatement s'il assistait à la délibération qui lui a déféré la tutelle, et dans le délai de trois jours à partir de l'instant où il a connu sa nomination, s'il n'y était pas présent ; sous peine d'être non recevable dans toute réclamation ultérieure. (Art. 438, 439.)

Si ses excuses sont rejetées, il pourra se pourvoir devant les tribunaux pour les faire admettre, mais il sera pendant le litige tenu d'administrer provisoirement. (Art. 440.)

SEPTIÈME SECTION.

De l'incapacité, des exclusions et des destitutions de tutelle.

Art. 442 à 450.

Quelles sont les causes d'incapacité de la tutelle?

Les causes d'incapacité de la tutelle sont :

1° la minorité ;

2° l'interdiction ;

3° le sexe féminin ;

2° un procès grave avec le mineur.

Par exception, la minorité ou le sexe ne feraient pas exclure de la tutelle le père ou la mère du pupille. Art. 442.)

Quelles sont les causes d'exclusion ou de destitution de la tutelle?

Les causes d'exclusion ou de destitution de la tutelle sont :

1° la condamnation à une peine afflictive ou infamante ;

2° l'incapacité ou l'infidélité ;

3° l'inconduite notoire ;

4° l'interdiction légale. (Art. 453, 444.)

Les causes de dispenses, d'incapacité, d'exclusion ou de destitution, dont nous venons de parler, ne s'appliquent-elles pas également à la curatelle?

Oni ; elles sont communes aux tuteurs et aux curateurs.

Par qui les exclusions ou les destitutions de tutelle sont-elles prononcées?

Elles sont prononcées par le conseil de famille, dont les délibérations à cet égard devront être motivées, et ne pourront être prises qu'après que le tuteur aura été appelé ou entendu. (Art. 446, 447.)

En cas de réclamation de la part de ce dernier, l'affaire sera portée devant le tribunal civil, qui statuera sans appel. (Art. 448, 449.)

HUITIÈME SECTION.

De l'administration du tuteur.

Articles 450 à 468.

Quel est l'objet de cette section?

Comme nous l'avons dit, cette section, ainsi que la sui-vante, se rapportent au fonctionnement de la tutelle, en d'autres termes, à l'administration du tuteur. Nous y exami-nerons :

1° Quelles sont les obligations du tuteur lors de son entrée en fonctions ?

2° Quels sont ses pouvoirs sur la personne du pupille ?

3° Quels sont ses pouvoirs sur les biens de ce dernier ?

Quelles sont les obligations du tuteur lors de son entrée en fonctions?

Les obligations du tuteur lors de son entrée en fonctions consistent :

1° à requérir de suite la convocation du conseil de famille, pour faire nommer un subrogé-tuteur. (Art. 421.)

2° A requérir, dans les dix jours qui suivent le moment où il a connu sa nomination, la levée des scellés, s'ils ont été apposés. (Art. 451.)

3° A faire dresser inventaire de tous les objets et de toutes les valeurs mobilières de la succession, en présence du subrogé-tuteur. Aux termes de l'article 451, le tuteur doit, de plus, déclarer dans cet inventaire, sur la réquisition que le notaire sera tenu de lui en faire, s'il a quelque créance contre le mineur, sous peine d'être déchu de ses droits.

4° A poursuivre, dans le mois qui suit l'inventaire, la vente aux enchères publiques des biens meubles du mineur. (Art. 452.) Toutefois, l'article 453 autorise les père et mère à conserver ces meubles, lorsqu'ils ont la jouissance légale des biens du mineur, à la condition de les faire estimer par expert, afin d'établir la base de la restitution qui aura lieu lors de la reddition de compte. (Art. 452, 453.)

5° A faire déterminer par le conseil de famille la somme à laquelle pourra s'élever la dépense annuelle du mineur, toutefois, les père et mère tuteurs sont dispensés de cette formalité. (Art. 454.)

6° Enfin, à faire fixer par le conseil l'excédant des revenus sur la dépense cette filiation doit être proposée par le tuteur dans le délai de six mois, sous peine d'en devoir lui-même les intérêts. (Art. 455.)

Les père et mère qui, suivant la faculté qui leur en est accordée par l'article 453, ont conservé les meubles au lieu de les faire vendre, doivent-ils en payer la valeur au pupille, s'ils viennent à périr par cas fortuit?

A cet égard, il y a deux opinions :

suivant les uns, les père et mère sont responsables de la perte accidentelle des meubles qu'ils ont tenu à conserver, parceque s'ils les avaient laissés vendre, le pupille en aurait retrouvé la valeur. (M. Bugnet.)

Suivant les autres, au contraire, la perte accidentelle des meubles ne doit donner lieu à aucune indemnité de la part des père et mère au profit du mineur. En effet, en les conservant ils n'ont fait qu'user du droit qui appartient à tout usufruitier de jouir des objets mêmes sur lesquels son usufruit a pris naissance, il n'y a dès lors aucun motif pour leur faire supporter les cas fortuits.

Les obligations dont nous venons de parler sont-elles nécessaires toutes les fois qu'un tuteur entre en fonctions?

Non, elles ne sont nécessaires qu'à l'ouverture de la tutelle. Lorsqu'un tuteur est appelé à en remplacer un autre qui est décédé, ou qui s'est fait décharger de la tutelle ou en a été destitué, la seule obligation qui lui soit imposée, consiste à recevoir le compte du tuteur qu'il remplace ; à moins, toutefois, que le pupille ne soit devenu héritier de ce dernier. Dans ce cas le nouveau tuteur devrait requérir la levée des scellés, faire dresser inventaire, et poursuivre la vente des meubles, pour les biens faisant partie de la succession qui s'est ouverte.

II. — *Quels sont les pouvoirs du tuteur sur la personne du pupille?*

Le tuteur a sur son pupille les droits d'éducation et de correction, il peut même, s'il y est autorisé par le conseil de famille, provoquer sa réclusion. Mais ces droits sont plus ou moins étendus, suivant que la tutelle est exercée par le survivant des père et mère, ou par une autre personne. Ainsi, dans ce dernier cas, le conseil de famille fixe lui-même la somme annuelle qui doit être dépensée pour les besoins du mineur, et peut même retirer au tuteur la garde de l'enfant. (Art. 450, 454, 468.)

III. — *Quels sont les pouvoirs du tuteur sur les biens du pupille?*

Les pouvoirs du tuteur sur les biens du pupille sont ceux d'un administrateur, mais comme ces pouvoirs d'administrateur sont susceptibles de plus ou moins d'étendue, il faut, pour en avoir une notion bien exacte, déterminer quels sont les actes que le tuteur peut faire durant le cours de la tutelle.

A cet effet, on divise en cinq classes les actes de la tutelle, savoir :

1° Ceux que le tuteur peut faire seul.

2° Ceux qu'il ne peut faire qu'avec l'autorisation du conseil de famille.

3° Ceux qu'il ne peut faire qu'avec l'autorisation du conseil de famille et l'homologation du tribunal, c'est-à-dire son approbation.

4° Ceux qu'il ne peut faire qu'avec l'autorisation du conseil de famille, l'homologation du tribunal, et l'avis de trois jurisconsultes.

5° Ceux qu'il ne peut jamais faire.

Quels sont les actes que le tuteur peut faire seul?

Ils consistent :

1° A percevoir les fruits et revenus des biens, à consentir des baux de neuf ans.

2° A recevoir les capitaux mobiliers et en donner quittance.

3° A aliéner les inscriptions de rentes sur l'état et les actions de la Banque de France n'excédant pas 50 francs de revenu.

4° A poursuivre les débiteurs du pupille, à faire tous actes interruptifs de prescription, à intenter toutes actions mobilières et à défendre à toutes espèces d'actions.

C'est en la qualité d'administrateur que lui confère l'art. 450 que le tuteur peut faire les actes dont nous venons de parler.

Quels sont les actes que le tuteur ne peut faire qu'avec torisation du conseil de famille?

Ils consistent :

1° à accepter ou refuser une succession échue au mineur. (Art. 461.) — Quoique l'acceptation d'une succession ne puisse être faite par le tuteur que sous bénéfice d'inventaire, (art. 461), cette acceptation n'en est pas moins susceptible d'être préjudiciable au mineur. En effet, tout héritier est tenu de rapporter dans la succession les libéralités qu'il a reçu du défunt, mais il peut se dispenser de faire ce rapport en renonçant à la succession. On voit par là que l'acceptation d'une succession, même lorsqu'elle est faite sous bénéfice d'inventaire, n'est pas sans dangers. C'est pour ce motif que le législateur l'a placé à cet égard sous la dépendance du conseil de famille.

2° à accepter ou refuser une donation. (Art. 463.) — Ici il n'y avait aucun danger pour les intérêts pécuniaires du pupille à permettre au tuteur d'accepter. Si donc l'autorisation du conseil de famille a été néanmoins jugée nécessaire, ce n'est que pour prévenir le cas où la donation serait de nature à porter atteinte à l'honneur, ou à la considération de la famille. Mais, comme l'autorisation du conseil de famille n'est motivée, après tout, que par une question de convenance, l'article 935 permet aux ascendants de s'en affranchir, qu'ils soient ou non tuteurs.

3° A intenter une action immobilière. (Art. 464.)

4° A acquiescer à une action immobilière, intentée contre le mineur ; c'est-à-dire, à la reconnaître fondée, et donner gain de cause à celui qui l'intente. (Art. 464.)

5° A provoquer un partage des biens indivis, entre le mineur et les tiers, — lequel partage, devra être fait en justice. (Art. 465, 466.)

6° A aliéner des inscriptions de rente sur l'état, ou des actions de la Banque de France, au-dessus de 50 fr. de revenu. (Loi de 1806.)

Quels sont les actes que le tuteur ne peut faire, qu'avec l'autorisation du conseil de famille, et l'homologation du tribunal ?

Ils consistent :

1° à emprunter ;

2° a aliéner les immeubles du mineur ;

3° a hypothéquer. (Art. 457, 458.) Aux termes de l'art. 457, l'autorisation d'emprunter pour le mineur, d'aliéner ou hypothéquer ses biens, ne devra être accordée par le conseil de famille, que pour cause d'une nécessité absolue, ou d'un avantage évident. De plus, aux termes de l'article 459, les aliénations devront être faites aux enchères publiques.

Quels sont les actes que le tuteur ne peut faire, qu'avec l'autorisation du conseil de famille, l'homologation du tribunal, et l'avis de trois jurisconsultes ?

Il n'y a qu'un acte, à l'égard duquel, ces trois formalités soient simultanément imposées; c'est la transaction. (Art. 467.)

On appelle transaction, un contrat par lequel, les parties

terminent une contestation, au moyen de sacrifices réciproques. Si le législateur n'autorise pas aussi facilement la transaction que l'acquiescement, c'est que l'on ne peut pas supposer que le tuteur veuille acquiescer à la prétention du demandeur, si elle n'est pas évidemment fondée ; tandis que les sacrifices réciproques que se font les parties, lorsqu'elles transigent, sont une preuve qu'elles n'ont tout-à-fait tort ou raison ni l'une ni l'autre.

Quels sont les actes que le tuteur ne peut jamais faire ? Ils consistent :

1° à accepter purement et simplement une succession échue au mineur. (Art. 461.)

2° A disposer de ses biens à titre gratuit.

3° A se rendre acquéreur, amiablement, ou aux enchères publiques, des biens du pupille (art. 1596); à moins, toutefois, qu'il ne soit co-propriétaire avec lui des biens vendus. (M. Valette.)

4° A se rendre cessionnaire, à titre onéreux, de droits où créances existant contre le pupille.

5° A faire un compromis, c'est-à-dire, à remettre à un arbitre la décision des contestations qui intéressent le pupille ; (C. pr. art. 83.) car, en agissant ainsi, il ferait perdre à ce dernier le bénéfice de la protection que lui doit le ministère public, dans toute instance judiciaire.

NEUVIÉME SECTION.

Des comptes de tutelle.

Articles 469 à 475.

Tout tuteur n'est-il pas responsable de sa gestion ?

Oui, tout tuteur est responsable de sa gestion et doit en rendre compte, lors de la cessation de ses fonctions. (Art. 469.) Aux termes de l'article 470, les tuteurs, autres que le père ou la mère, peuvent en outre être tenu, durant la tutelle, de remettre au subrogé-tuteur des états de situation de leur gestion.

En quoi consistent les comptes de tutelle?

Ils consistent en un tableau des recettes et des dépenses. L'excédant de la recette sur la dépense, ou de la dépense sur la recette, se nomme *reliquat.*

Lorsqu'il y a un reliquat de recettes, le tuteur en est débiteur à l'égard du pupille, et les intérêts courent de plein droit, au profit de ce dernier, à partir de la clôture du compte. Lorsqu'il y a, au contraire, un reliquat de dépenses, le pupille devient débiteur de son tuteur, mais les intérêts ne commencent à courir qu'à partir du moment où la sommation de payer a été faite par ce dernier. (Art. 474.)

Comment les comptes de tutelle sont-ils rendus?

Ils peuvent être rendus amiablement ou judiciairement, suivant que les parties se trouvent d'accord ou non. (Art. 473.)

Dans le premier cas, ils sont reçus; soit par le mineur lui-même, lorsque la tutelle cesse parce qu'il a accompli sa vingt-unième année; soit par le nouveau tuteur lorsque celui qui rend ses comptes, a été destitué ou déchargé de la tutelle; soit, enfin, par le curateur, lorsque la tutelle cesse, à cause de l'émancipation du pupille.

Les frais de reddition de compte sont supportés par ce dernier, mais le tuteur doit en faire l'avance. (Art. 471.)

Le mineur peut-il dispenser son tuteur de la reddition des comptes?

Non; il ne peut pas non plus renoncer à attaquer ses comptes, avant qu'il se soit écoulé dix jours, depuis qu'ils lui ont été remis. (Art. 472.)

Aux termes de l'art. 475, toute action du mineur contre son tuteur se prescrit par dix ans, à compter de la majorité, lorsqu'elle est relative aux faits de la tutelle. — Quant aux actions relatives, non plus aux faits de la tutelle, mais au compte même de tutelle, le Code n'établit aucune prescription particulière à leur égard , l'on doit conclure que le pupille peut, suivant le droit commun, les exercer pendant trente ans.

CHAPITRE III.

De l'émancipation.

Articles 475 à 487.

Qu'est-ce que l'émancipation?

L'émancipation est un état intermédiaire entre la minorité et la majorité. Dans un autre sens, on peut la définir : un acte par lequel un mineur devient capable de gouverner sa personne et d'administrer ses biens.

L'émancipation n'est-elle pas expresse ou tacite?

Oui. — l'émancipation tacite est celle qui a lieu par le mariage. (Art. 476.)

L'émancipation expresse est celle qui résulte de la déclaration du père ou de la mère du mineur, reçue par le juge de paix ; ou de la délibération du conseil de famille, suivie de la déclaration du juge de paix, qui le préside, que le mineur est émancipé. (Art. 477, 478.)

Quelles sont les personnes qui peuvent émanciper?

Ce sont :

1° le père ;

2° la mère, en cas de décès de celui-ci ;

3° le conseil de famille, lorsque les père et mère sont décédés.

Suivant quelques auteurs, il faudrait accorder à la mère le pouvoir d'émanciper l'enfant, lors même que le père est encore vivant, mais, que pour une cause ou pour une autre, il ne peut exercer la puissance paternelle. En effet, l'art.

141 l'investit formellement de cette puissance, en cas d'absence du mari.

A quel âge l'enfant peut-il être émancipé ?

Il peut être émancipé à l'âge de quinze ans révolus, lorsqu'il a son père ou sa mère ; mais il ne peut l'être qu'à l'âge de dix-huit ans accomplis, lorsqu'il se trouve sous l'autorité du conseil de famille. (Art. 477, 478.)

Dans ce dernier cas, lorsque le tuteur n'a fait aucune diligence pour l'émancipation, les parents du pupille, jusqu'au degré de cousin germain, pourront requérir du juge de paix la convocation du conseil de famille, pour délibérer à ce sujet ; et ce dernier devra déférer à cette réquisition. (Art. 479.)

Quels sont les effets de l'émancipation ?

Les effets de l'émancipation consistent, ainsi que nous le savons, à faire acquérir au mineur l'usufruit de ses biens personnels, ainsi qu'à lui permettre de gouverner sa personne et d'administrer son patrimoine. Mais ses pouvoirs à cet égard, sont limités par l'autorité du conseil de famille, qui continue de subsister, et par l'assistance d'un curateur.

A l'exception du mari, qui est de plein droit curateur de sa femme, et des père et mère émancipateurs qui sont de plein droit curateurs de l'enfant, le curateur est nommé par le conseil de famille. (Art. 480.)

Quels sont les pouvoirs de l'émancipé ?

Ils se bornent à la simple administration de ses biens. Afin de déterminer avec plus de précision les actes de la curatelle, on les divise en cinq classes savoir :

1º ceux que l'émancipé peut faire seul ;

2º ceux qu'il ne peut faire, qu'avec l'assistance de son curateur ;

3º ceux qu'il ne peut faire, qu'avec l'assistance de son curateur, et l'autorisation du conseil de famille ;

4º ceux qu'il ne peut faire, qu'avec l'assistance de son

curateur, l'autorisation du conseil de famille, et l'homologation du tribunal ;

5° ceux qu'il ne peut jamais faire.

Quels sont les actes que l'émancipé peut faire seul?

Ils consistent :

1° à passer des baux de neuf ans ;

2° à recevoir ses revenus, en donner décharge, et intenter
les actions qui y sont relatives. (Art. 481.)

*Quels sont les actes que l'émancipé ne peut faire, qu'avec
l'assistance de son curateur?*

Ils consistent :

1° à recevoir les comptes de tutelle ; (480.)

2° à intenter les actions immobilières, ou relatives aux
capitaux, et à y défendre,

3° à recevoir un capital mobilier et en donner décharge.
(Art. 482.)

4° à aliéner une inscription de rente de 50 francs et au-
dessous ;

5° à accepter une donation. (935.)

*Quels sont les actes que l'émancipé ne peut faire, qu'avec
l'assistance de son curateur, et l'autorisation du conseil de
famille?*

Ils consistent :

1° à accepter ou refuser une succession ;

2° à aliéner une inscription de rente, au-dessus de 50 fr. ;

3° à acquiescer à une demande immobilière,

*Quels sont les actes que l'émancipé ne peut faire, qu'avec
l'assistance de son curateur, l'autorisation du conseil de
famille, et l'homologation du tribunal?*

Ils consistent :

1° à aliéner ses immeubles;

2° à les hypothéquer ; (Art. 484.)

3° à emprunter; (Art. 483.)

4° à transiger.

Quels sont les actes que l'émancipé ne peut jamais faire ?

Ils consistent :

1° à disposer de ses biens à titre gratuit ;

2° à faire un compromis.

Les tribunaux n'ont-ils pas la faculté de réduire certains engagements, que l'émancipé a contracté, et qu'il pouvait, d'ailleurs, valablement contracter ?

Oui, aux termes de l'article 484, les obligations que l'émancipé aurait contracté, par voie d'achat ou autrement, sont réductibles, en cas d'excès : les tribunaux prendront à ce sujet en considération, la fortune du mineur, la bonne ou la mauvaise foi des personnes qui auront contracté avec lui, l'utilité ou l'inutilité des dépenses.

Ces obligations sont, d'ailleurs, parfaitement valables en elles-mêmes ; aussi sont-elles réduites et non pas annulées.

Cette réduction peut entraîner la perte de l'émancipation, qui sera retirée suivant les mêmes formes que celles qui ont eu lieu pour la conférer. (Art. 485.)

Par exception, l'émancipation ne peut être révoquée lorsqu'elle a lieu par le mariage.

Que devient le mineur dont l'émancipation a été révoquée ?

Dès le jour où l'émancipation a été révoquée , le mineur rentre en tutelle, ou en puissance paternelle ; il ne peut plus en être affranchi par une nouvelle l'émancipation. (Art. 486).

Aux termes de l'article 487, le mineur émancipé qui fait un commerce, est réputé majeur, pour les faits relatifs à ce commerce.

LIVRE I. TITRE XI.

—

DE LA MAJORITÉ, DE L'INTERDICTION, ET DU CONSEIL JUDICIAIRE.

—

Des trois classes d'incapables dont nous avons parlé, les femmes mariées, les mineurs, et les interdits, nous connaissons maintenant les deux premières. Il ne nous reste plus qu'à examiner l'état des interdits ; c'est-à-dire, des majeurs qui ne peuvent exercer les droits dont ils ont la jouissance, à cause de leur infirmité d'esprit.

Mais avant d'aborder ce sujet, nous devons signaler la différence remarquable qui existe entre l'état des mineurs et celui des majeurs incapables : l'incapacité des premiers est de droit commun, elle résulte de la minorité ; au contraire, l'incapacité des seconds est opposée au droit commun, elle ne peut résulter que d'une décision judiciaire.

On distingue, d'ailleurs, à l'égard des majeurs, comme pour les mineurs, deux degrés d'incapacité, savoir : l'interdiction proprement dite, c'est-à-dire la privation absolue de l'exercice des droits civils ; et la demi-interdiction, où conseil judiciaire ; c'est-à-dire, la privation partielle de cet exercice. Le titre XI comprend les trois chapitres suivants :

Chapitre I. — De la majorité.
Chapitre II. — De l'interdiction.
Chapitre III. — Du conseil judiciaire.

CHAPITRE I

De la majorité.

Article 488.

Qu'est-ce que la majorité ?

On appelle majorité, l'époque où les personnes sont considérées comme capables d'exercer leurs droits civils.

Cette époque est fixée par la loi à l'âge de vingt-un ans accomplis ; à cet âge, on est capable de tous les actes de la vie civile, sauf les exceptions relatives au mariage, et celles nées de l'interdiction et de la nomination d'un conseil judiciaire.

La majorité se calcule-t-elle de jour à jour, où d'heure à heure.

Suivant quelques auteurs, elle devrait se calculer de jour à jour, comme pour la prescription. Mais il est préférable d'admettre, avec le plus grand nombre, qu'on doit la calculer d'heure à heure ; autrement on ne s'expliquerait pas, pourquoi l'article 57 exige que la mention du jour et de l'heure soit portée sur l'acte de naissance. (MM. Valette, Demolombe.)

CHAPITRE II

De l'interdiction.

articles 489 à 512.

Quel est l'objet de ce chapitre?

Ce chapitre comprend les trois questions suivantes :

1° Des causes de l'interdiction.

2° De ses effets.

3° De l'interdiction légale, et de la condition des aliénés non interdits.

I. — Des causes de l'interdiction.

N'y a-t-il pas deux espèces d'interdiction?

Oui, la loi reconnait deux espèces d'interdictions, savoir : l'interdiction légale, dont nous avons précédemment parlé, au chapitre de la privation des droits civils ; et l'interdiction judiciaire. C'est de cette dernière dont nous allons nous occuper ici.

Qu'est-ce que l'interdiction judiciaire?

L'interdiction judiciaire est l'état d'un majeur qui a été déclaré, par un jugement, incapable d'exercer ses droits civils.

Quelles sont les causes d'interdiction?

Les causes d'interdiction sont : l'imbécillité, la démence, ou la fureur.

Ces trois états doivent être habituels pour donner lieu à l'interdiction ; mais d'un autre côté, ils peuvent la motiver, tout en présentant des intervalles de lucidité. (Art. 489).

Quelles sont les personnes qui peuvent être interdites?

Toute personne peut être interdite, même les mineurs, puisqu'aux termes des articles 174 et 175, l'interdiction de ces derniers doit être provoquée par les collatéraux où le tuteur, dans le cas d'opposition au mariage. L'interdiction des mineurs, ne sera pas, d'ailleurs, sans produire quelques effets ; elle les privera du droit de se marier et de tester.

Quelles sont les personnes qui peuvent former une demande en interdiction?

Ce sont :

1° les parents du malade ;

2° son conjoint ;

3° le procureur impérial.

Ce dernier ne peut la provoquer dans les cas d'imbécillité où de démence, que lorsqu'on ne connait au malade aucun époux ni parent. Mais il est, au contraire, tenu de la former dans les cas de fureur, si l'interdiction n'est pas provoquée par ces derniers. (Art. 490. 491).

Suivant quelques auteurs, il faudrait accorder à la personne elle-même qui se sent incapable d'exercer ses droits civils, la faculté de demander son interdiction, sauf aux tribunaux à rejeter sa demande, si elle parait mal fondée.

Quels sont les tribunaux compétents pour prononcer sur la demande en interdiction?

Ce sont les tribunaux de première instance. La demande

en interdiction y est adressée au moyen d'une requête au président, dans laquelle les faits d'imbécillité, de fureur ou de démence, seront articulés par écrit. (Art. 492, 493.)

Si la demande lui paraît admissible, le tribunal ordonnera que le conseil de famille donne son avis sur l'état du malade.

Ce conseil sera formé, comme nous l'avons vu pour la tutelle. Toutefois, ceux qui auront provoqué l'interdiction, ne pourront en faire partie, à l'exception du conjoint et des enfants du malade, qui n'y auront pas, d'ailleurs, voix délibérative.

Après avoir reçu l'avis du conseil de famille, le tribunal interrogera le malade dans la chambre du conseil ; ou le fera interroger dans sa demeure, par un de ses membres, s'il ne peut s'y rendre; en présence du procureur impérial.

Après le premier interrogatoire, si pour une cause ou pour une autre, l'interdiction ne pouvait être prononcée de suite, le tribunal commettra un administrateur provisoire, pour prendre soin de la personne et des biens du malade.

Le jugement sur l'interdiction sera rendu en audience publique. En cas d'appel, la cour impériale pourra, si elle le juge nécessaire, interroger de nouveau le malade.

Afin d'avertir les tiers qui pourraient avoir à traiter avec lui, tout arrêt ou jugement emportant interdiction sera affiché dans l'auditoire du tribunal et dans les études des notaires de l'arrondissement. (Art. 494, 495, 496, 497, 498, 500, 501.)

Le tribunal, saisi d'une demande en interdiction, n'a-t-il pas la faculté de prendre un parti intermédiaire, qui ne soit, ni le rejet, ni l'adoption pure et simple de la demande?

Oui ; si l'état du malade ne lui parait pas suffisamment grave, il peut, en rejetant la demande en interdiction pure et simple, prononcer la demi-interdiction; c'est-à-dire, nommer un conseil judiciaire, sans l'assistance duquel, le défendeur ne pourra pas faire certains actes, qui sont de nature à compromettre sa fortune. (Art. 499.)

§ II. — Des effets de l'interdiction.

Quels sont les effets de l'interdiction?

Les effets de l'interdiction sont de rendre l'interdit incapable de gouverner sa personne et ses biens, et de donner ouverture à la tutelle. (Art. 505.)

A partir de ce moment, les actes passés par l'interdit sont nuls de plein droit; c'est-à-dire, qu'ils peuvent être judiciairement annulés par le seul fait de l'interdiction, et sans qu'on ait à examiner, s'ils ont été contractés par lui dans un intervalle lucide, ou s'ils lui sont préjudiciables, ou non. (Art. 502.)

Les actes faits par l'interdit, avant son interdiction, sont-ils également nuls de plein droit?

Non, ils ne sont pas également nuls de plein droit, et pour en faire prononcer judiciairement la nullité, il ne suffirait pas d'alléguer que l'interdiction a été prononcée. Mais ils pourraient être annulés, en prouvant qu'à l'époque où ils ont été contractés, la folie était habituelle et notoirement connue. Pour les faire maintenir, l'adversaire devrait alors établir, que malgré son état habituel de folie, le malade se trouvait dans un intervalle lucide, au moment même où il a contracté. (Art. 503.)

Les actes faits par une personne décédée, pourraient-ils être attaqués par ses héritiers, pour cause de démence?

Ils ne pourraient être attaqués par ceux-ci qu'à la charge d'établir: — ou bien, que l'interdiction de leur auteur a été prononcée, ou provoquée, avant son décès, — ou bien, que la preuve de la démence résulte de l'acte même qui est attaqué. (Art. 504.)

Cette théorie n'est d'ailleurs applicable qu'aux actes à

titre onéreux ; car, aux termes de l'article 901, les donations
ou testaments, peuvent être attaqués par les héritiers, sous
le seul prétexte que leur auteur n'était pas sain d'esprit.

Par qui est déférée la tutelle des interdits ?

La tutelle des interdits est toujours déférée par le conseil
de famille, sauf le cas ou l'interdiction serait prononcée
contre une femme mariée. Le mari en serait alors tuteur de
plein droit. (Art. 506.)

De même que celui qui est donné aux mineurs, le tuteur
qui est donné aux interdits exerce ses fonctions sous l'autorité d'un conseil de famille, et sous la surveillance d'un subrogé-tuteur. Ses droits et ses devoirs sont les mêmes sauf
deux exceptions. En premier lieu, il doit employer les
revenus de l'interdit à adoucir son sort et à accélérer sa gué-
rison, plutôt que de les capitaliser ; en second lieu, il peut,
au bout de dix ans, se faire décharger de la tutelle, s'il n'est
ni l'époux, ni l'ascendant, ni le descendant de l'interdit.
(Art. 508, 509, 510.)

Aux termes de l'article 511, le tuteur ne peut disposer des
biens de l'interdit pour l'établissement de ses enfants, sans
y être autorisé par une décision du conseil de famille, ho-
mologuée par le tribunal.

Comment cesse l'interdiction ?

L'interdiction cesse avec les causes qui l'ont déterminée :
néanmoins, l'interdit ne pourra reprendre l'exercice de ses
droits qu'après un jugement qui la lève ; et, ce jugement ne
pourra être obtenu qu'en suivant les formalités prescrites
pour parvenir à l'interdiction. (Art. 512.)

§ III. — De l'interdiction légale et de la condition des aliénés
non interdits.

*En quoi l'interdiction légale diffère-t-elle de l'interdiction
judiciaire ?*

L'interdiction légale est établie *contre* l'interdit, pour

l'empêcher de trouver dans la disposition de ses biens les ressources nécessaires pour faciliter son évasion L'interdiction judiciaire est établie, au contraire, *dans l'intérêt* de l'interdit, afin de l'empêcher de faire de ses biens un usage nuisible.

De là naissent ces trois différences :

1° que l'interdit légal peut tester;

2° qu'il est même, suivant une opinion assez généralement suivie, capable de contracter mariage, tandis que l'interdit judiciaire ne peut faire aucun de ces deux actes;

3° enfin, que la nullité des actes fait par l'interdit légal, peut être invoquée par toute personne intéressée, au lieu que celle des actes faits par l'interdit judiciaire ne peut l'être que par lui ou par ses représentants.

Quel est l'état des aliénés contre lesquels l'interdiction n'a pas été prononcée?

Leur état est aujourd'hui réglé par la loi de 1838. Cette loi dispose :

1° que les aliénés peuvent être enfermés dans une maison de santé, sans avoir auparavant été interdits, comme cela se pratiquait, antérieurement à cette loi;

2° que les actes qu'ils ont consenti, avant leur entrée dans la maison de santé, peuvent être attaqués par eux, pendant dix ans, à dater de la signification de leur obligation;

3° enfin, qu'après leur entrée dans la maison de santé, ils reçoivent un administrateur provisoire, nommé par le tribunal.

CHAPITRE III.

Du conseil judiciaire, ou de la demi-interdiction.

Articles 513 à 515.

Qu'est-ce que la demi-interdiction ?

La demi-interdiction est un état intermédiaire entre la capacité parfaite et l'incapacité absolue.

Il est défendu aux personnes qui se trouvent dans cet état: de plaider, de transiger, d'emprunter, de recevoir un capital mobilier et d'en donner décharge, d'aliéner ni de grever leurs biens d'hypothèques, sans l'assistance d'un conseil, qui leur est nommé par le tribunal. (Art. 513.)

Ils peuvent, d'ailleurs, faire tous les actes autres que ceux que nous venons d'énumérer.

Quelles sont les personnes qui sont pourvues d'un conseil judiciaire ?

Ce sont les prodigues, ou les individus qui se trouvent en état d'imbécillité, de démence ou de fureur, mais dont l'état de folie n'est pas assez complet pour qu'on puisse demander leur interdiction.

Par qui la demande en nomination d'un conseil judiciaire peut-elle être formée ?

Elle peut être formée par les personnes mêmes qui ont qualité pour provoquer l'interdiction ; leur demande doit être instruite et jugée de la même manière. Le ministère public doit y être entendu. (Art. 514, 515.)

Quelle différence y a-t-il entre l'état des interdits, et celui des personnes qui sont pourvues d'un conseil judiciaire ?

Les interdits se trouvent dans un état d'incapacité générale et absolue ; ils ne peuvent jamais agir par eux-mêmes ; ils sont représentés dans tous les actes par un tuteur. Au contraire, les personnes qui sont pourvues d'un conseil judiciaire sont incapables d'une manière toute exceptionnelle, puisqu'ils le sont seulement pour les actes énumérés par l'article 513; ils peuvent agir par eux-mêmes et ne sont pas représentés par un tuteur, comme les interdits, mais assistés d'un conseil.

Quelle différence y a-t-il entre l'état des émancipés, et celui des personnes qui sont pourvues d'un conseil judiciaire?

La principale différence entre ces deux états consiste en ce que les prodigues peuvent accomplir toute espèce d'actes, avec la seule assistance de leur conseil; tandis que les émancipés ne peuvent accomplir certains actes, qu'avec l'autorisation du conseil de famille, ou même, avec l'approbation du tribunal.

LIVRE DEUXIÈME

DES BIENS ET DES DIFFÉRENTES MODIFICATIONS
DE LA PROPRIÉTÉ.

Le droit civil comprend trois objets : les personnes, les choses, les actions.

Nous venons de parcourir dans le livre précédent les principes généraux du droit concernant les personnes; il nous reste à étudier ici, ceux qui concernent les biens.

Quant aux actions elles sont une dépendance du Code de Procédure. Par conséquent nous n'avons pas à nous en occuper dans ce traité.

Dans le sens juridique, nous entendons par *biens*, les choses qui contribuent au bien être de l'homme, et qui sont en même temps susceptibles d'une appropriation particulière, c'est-à-dire qui ne peuvent appartenir à une personne qu'a l'exclusion de toute autre. Ainsi: l'air, la lumière, les éléments, ne sont pas regardés ici comme des biens, parce que tous les êtres peuvent en jouir à discrétion, sans que la jouissance des uns fasse obstacle à la jouissance des autres. Mais, au contraire, le sol, les bâtiments, les animaux, sont des biens, parce que tous les êtres ne peuvent en user à la fois sans se nuire les uns aux autres. C'est donc comme synonyme de *biens* que l'expression de *choses* est employée par le Code. De là viennent ces dénominations de droits réels et droits personne's, qui expriment les deux objets auxquels peuvent s'appliquer les droits.

Nous n'avons pas à revenir ici sur cette distinction des droits réels et personnels, dont nous avons parlé au titre préléminaire. Nous ferons seulement observer, que les droits

17

réels supposent un pouvoir qui va directement d'une personne à une chose ; au lieu que les droits personnels supposent un pouvoir qui ne va de la personne à la chose, qu'en passant par l'intermédiaire d'une autre personne obligée à la procurer.

Le livre II comprend les quatre titres suivants :

Titre I. — De la distinction des biens. — (Décrété le 25 janvier 1804 ; promulgué le 4 février.)

Titre II. — De la propriété. — (Décrété le 27 janvier 1804 ; promulgué le 6 février.)

Titre III. — De l'usufruit, de l'usage et de l'habitation. — (Décrété le 30 janvier 1804 ; promulgué le 9 février.)

Titre IV. — Des servitudes ou services fonciers. — (Décrété le 31 janvier 1804 ; promulgué le 10 février.)

LIVRE II. TITRE I.

DE LA DISTINCTION DES BIENS.

L'utilité des choses étant plus ou moins étendue, et leur faculté d'appropriation devant s'exercer différemment, suivant leur nature et leurs qualités, il est nécessaire, avant d'aborder le sujet principal de ce livre, la propriété et ses démembrements, d'examiner les qualités naturelles et juridiques des choses et de classer celles-ci en conséquence. C'est là l'objet du titre Ier.

Les biens se divisent naturellement en *corporels* et en *incorporels*. Les premiers sont ceux qui ont une existence matérielle, qu'on peut voir ou toucher ; les seconds sont ceux qui, n'ayant pas de corps, ne peuvent être reconnus par les sens et se conçoivent seulement par l'intelligence ; tels sont les créances et les droits, en général. Par exception, le droit de propriété est cependant classé au nombre des choses corporelles, quoiqu'il ne tombe pas plus sous les sens que tout autre droit.

L'article 516 indique une seconde division des biens, en biens *meubles* et biens *immeubles*. On entend par biens meubles, ceux qui n'ont pas de situation, et peuvent se transporter ou être transportés d'un lieu à un autre. On entend par biens immeubles, ceux qui ne sauraient, au contraire, se mouvoir ni être déplacés, sans atteinte à leur nature ou à leur destination.

Cette division des biens en meubles et en immeubles est très-importante. En effet ces deux classes de biens sont soumises à des règles différentes sous plusieurs rapports, et notamment sous celui de leur aliénation, de leur saisie, ou de la compétence des tribunaux.

Le titre Ier du livre II comprend les trois chapitres suivants.

Chapitre Ier. — Des immeubles.

Chapitre II. — Des meubles.

Chapitre III. — Des biens dans leur rapport avec ceux qui les possèdent.

CHAPITRE Ier.

Des immeubles.

Art. 517 à 526.

En combien de classes divise-t-on les immeubles ?

On les divise en trois classes, savoir :

1° les immeubles par nature ;

2° les immeubles par destination ;

3° les immeubles par l'objet auquel ils s'appliquent. (Art. 517.)

§ I. — Des immeubles par nature.

Qu'appelle-t-on immeuble par nature?

On appelle immeuble par nature les choses qui ne peuvent supporter aucun déplacement sans être détruites, ou qui se trouvent immobilisées à perpétuité par une adhérence naturelle au sol.

Quels sont les objets que le code range parmi les immeubles par nature?

Ce sont :

1° les fonds de terre et les bâtiments ;

2° les moulins à eau ou à vent, fixés sur piliers, ou, faisant partie de bâtiments ;

3° les récoltes pendantes par branches ou par racines ;

4° les bois taillis ou de futaies, qui n'ont pas été mis en coupes;

5° les tuyaux servant à la conduite des eaux, dans une maison ou autre héritage. (Art. 518, 519, 520, 521, 523.) L'article 523 place, il est vrai, ces tuyaux parmi les immeubles par destination ; mais il n'est pas douteux qu'ils ne soient des immeubles par nature, car ils font partie intégrante de la maison ou de l'héritage auquel ils adhèrent. (M. Valette)

Que faut-il entendre par bâtiments?

Suivant les uns, il faut entendre par bâtiments, non-seulement la construction principale, mais encore tous les accessoires qui n'en pourraient être séparés sans fracture ou détérioration, qu'ils y aient été placés ou non par le propriétaire. (M. Bugnet.)

Suivant les autres, il ne faut entendre par bâtiment que la construction principale et ceux des accessoires sans lesquels elle ne serait pas complète et ne pourrait pas subsister; tels que les portes, fenêtres, serrures. Nous verrons, en effet, tout à l'heure, que les accessoires qui tiennent à la construction par une adhésion matérielle, mais qui n'y sont pas absolument nécessaires, sont des immeubles par destination, et non des immeubles par nature.

Quoique les récoltes pendantes par branches et par racines soient des immeubles, ne peut-on pas les saisir comme des choses mobilières?

Oui, cela a lieu dans la *saisie-brandon;* mais ce n'est qu'à titre d'exception. En autorisant cette forme de procédure, le législateur a voulu éviter au débiteur les frais d'une saisie immobilière, et permettre au créancier d'agir avec plus de célérité.

§ II. — Des immeubles par destination.

Qu'appelle-t-on immeubles par destination?

On appelle immeubles par destination, les choses mobilières, qui sans faire partie intégrante d'un fond, y ont été attachés à perpétuelle demeure par le propriétaire, soit *intel-lectuellement*, soit *matériellement*.

De là deux classes d'immeubles par destination, savoir:

1° lés objets que le propriétaire a placé dans un fond pour son service ou son exploitation, tels que : les animaux atta-chées à la culture ; — les ustensiles aratoires ; — les semen-ces données au fermier ou colon partiaire ; — les pigeons des colombiers ; — les lapins des garennes ; — les ruches à miel ; — les poissons des étangs : — les pressoires, chau-dières, alambies, cuves et tonnes; — les ustensiles néces-saires à l'exploitation des forges ; — les pailles et engrais.— (Art. 524.)

La volonté du propriétaire établit entre tous ces objets et le fond sur lequel ils se trouvent placés un lien *intellectuel*, qui les fait considérer comme formant une seule et même chose.

2° Les effets mobiliers que le propriétaire a attaché au fond à perpétuelle demeure, et par un lien tout *matériel*, en les y faisant sceller, ou en les unissant de telle sorte qu'ils ne pourraient en être séparés sans fracture ou détériora-tions. Ainsi: les glaces, tableaux ou statues, deviennent im-meubles par destination, lorsqu'ils sont encastrés dans la boi-serie, ou placés dans une niche pratiquée exprès pour les recevoir. Ils servent alors, comme le dit Pothier, à com-pléter la maison, et non pas seulement à la meubler. (Art. 524, 525.)

Pourquoi l'article 522, en parlant des animaux que le propriétaire du fond livre au fermier pour la culture, dit-il, qu'ils sont censés immeubles, qu'ils aient été estimés ou non ?

C'est pour indiquer qu'il ne faut pas s'attacher ici aux effets habituels de l'estimation En effet, en général, l'estima-tion de meuble vaut vente; mais si l'on suivait ce principe, il faudrait décider qu'il est permis au fermier de séparer du fond les animaux qui lui ont été livrés après avoir été estimés, qu'il peut en disposer complètement, sauf à en restituer l'équivalent à la fin de son bail. Par conséquent ceux-ci ne se trouveraient plus intellectuellement attachés au fond à perpétuelle demeure, par la volonté du propriétaire. On ne doit donc pas s'attacher ici aux effets ordinaires de l'estimation; mais la considérer comme une simple formalité ayant pour objet de constater le nombre et l'état des animaux livrés.

§ III. — Des immeubles par l'objet auquel ils s'appliquent.

Qu'appelle-t-on immeubles par l'objet auquel ils s'appliquent?

On appelle ainsi les droits qui ont pour objet des immeubles, par exemple :

1° l'usufruit des choses immobilières ;
2° les servitudes ou services fonciers ;
3° les actions en revendication d'immeubles.

A propos de ces actions en revendication, nous ferons observer, qu'elles ne s'exercent que dans le cas ou on réclame un objet individuellement déterminé. Ainsi, lorsqu'on prétend avoir acheté un certain nombre d'hectares à prendre sur un domaine, ce n'est que par une action personnelle qu'on peut obliger le vendeur à en faire la remise ; tandis qu'on devrait agir, au contraire, par l'action réelle, si l'on avait acheté un fond ou une partie de fond spécialement désigné.

Certains droits mobiliers ne peuvent-ils pas être convertis en droits immobiliers?

Oui, les décrets de 1803 et 1810 permettent aux particuliers de convertir en droits immobiliers les rentes sur l'Etat, et les actions de la Banque de France, ainsi que celles des canaux d'Orléans et du Loing.

CHAPITRE II

Des meubles.

Articles 527 à 536.

En combien de classes divise-t on les meubles?

On les divise en deux classes, savoir :

1° les meubles par leur nature ;

2° les meubles par détermination de la loi, où plutôt par l'objet auquel ils s'appliquent.

Il n'y a pas de meubles par destination, car on ne peut pas concevoir qu'une chose immobilière, puisse devenir l'accessoire d'un objet mobilier en s'y unissant. (Art. 527).

§. I. Des meubles par leur nature.

Qu'appelle-t-on meubles par leur nature?

On appelle meubles par leur nature, toutes les choses qui peuvent se mouvoir, où être mises en mouvement ; comme les animaux, les outils et ustensiles, les grains coupés, les fruits cueillis, les moulins non fixés par des piliers, en un mot tout ce qui n'est pas immeuble. (Art. 528, 531).

Les matériaux provenant de la démolition d'un édifice, ceux assemblés pour en construire un nouveau, sont également meubles par nature, jusqu'à ce qu'ils soient employés par l'ouvrier dans une construction. (Art. 532).

§. II. Des meubles par l'objet auquel ils s'appliquent.

Qu'appelle-t-on meubles par l'objet auquel ils s'appliquent?

On appelle ainsi les droits qui sont relatifs à des meubles, par exemple :

1° l'usufruit des choses mobilières ;

2° les obligations et actions qui ont pour objet des sommes exigibles, où des effets mobiliers ;

3º les actions où intérêts dans les compagnies de finance, de commerce ou d'industrie, encore que des immeubles dépendant de ces entreprises, appartiennent aux compagnies;

4º les rentes perpétuelles où viagères, soit sur l'Etat, soit sur des particuliers. (Art. 529).

Qu'entend-on par ces mots obligations et actions, ayant pour objet des sommes exigibles?

L'obligation est un lien de droit, par lequel une personne est astreinte envers une autre, à donner, à faire, où à ne pas faire. Celui qui est obligé, se nomme débiteur; celui envers lequel on est obligé, se nomme créancier. On appelle action le moyen légal dont se sert le créancier pour contraindre le débiteur à s'exécuter, en le poursuivant devant les tribunaux. L'obligation, et l'action qui en dérive, sont des meubles, lorsqu'elles ont pour objet des effets mobiliers où des sommes exigibles.

Cette expression de sommes *exigibles* est ici employée par le Code pour distinguer les créances ordinaires des rentes dont le capital n'est jamais remboursable.

Qu'entend-on par actions où intérêts dans les compagnies?

Outre son sens général, dont nous venons de parler, le mot action a encore une acception particulière.

C'est ainsi qu'on entend par action où intérêt dans les compagnies de finance, de commerce, où d'industrie, le droit qui appartient à chaque sociétaire de retirer une part de l'actif actuel et futur.

Pourquoi le Code décide-t-il que les actions où intérêts dans les compagnies de finance, de commerce, où d'industrie, sont des meubles ; encore que des immeubles dépendans de ces entreprises appartiennent aux compagnies ?

C'est parce que ces actions où intérêts ne permettent pas

aux sociétaires d'exiger une portion des immeubles qui dé-
pendent de l'entreprise; mais bien, de retirer des sommes
d'argent provenant des gains de la société. En effet, ces immeubles sont affectés à la garantie des créanciers sociaux;
tant que dure la société les associés n'y ont pas plus de
droits actuels que des héritiers n'en auraient sur une succession qui n'est pas encore ouverte. Ce n'est qu'au moment de sa dissolution qu'ils ont un droit acquis de co-
propriété, et qu'ils peuvent en demander le partage ; alors
ils n'ont plus à attendre de dividendes en argent, et le droit
jusque là exclusivement mobilier que leur procurait ces actions où intérêts se convertit en un droit immobilier.

Qu'entend-on par rentes?

On entend par *rentes*, le droit qui appartient à une personne d'exiger d'une autre personne des prestations pério-
diques en argent ou en nature, qu'on appelle *arrérages.*

Ainsi, la rente est une créance, mais elle diffère des créances ordinaires, en ce que le débiteur ne peut pas être
contraint de faire le remboursement du capital qu'il a reçu.
C'est en ce sens qu'on dit qu'elle n'est pas exigible. Une seconde différence, c'est que la rente perpétuelle est essentiellement rachetable.

Comment se divisent les rentes?

Les rentes sont :

foncières où constituées;

perpétuelles où viagères.

Les rentes foncières, sont celles qui s'établissent au profit
d'une personne, par l'abandon qu'elle fait d'un immeuble à
une autre personne, moyennant une redevance annuelle en
argent où en nature. Les rentes constituées, sont celles qui
s'établissent au profit d'une personne, par l'abandon qu'elle
fait d'un capital mobilier à une autre personne, moyennant
la même redevance.

Les rentes foncières et les rentes constituées, peuvent

également être viagères où perpétuelles. — Elles sont viagères, lorsque la redevance annuelle ne doit être fournie que
pendant la vie d'une personne désignée ; elles sont, au contraire, perpétuelles, lorsque cette redevance doit être fournie
indéfiniment.

*Pourquoi les rentes foncières constituent-elles un droit
mobilier comme les rentes constituées?*

Puisque les rentes foncières s'établissent par l'aliénation
d'un immeuble, il semble assez naturel, au premier abord,
de les considérer comme des droits immobiliers. C'est ce qui
avait lieu, en effet, dans notre ancien droit. Les rentes foncières étaient attachées à un immeuble, elles constituaient
un véritable démembrement du droit de propriété. Ainsi,
le créancier de la rente foncière pouvait en réclamer le
payement, non seulement à la personne qui s'était engagée
à la fournir, mais à toute personne se trouvant détenteur de
l'immeuble grevé; et comme ce détenteur n'était poursuivi
que parce qu'il avait l'immeuble entre les mains, il pouvait
se libérer; en en faisant l'abandon; c'est ce qu'on appellait
déguerpissement. On regardait, au contraire, les rentes
constituées comme des droits purement mobiliers, parce
que le créancier ne pouvait s'en faire payer que par la personne qui avait consenti à les fournir, et que celle-ci n'avait
aucun moyen de se soustraire à cette obligation.

Dans notre législation actuelle, le créancier de rentes
foncières ne conserve plus aucun droit réel sur l'immeuble
aliéné ; il ne peut exercer de poursuites que contre la personne même qui a consenti à les fournir; et cette dernière a
la faculté de se libérer, sans faire abandon de l'immeuble,
en en restituant seulement la *valeur.* Il résulte de là, que les
rentes foncières constituent comme les rentes constituées
un droit purement mobilier ; c'est pourquoi il n'existe
entr'elles aucune différence sous ce rapport.

Sous quels rapports distingue-t-on encore aujourd'hui ces deux espèces de rentes?

On les distingue principalement :

1° par la manière dont elles s'établissent. Les rentes foncières prennent naissance par l'abandon d'un immeuble, moyennant un chiffre déterminé d'arrérages. Les rentes constituées, au contraire, prennent naissance au moyen de l'abandon d'un capital mobilier, ou du prix d'aliénation d'un immeuble;

2° par leur délai de rachat. Dans les rentes foncières, les parties peuvent convenir que le rachat n'aura lieu qu'après trente ans; dans les rentes constituées, elles peuvent convenir qu'il s'effectuera au bout de 10 ans.

Quelles sont les diverses acceptions du mot meuble ?

Dans les articles 533, 534, 535 et 536, le code détermine les diverses acceptions de ce mot; mais on ne peut en faire une application rigoureuse de ces articles, car le législateur lui-même y déroge en plusieurs circonstances. Quoiqu'il en soit, suivant les distinctions établies par ces articles, les mots, *biens meubles, mobiliers* ou *effets mobiliers*, s'entendent de tout ce qui n'est pas immeuble — le mot *meuble* tout seul ne comprend pas l'argent comptant, les créances, les denrées, etc. — et enfin les mots *meubles meublants* ne s'appliquent qu'aux meubles destinés à l'usage et à l'ornement des appartements.

CHAPITRE III.

Des biens dans leurs rapports avec ceux qui les possèdent.

Articles 537 à 513.

A qui les biens peuvent-ils appartenir?

Ils peuvent appartenir, soit à des particuliers, soit à des personnes morales; telles que l'Etat, les départements, les communes et les établissements publics.

Les biens des particuliers sont régis par les règles du code

Napoléon; ceux des personnes morales sont assujéties à des lois spéciales qui dérivent du droit administratif. (Art. 537.)

Les biens de l'Etat se divisent, d'ailleurs, en biens du domaine public, biens du domaine de l'Etat, et biens de la liste civile.

Quels sont les biens du domaine public?

Ce sont ceux qui sont affectés à l'usage commun des citoyens, ou à la défense de la nation, comme, les chemins, routes et rues à la charge de l'Etat, les fleuves ou rivières navigables ou flottables, les rivages, les ports, les rades, les fossés et remparts des places de guerre.

Ces biens sont inaliénables et imprescriptibles; ils ne peuvent changer de destination qu'en vertu d'une loi. (Art. 540.)

Quels sont les biens du domaine de l'Etat?

Ce sont ceux qui appartiennent à l'Etat, sans être affectés à la défense de la nation, ou à l'usage commun des citoyens, comme les lais et les relais de la mer, les biens vacants et sans maîtres, ceux des personnes qui décèdent sans héritiers, les terrains et fortifications des anciennes places de guerre qui ont changé de destination.

C'est à tort que les articles 538, 539 et 541 rangent ces divers biens parmi ceux qui appartiennent au domaine public, car ils sont aliénables et prescriptibles.

Quels sont les biens de la liste civile?

Les biens de la liste civile sont ceux qui sont affectés spécialement à l'usage de l'Empereur. Ils comprennent une dotation annuelle de vingt-cinq millions, ainsi que la jouissance des palais impériaux et de leurs dépendances.

Qu'appelle-t on biens communaux?

On appelle ainsi, les biens immeubles à la propriété ou au produit desquels, les habitants d'une ou plusieurs communes ont un droit acquis. (Art. 542.)

Quels sont les droits qu'on peut avoir sur les biens?

On peut avoir sur les biens, soit un droit de propriété, soit un droit d'usufruit, soit un droit de servitude. (Art. 543.)

LIVRE II. TITRE II.

DE LA PROPRIÉTÉ.

Ce titre n'embrasse pas tout ce qui a rapport à la propriété; il ne traite pas, notamment, des diverses manières de l'acquérir. Après avoir établi le principe de la propriété et les éléments qui le composent, nous passerons au droit d'accession qui en résulte et l'étude de ce droit nous occupera principalement.

Le titre de la propriété est divisé par le Code en deux chapitres. Ces deux chapitres sont eux-mêmes précédés d'un paragraphe. Ainsi nous traiterons.

Du droit de propriété en général.

Chapitre I. — Du droit d'accession sur ce qui est produit par la chose.

Chapitre II. — Du droit d'accession sur ce qui s'unit et s'incorpore à la chose.

§ I. — Du droit de propriété en général.
Articles 544 à 546.

Quel est le fondement du droit de propriété?

On admet généralement que le droit de propriété a pour fondement le travail. Quoiqu'il en soit, la propriété est une des bases les plus essentielles de l'organisation sociale, et c'est là, à notre avis, sa meilleure justification. Elle est légitime parce qu'elle est nécessaire.

En quoi consiste le droit de propriété?

Il consiste, ainsi que le dit l'article 544, dans le droit de jouir et disposer des choses de la manière la plus absolue, pourvu qu'on n'en fasse pas un usage prohibé par la loi ou les règlements. — Mais cette définition de la propriété ne serait pas complète, si, à ces droits de jouir ou de disposer, on n'ajoutait pas celui d'user, que le législateur a confondu avec celui de jouir.

« Droit d'user, droit de jouir, droit de disposer, tels sont, dit M. Pellat, les droits élémentaires dont la réunion forme le droit complexe de propriété.

User, c'est se servir de la chose, l'employer à un usage qui puisse se renouveler.

Jouir, c'est percevoir les fruits, c'est-à-dire les produits matériels de cette chose.

Disposer, c'est faire de la chose un usage définitif, qui ne se renouvellera plus, au moins, pour la même personne, savoir : la transformer, la consommer, la détruire, la transmettre à un autre. »

Ces droits élémentaires appartiennent le plus souvent à la même personne. Mais, ils peuvent être entre des mains différentes, et ils constituent alors, les droits d'usage, d'usufruit, et de nue-propriété.

L'exercice du droit de propriété n'est-il pas soumis à certaines règles ?

Oui, il est soumis à certaines règles d'intérêt public. Ces règles qu'on a improprement appelées des servitudes, feront l'objet du titre IV de ce livre. Toutefois, nous devons dès à présent faire observer, qu'elles ont un caractère d'utilité plutôt que de restriction; qu'elles constituent plutôt la manière d'être de la propriété, qu'elles ne sont un assujétissement.

N'y a-t-il pas une exception au principe de l'inviolabilité de la propriété ?

Oui ; cette exception est contenue dans l'article 545, suivant lequel on peut être contraint de céder sa propriété pour cause d'utilité publique et moyennant une juste et préalable indemnité. — Nous n'avons pas à examiner ici les règles de l'expropriation, qui sont une dépendance du droit administralif. Bornons-nous à faire observer que très-probablement les législateurs qui ont organisé la propriété, n'auraient pas voté cet article 545, s'ils avaient prévu l'application qui en serait faite, un demi siècle plus tard.

Aux termes de l'article 546, la propriété d'une chose donne droit sur tout ce qu'elle produit et sur ce qui s'y unit accessoirement. Ce droit s'appelle droit d'*accession*.

CHAPITRE I.

Du droit d'accession sur ce qui est produit par la chose.

Articles 547 à 550.

Qu'est ce que l'accession?

L'accession, entendue dans un sens général, est un effet du droit de propriété, qui fait attribuer au propriétaire de la chose principale les choses accessoires qui s'y unissent et incorporent.

Mais, c'est improprement que le Code considère comme un moyen d'acquérir par accession, le droit qui appartient au propriétaire sur les produits de sa chose. C'est là tout simplement un effet du droit de propriété lui-même. Le propriétaire d'une chose a droit à chacune de ses parties; il n'a donc pas à les acquérir par accession. Ce n'est qu'à l'égard du possesseur de bonne foi, qui, bien qu'étranger à la propriété, en acquiert les fruits, qu'on peut considérer l'accession comme un véritable moyen d'acquérir les produits de la chose.

Qu'entend-on par les produits et les fruits d'une chose?

On entend par *produits* d'une chose, tout ce qu'on peut en retirer d'une manière quelconque; ces produits prennent le nom de *fruits*, lorsque la chose était destinée à les fournir.

Les fruits sont naturels, industriels et civils.

Les fruits naturels, sont ceux que la chose produit sans le fait de l'homme, par exemple : les fruits des arbres, le croît des animaux.

Les fruits industriels, sont ceux qu'elle produit avec le secours de l'homme, par exemple : les récoltes ensemencées.

Les fruits civils, sont ceux que l'on perçoit à l'occasion de la chose, par exemple : les loyers d'une maison, les arrérages d'une rente, les intérêts d'un capital.

Les fruits civils, ainsi que nous le verrons au titre de l'usufruit, s'acquièrent différemment que les fruits naturels ou industriels.

A qui appartiennent les fruits d'une chose?

Ils appartiennent au propriétaire de la chose ; mais ce n'est qu'à la charge par lui de rembourser les frais des labours, travaux et semences, faits par des tiers. Par exception, lorsque le propriétaire ne possède pas la chose, ils appartiennent au possesseur de bonne foi. (Art. 547, 548, 549.)

Qu'est-ce que la possession?

La possession est le fait d'avoir une chose à sa disposition et de s'en considérer comme propriétaire. Elle comprend donc deux éléments, savoir : la détention physique de la chose, et l'intention de la détenir comme sienne.

« Posséder une chose, dit M. Pellat, c'est avoir cette chose en sa puissance : voilà le sens vulgaire du mot. Ce n'est point encore là le sens précis de ce terme en jurisprudence. Il faut distinguer la détention de la possession. Avoir une chose en son pouvoir peut n'être encore que la *détenir*, — il faut l'avoir en son pouvoir, comme sienne, pour la *posséder*.

La *possession* est le *fait* qui répond au *droit* de *propriété* et qui peut s'y trouver réuni dans la même personne, ou en être séparé.

Je *possède* une chose quand je l'ai à ma disposition comme

manières : soit industriellement, soit naturellement ; en d'autres termes, par le fait de l'homme, ou sans le fait de l'homme:

Quel est le principe sur lequel est fondé le droit d'accession, relativement aux choses immobilières?

Le principe sur lequel est fondée l'accession des choses immobilières, est celui-ci : la propriété du sol emporte celle du dessus et du dessous. (Art. 552.)

Ce principe comporte, il est vrai, quelques exceptions, notamment en matière de mines ; mais il n'en constitue pas moins la règle du droit commun. Comme conséquence de cette règle, toutes constructions, plantations et ouvrages, sur un terrain, ou dans l'intérieur, sont présumés faits par le propriétaire, à ses frais, et lui appartenir, si le contraire n'est pas prouvé. (Art. 553.)

Comment pourrait-on combattre la présomption, que les constructions, plantations et ouvrages sur un terrain ont été faits aux frais du propriétaire et par lui?

On pourrait la combattre en établissant :

1° soit que les matériaux qu'il a employé, ou que les arbres qu'il a planté ne lui appartenaient pas;

2° soit que les constructions ou plantations, ont été faites, par un autre que par lui.

A qui appartiennent les constructions ou plantations faites par un propriétaire sur son terrain, avec les matériaux, ou les plantes d'autrui?

Elles appartiennent au propriétaire du terrain ; seulement celui-ci ne les acquiert ainsi par accession, qu'à la charge de rembourser la valeur des matériaux ou des plantes employées, à celui à qui ils appartenaient, et même de lui payer, s'il y a lieu, d'autres dommages-intérêts. (Art. 554.)

Notons, qu'au cas où la construction viendrait à être détruite, le maître des matériaux n'en recouvrerait pas la propriété comme en droit romain. Dans notre législation, l'acquisition qui résulte de l'accession est définitive, elle n'est subordonnée à aucune condition résolutoire. (Art. 712.)

A qui appartiennent les constructions ou plantations, faites par un tiers avec ses matériaux ou ses plantes, sur le terrain d'autrui?

Elles appartiennent également au propriétaire du terrain, qui, de même que dans le cas précédent, les acquiert en vertu du principe, que la propriété du sol emporte celle du dessus et du dessous. Quant à la question de savoir, s'il doit une indemnité au constructeur, il se présente à cet égard deux hypothèses.

Ou bien, le constructeur a été de bonne foi, c'est-à-dire qu'il a cru bâtir sur son propre terrain ; ou bien, il a été de mauvaise foi, c'est-à-dire qu'il a su qu'il élevait ses constructions sur le terrain d'autrui.

S'il a été de bonne foi, le propriétaire du terrain peut, à son choix, ou bien, lui rembourser le montant de ses dépenses, ou bien, lui tenir compte de la plus value qui est résultée pour le fond, des constructions ou plantations.

S'il a été de mauvaise foi, le propriétaire du terrain peut, également à son choix, ou bien, lui rembourser ses déboursés, ou bien, l'obliger à démolir et enlever les constructions ou plantations qu'il a faites et lui réclamer en outre, dans ce dernier cas, des dommages-intérêts pour le préjudice qu'il en a souffert. (A. 555.)

Ainsi, lorsque le constructeur a été de bonne foi, le propriétaire du terrain acquiert nécessairement les constructions ou plantations qui y ont été faites, et demeure toujours obligé à fournir une indemnité Mais lorsque, au contraire, le constructeur a été de mauvaise foi, il peut refuser d'acquérir les ouvrages et obliger ce dernier à les démolir et enlever ; et alors, non-seulement, il n'est pas tenu de l'indemniser, mais il a le droit d'en réclamer des dommages-intérêts. D'où il résulte, que s'il veut conserver les ouvrages en

payant un faible prix, il lui sera facile d'amener le constructeur de mauvaise foi à s'en contenter.

*Quelles sont les choses immobilières qui s'unissent et
s'incorporent naturellement?*

Ce sont les fonds qui se trouvent sur la rive d'un fleuve, ou
d'une rivière. Les propriétaires de ces fonds acquièrent par
accession et sans fournir aucune indemnité, les alluvions qui
s'unissent et s'incorporent à leur fond.

Il y a deux sortes d'alluvions: les lais et les relais.

On entend par *lais*, l'accroissement insensible que reçoit
une rive, par les mollécules que la rivière y dépose.

On entend par *relais*, la portion du lit que les eaux laissent à sec, en se retirant d'une rive, pour se porter sur l'autre
rive. (Art. 556, 557, 558.)

*Pourrait-on revendiquer une portion reconnaissable de
terrain qui aurait été détachée d'un fond, et portée par les
eaux, vers un autre fond?*

Oui; seulement, le maître du terrain enlevé par les eaux
n'a qu'une année pour former sa demande; à moins, toutefois, que le propriétaire au fond duquel ce terrain s'est
attaché, n'en ait pas pris possession. (Art. 559.)

*A qui appartiennent les îles qui se forment dans un
fleuve, ou dans une rivière?*

Les îles qui se forment dans un fleuve appartiennent toujours à l'Etat. Quant à celles qui se forment dans une rivière,
elles n'appartiennent à l'Etat que lorsque la rivière est navi-
gable et flottable. Dans le cas contraire, elles appartiennent
aux riverains de la manière suivante. L'île s'est-elle formée
d'un seul côté? les propriétaires riverains de ce côté peuvent
souls la revendiquer. S'est-elle formée des deux côtés? les
propriétaires riverains de ces deux côtés y ont droit, à partir
de la ligne qu'on suppose tracée au milieu de la rivière. (Art.
560, 561, 562.)

A qui appartient le lit abandonné par un fleuve, ou par une rivière ?

Il appartient au propriétaire des fonds nouvellement occupés, contrairement à ce qui avait lieu en droit romain, où le lit abandonné se partageait entre les propriétaires riverains. (Art. 563.)

Aux termes de l'article 564, les pigeons, lapins, poissons, qui passent dans un autre colombier, garenne ou étang, appartiennent au propriétaire de ces objets, pourvu qu'ils n'y aient point été attirés par fraude et artifice.

DEUXIÈME SECTION.

Du droit d'accession relativement aux choses mobilières

Articles 565 à 577.

Quel est le principe sur lequel est fondé le droit d'accession relativement aux choses mobilières ?

Le droit d'accession relativement aux choses mobilières est fondé sur des principes d'équité naturelle; et c'est seulement à titre d'exemple, afin de guider l'appréciation du juge dans les cas imprévus qui peuvent se présenter, que le Code a tracé les règles que nous allons voir. (Art. 565.)

Avant de les indiquer, il importe de faire observer, que la maxime « *en fait de meubles, la possession vaut titre* » en empêchera souvent l'application. — Néanmoins, comme cette maxime souffre exception à l'égard des choses volées ou perdues, il n'est pas inutile de les connaître.

De quelle manière les choses mobilières peuvent-elles s'unir et s'incorporer ?

Elles peuvent s'unir et s'incorporer de trois manières :

1° par l'adjonction;

2° par la spécification;

3° par le mélange.

Qu'est-ce que l'adjonction ?

L'adjonction est l'union de deux choses, qui restent cependant distinctes et reconnaissables : par exemple, une bague et le diamant qui s'y trouve enchassé.

La propriété de l'objet qui a été formé par l'adjonction de plusieurs choses appartient au maître de la chose principale, à charge d'indemnité, envers les maîtres des choses accessoires. (Art. 666.)

Comment distingue-t-on la chose principale de la chose accessoire ?

La chose principale, est celle pour l'usage, l'ornement, ou le complément de laquelle, l'autre a été unie — ou bien encore, c'est celle qui est la plus considérable, en valeur, ou en volume, si les valeurs sont à peu près égales. (Art. 567, 569.)

Quand la chose unie est beaucoup plus précieuse que la chose principale, et qu'elle a été employée à l'insu du propriétaire, celui-ci peut en demander la séparation, même quand il pourrait en résulter quelques dégradations de la chose à laquelle elle a été jointe. (Art. 568.)

Qu'est-ce que la spécification ?

La spécification est la transformation d'une chose appartenant à autrui en un objet nouveau.

A qui appartient l'objet nouveau ?

Il faut distinguer :

en principe, il appartient au maître de la matière première, à la charge par lui de rembourser à l'artisan le prix de la main-d'œuvre. (Art. 570.)

Cependant, si la main-d'œuvre avait une valeur bien plus considérable que la matière première, l'objet nouveau appartiendrait à l'artisan, à la charge par lui de rembourser le prix de la matière au propriétaire. (Art. 571.)

Enfin, si l'artisan avait fourni lui-même une partie de la matière première, l'objet nouveau lui appartiendrait en

commun avec la personne qui a fourni l'autre partie,
(Art. 572.)

Qu'est-ce que le mélange?

Le mélange est l'union de plusieurs choses qui sont telle-
ment mêlées et confondues qu'il est impossible de les distinguer.

A qui appartient l'objet formé par le mélange?

Cela dépend :

lorsque les matières, qui ont servi à le former, sont d'égale
valeur, et qu'elles peuvent être facilement séparées, cet objet
sera divisé entre tous ceux dont les matières ont été employées, à leur insu, s'ils en font la demande.

Lorsque ces matières sont d'égale valeur, mais qu'elles ne
peuvent être séparées, l'objet formé par le mélange, devient
la propriété commune de tous ceux dont on a employé la
matière. (Art. 573.)

Enfin, lorsque ces matières sont d'inégale valeur, l'objet
formé par le mélange appartient au maître de la matière la
plus précieuse, à charge par lui de rembourser aux autres la
valeur des matières qu'ils ont fourni. (Art. 574.)

Aux termes de l'article 577, ceux qui ont employé des
matières appartenant à autrui, à leur insu, pourront aussi
être condamnés à des dommages-intérêts, s'il y a lieu; sans
préjudice des poursuites au criminel, en cas de vol.

DE L'USUFRUIT, DE L'USAGE ET DE L'HABITATION.

Le droit de propriété comprend trois attributs : le droit d'user, le droit de jouir, et le droit de disposer. Le plus souvent, ces trois attributs sont exercés par la même personne. Mais d'autres fois, ils se trouvent entre des mains différentes. Dans ce dernier cas, la propriété est alors démembrée, et chacun de ses démembrements forme un droit bien distinct.

Les droits d'user et de jouir, qui se confondent dans notre législation, prennent le nom d'usufruit, lorsqu'ils peuvent être exercés dans toute leur étendue ; ils prennent celui d'usufruit restreint ou d'usage, lorsqu'ils ne s'exercent que dans de certaines limites. Enfin, le droit de disposer, seul et séparé du droit d'user et de jouir, constitue la nue-propriété, c'est-à-dire une propriété dépouillée de ses principaux avantages.

Le titre de l'usufruit est divisé en deux chapitres, qui traitent :

Chapitre Ier. — De l'usufruit.

Chapitre II. — Du droit d'usage et d'habitation.

CHAPITRE Ier.

De l'usufruit.

Comment se divise ce chapitre ?

Il est divisé par le Code en trois sections. Ces trois sections sont elles-mêmes précédées d'un paragraphe, relatif à l'établissement de l'usufruit.

Suivant ces divisions, nous aurons à traiter :

§ 1. — De l'établissement de l'usufruit.

Section 1. — Des droits de l'usufruitier.

Section 2. — Des obligations de l'usufruitier.

Section 3. — Comment l'usufruit prend fin.

§ I. — De l'établissement de l'usufruit.

Articles 578 à 581.

Qu'est ce que l'usufruit ?

L'usufruit est le droit d'user et de jouir de la chose d'autrui, sans en altérer la substance. (Art. 578.)

Dans la langue juridique, on entend par substance d'une chose, l'ensemble des qualités qui la rendent propre à une certaine utilité. Ces mots « que l'usufruit est le droit de jouir de la chose d'autrui *sans en altérer la substance,* » signifient donc, que l'usufruitier n'a pas le droit de changer la destination de la chose, de l'approprier à un autre objet ou à des services différents que ceux qu'elle procurait au moment de l'entrée en jouissance.

Quels sont les caractères du droit d'usufruit ?

L'usufruit est un droit réel et temporaire. Il est un droit réel, parce qu'il s'exerce directement et immédiatement sur la chose sans aucun intermédiaire; car le nu-propriétaire n'est pas tenu de faire jouir l'usufruitier, mais de le laisser jouir. Il est un droit temporaire; car il s'éteint à la mort de l'usufruitier et n'est pas transmissible à ses héritiers.

Quelles différences y a-t-il entre l'usufruit et le louage ?

Il y a entr'eux les différences suivantes :

1º L'usufruit est un droit réel; car, l'usufruitier n'a rien à demander au nu-propriétaire. Le louage, au contraire, est un droit personnel, à cause de l'obligation de faire jouir, où se trouve ce dernier.

2º L'usufruit peut être établi, soit à titre gratuit, soit à titre onéreux ; le louage, au contraire, est toujours à titre onéreux.

3° L'usufruit s'éteint à la mort de l'usufruitier ; le louage, au contraire, est transmissible aux héritiers du locataire.

Comment s'établit l'usufruit ?

L'usufruit s'établit par la loi, ou par la volonté de l'homme. (Art. 579.)

1° Il s'établit par la loi de deux manières : 1° au profit des père et mère sur les biens de leurs enfants (art. 378) ; 2° au profit du père ou de la mère survivante, pour le tiers des biens dépendant de la succession de leur enfant, qui ont été dévolus aux parents de la ligne opposée. (Art. 754.)

2° Il s'établit également de deux manières par la volonté de l'homme : soit gratuitement, par donation ou testament ; soit à titre onéreux, par vente, échange, etc.

L'usufruit n'est-il pas susceptible de diverses modalités ?

Oui ; ainsi il peut être ;

1° Pur et simple ;

2° A terme suspensif ou extinctif, c'est-à-dire qu'il peut être établi, soit pour commencer seulement à une certaine époque, soit pour finir un certain moment, avant la mort de l'usufruitier ;

3° Sous condition suspensive ou résolutoire ; c'est-à-dire qu'il peut être établi de telle façon, qu'il n'existera que lorsque un certain événement sera arrivé ; ou bien , qu'il existera dès l'instant de la convention, sauf à s'évanouir ensuite , au cas où la condition se réaliserait. (Art. 580.)

Sur quels biens s'établit l'usufruit ?

L'usufruit s'établit sur toute espèce de biens, meubles ou immeubles. (Art. 581.)

PREMIÈRE SECTION.

Des droits de l'usufruitier.

Articles 582 à 599.

Quel est l'objet de cette section?

Cette section comprend les questions suivantes :

1° des droits de l'usufruitier ;

2° du quasi-usufruit, de l'usufruit des rentes, des bois et des carrières.

§ I. — Des droits de l'usufruitier.

Quels sont les droits de l'usufruitier?

Aux termes de l'article 582, l'usufruitier a le droit de jouir de toute espèce de fruits, soit naturels, soit industriels, soit civils, que peut produire l'objet dont il a la jouissance. Mais cette définition manque d'exactitude ; car l'usufruitier ne jouit pas seulement des fruits, mais il les acquiert. C'est de la chose elle-même, et non de ses fruits qu'il jouit.

Comment l'usufruitier acquiert-il les fruits de la chose?

Il faut distinguer :

L'usufruitier acquiert les fruits naturels ou industriels, par cela seul qu'ils sont détachés du sol. C'est ce que décide indirectement l'article 585, en attribuant au propriétaire les fruits qui sont pendants par branches ou par racines, au moment de la cessation de l'usufruit.

Il acquiert, au contraire, les fruits civils, jour par jour, et la quotité qu'il peut en réclamer se détermine par la durée de sa jouissance. Ainsi, l'usufruit est-il établi sur une maison que l'usufruitier a loué au prix de 365 fr. par an, les héritiers de l'usufruitier, auront le droit d'exiger autant de fois un franc, qu'il y a de jours écoulés depuis la location. (Art. 586.)

Les prix des baux à ferme sont-ils des fruits civils, ou des fruits naturels ?

Dans notre ancien droit, les prix des baux à ferme étaient considérés comme des fruits naturels. On les regardait comme l'équivalent des récoltes perçues par le fermier. Ils n'étaient dus, par conséquent, à l'usufruitier que lorsque la récolte avait été recueillie par ce dernier, ou tout au moins en proportion des fruits qu'il avait perçus. Mais c'était là une source de nombreuses contestations. Pour remédier à cet état de choses, l'article 584 a rangé les prix des baux à ferme parmi les fruits civils, ce qui les rend susceptibles d'être acquis jour par jour et indépendamment de toute perception.

A qui appartiennent les fruits, pendant par branches ou par racines, au moment où l'usufruit est ouvert ?

Aux termes de l'article 585, ils appartiennent à l'usufruitier. Mais il y a ici une inexactitude évidente; car, le même article décide tout le contraire dans son deuxième alinéa, où il attribue au nu-propriétaire, la propriété des fruits pendants par branches et par racines, lors de la cessation de l'usufruit. On peut donc conclure, conformément aux principes généraux de la matière, que les fruits pendants par branches et par racines appartiennent au nu-propriétaire, et non pas à l'usufruitier.

Si la récolte est toute préparée, au moment où l'usufruit prend naissance, l'usufruitier doit-il une indemnité au propriétaire, pour les semences et travaux, accomplis à ses frais ?

Non, et réciproquement; si au moment où l'usufruit vient à cesser, la récolte est toute préparée, les héritiers de l'usufruitier ne peuvent rien exiger du propriétaire. Le législateur a voulu par là, éviter les procès qui pourraient surgir entr'eux, à l'occasion de ces indemnités respectives. Mais cette règle ne s'applique pas aux tiers qui ont fait les travaux de la récolte, et ces derniers conservent la faculté de prélever sur son prix, ce qui leur est dû, pour l'avoir préparé. (Art. 585.)

L'usufruitier peut-il céder son droit?

Oui, l'article 595 l'y autorise formellement. Toutefois, la cession qui en serait faite, ne l'empêcherait pas de rester attaché à la personne de celui sur qui il avait été primitivement constitué.

L'usufruitier peut également céder l'exercice de son droit, dans les limites où il le possède.

De plus, l'article 595 l'autorise à faire des baux qui sont susceptibles de produire leur effet, même après la cessation de l'usufruit, pourvu qu'ils ne soient consentis que pour neuf ans.

L'usufruitier peut-il vendre, par avance, les fruits pendant par branches ou par racines?

À cet égard les auteurs sont partagés.

Suivant les uns, la vente des fruits, pendants par branches ou par racines, renfermerait une condition résolutoire, qui la ferait évanouir si l'usufruit venait à s'éteindre, avant la perception des fruits. (M. Marcadé.)

Suivant les autres, une telle vente ne renfermerait aucune condition résolutoire; car la vente d'une récolte peut être considérée comme un bail limité. (M. Valette.)

§ II. — Du Quasi-Usufruit — de l'Usufruit des Rentes — des Bois — et des Mines et Carrières.

L'usufruit proprement dit peut-il s'établir sur des choses qui se consomment par le premier usage, comme l'argent, les grains, les liqueurs?

Non, l'usufruit proprement dit ne peut pas s'établir sur les choses qui se consomment par le premier usage, puisqu'il consiste à jouir de la chose d'autrui, sans en altérer la substance; mais il existe, à l'égard de ces choses, un droit analogue qu'on appelle quasi-usufruit.

Le quasi-usufruitier devient propriétaire des choses qui lui sont remises ; il peut en disposer, mais à la charge d'en rendre de pareille quantité, qualité et valeur, ou leur estimation , à la fin de l'usufruit. (Art. 587.)

Le quasi-usufruitier a-t-il le choix, de rendre l'équivalent en nature des choses qu'il a reçu, ou d'en payer l'estimation ?

À cet égard les auteurs sont partagés :

Les uns soutiennent l'affirmative, en se fondant sur les termes de l'article 587.

Les autres refusent au quasi-usufruitier la faculté de choisir entre ces deux partis ; ils expliquent l'article 587 en ce sens, que le quasi-usufruitier doit rendre l'équivalent en nature des choses qu'il a reçu, si elles n'ont pas été estimées au moment de la constitution d'usufruit; mais, qu'il est tenu d'en payer l'estimation, dans le cas où elles l'ont été. (M. Valette.)

À quoi faut-il s'attacher, pour reconnaître si une chose a été constituée en usufruit, ou en quasi-usufruit ?

Il faut s'attacher à l'intention des parties. Cette intention se manifeste par leurs conventions, et à défaut de convention, par la nature et la destination des objets, sur lesquelles est constitué l'usufruit. Le plus souvent, les choses qui se consomment par le premier usage sont, il est vrai, constituées en quasi-usufruit ; mais le contraire peut arriver. Ainsi, le vin, le blé, seraient l'objet d'un usufruit proprement dit, s'ils étaient remis, non pour être consommés, mais pour servir à l'étalage d'une boutique.

Les choses qui sont destinées à être remplacées par des équivalents en nature, sont connues sous le nom de choses fongibles.

Les choses qui se détériorent seulement par l'usage, comme le linge, les vêtements, doivent-elles être assimilées à celles qui se consomment par le premier usage ?

Non ; les choses qui se détériorent seulement par l'usage,

sont susceptibles d'un usufruit véritable et doivent être restituées identiquement, dans l'état où elles se trouvent, lors de la cessation de l'usufruit. L'usufruitier n'est responsable, ni de leur détérioration, ni de leur perte, lorsqu'il ne l'a pas causé par sa faute. (Art. 589.)

Peut-on établir un usufruit sur des rentes?

Il faut distinguer :

Il n'y a aucun doute à l'égard des rentes perpétuelles, et l'on peut y établir un usufruit, tout aussi bien que sur d'autres créances. En effet, l'usufruitier n'en perçoit les arrérages que pendant la durée de sa jouissance; il n'en absorbe pas toute la valeur, puisque le nu-propriétaire a la certitude de percevoir, à son tour, des arrérages, après la cessation de l'usufruit.

Mais la question présente plus de difficultés à l'égard des rentes viagères, à cause qu'elles sont essentiellement temporaires. Ou peut se demander, si l'usufruit de ces rentes n'équivaut pas à leur aliénation. En effet, si la jouissance de l'usufruitier se prolonge jusqu'à ce qu'elles soient éteintes, il en aura absorbé toute la valeur, sans rien laisser au nu-propriétaire. L'article 588 décide néanmoins, et avec raison, que les rentes viagères sont susceptibles d'usufruit ; car, en admettant que l'hypothèse que nous avons supposé se réalise, il n'est pas moins vrai, qu'au moment de la constitution d'usufruit, il reste au nu-propriétaire une expectative d'une certaine valeur, savoir : que la jouissance de l'usufruitier peut cesser avant l'extinction des rentes.

Peut-on établir un usufruit sur des bois?

Oui ; mais, cet usufruit est soumis à certaines règles qui varient suivant les différences de bois, dont le Code fait mention. Ces bois sont :

1° les pépinières destinées à fournir des arbres pour le reboisement des forêts ;

2° les bois taillis et les baliveaux, destinés à être coupés périodiquement ;

3° les hautes futaies, destinées à être coupées à des époques très-éloignées ;

4° les hautes futaies, non mises en coupes réglées ;

5° les arbres fruitiers.

L'usufruitier ne peut jouir des pépinières, des bois taillis, des baliveaux et des hautes futaies mises en coupes réglées, qu'en se conformant, pour l'aménagement des coupes, aux usages des anciens propriétaires; ou, si ceux-ci n'avaient pas encore commencé l'exploitation, aux usages des lieux. Les coupes lui sont acquises, comme les fruits naturels et industriels, au fur et à mesure qu'elles ont eu lieu.

Quant aux arbres fruitiers ou de haute futaie, qui ne sont pas mis en coupes réglées, on ne les considère pas comme des fruits, mais comme des dépendances du fond lui-même. En conséquence, l'usufruitier ne peut les couper que pour les faire servir à l'entretien du fond, comme le ferait un bon père de famille. Ainsi, il prendra dans les bois, des échalas pour ses vignes, et les arbres nécessaires à la réparation des bâtiments; il pourra aussi acquérir les arbres fruitiers qui auraient été accidentellement détruits, à charge de les remplacer par d'autres. (Art. 590, 591, 592, 593, 594.)

Peut-on établir un usufruit sur des mines, ou sur des carrières?

Oui; mais l'usufruitier ne peut en jouir qu'autant qu'elles étaient exploitées, avant la constitution de l'usufruit.

En ce qui regarde spécialement les mines, les dispositions de l'article 598 ont été modifiées par la loi de 1810; aux termes de laquelle, la jouissance des mines ne peut avoir lieu qu'après en avoir obtenu la permission de l'Empereur.

Suivant le même article, le trésor découvert sur le fond appartient au nu-propriétaire, car il n'est pas un fruit, mais un produit extraordinaire de la chose.

L'usufruit qui a été établi sur une chose comprend-il ses accroissements?

Il ne comprend que ceux qui ont eu lieu d'une manière insensible, tels que les alluvions. Par exception, l'usufruitier acquerrait, néanmoins, la jouissance du lit abandonné d'une rivière, si le fond constitué en usufruit était lui-même envahi par les eaux de cette rivière. (Art. 596.)

Aux termes de l'article 597, l'usufruitier jouit des droits de servitude, et généralement de tous les droits dont le propriétaire peut jouir.

Quels sont les droits de l'usufruitier à l'encontre du nu-propriétaire?

L'usufruitier ne peut pas obliger le nu-propriétaire à le faire jouir. Ce dernier doit seulement s'abstenir de troubler sa jouissance.

De plus, l'usufruitier ne peut, lors de la cessation de l'usufruit, réclamer aucune indemnité, pour les améliorations qu'il prétendrait avoir été faites.

On lui permet cependant, ainsi qu'à ses héritiers, d'enlever les glaces, tableaux et autres ornements, qu'il aurait fait placer, mais à la charge de rétablir les lieux dans leur premier état. (Art. 499.)

Les droits du nu-propriétaire, durant l'usufruit, consistent principalement à pouvoir disposer de la chose et à en percevoir les produits extraordinaires, s'il en survient.

DEUXIÈME SECTION.

Des obligations de l'Usufruitier.

Articles 600 à 636.

Quel est l'objet de cette section?

Cette section comprend les questions suivantes :

1° des obligations de l'usufruitier, avant son entrée en jouissance ;

2° de ses obligations pendant la durée de la jouissance ;

3° des charges particulières que doivent supporter les usufruitiers testamentaires.

§ I. — Des obligations de l'usufruitier, avant son entrée en jouissance.

Quelles sont les obligations de l'usufruitier, avant son entrée en jouissance ?

Il doit :

1° faire dresser, à ses frais, en présence du propriétaire, ou lui dûment appelé, un inventaire des meubles et un état des immeubles sujets à l'usufruit;

2° fournir caution de jouir en bon père de famille. (Art. 600, 601.)

L'usufruitier peut être contraint, par toutes les voies de droit, à dresser cet état ou inventaire; dans le cas où il ne l'aurait pas fait, il sera présumé avoir reçu les biens en bon état. Toutefois, il peut en être dispensé par l'acte constitutif d'usufruit. Mais alors, le nu-propriétaire a la faculté d'en faire dresser un, à ses frais.

Comment l'usufruitier fournit-il caution ?

Il fournit caution, soit en se faisant garantir par une personne solvable, soit en avançant une somme d'argent, ou en fournissant un gage suffisant pour répondre de toutes les détériorations, qui pourraient provenir de son fait.

L'usufruitier, qui ne fournit pas caution, est-il privé de son droit de jouissance ?

Non ; il est seulement privé de l'exercice de ce droit. Les immeubles sont alors donnés à ferme ou mis en sequestre ; — les sommes comprises dans l'usufruit sont placées ; — les denrées sont vendues, et le prix en provenant est pareillement placé ; — mais, les intérêts de ces sommes et les prix des fermes appartiennent à l'usufruitier. (Art. 602.)

A défaut d'une caution de la part de l'usufruitier, le propriétaire peut encore exiger que les meubles qui dépérissent par l'usage soient vendus, pour le prix en être placé comme celui des denrées : cependant, les juges sont autorisés à laisser à l'usufruitier une partie des meubles nécessaires à son usage, sous sa simple caution juratoire, c'est-à-dire sous la garantie de son serment, et à la charge de les représenter à l'extinction de l'usufruit (Art. 603.)

Le retard de donner caution ne prive pas d'ailleurs l'usufruitier des fruits qui lui sont dus, depuis l'ouverture de l'usufruit. (Art. 604.)

L'usufruitier peut-il être dispensé de fournir caution ?

Oui, il peut en être dispensé de deux manières, savoir : par la loi, ou par convention.

En sont dispensés par la loi, les père et mère ayant l'usufruit légal des biens de leurs enfants, le vendeur ou le donateur, sous réserve d'usufruit.

En sont dispensés par convention, les usufruitiers qui ont stipulé expressément cette dispense, dans leur acte constitutif d'usufruit. (Art. 601.)

§ II. — Des obligations de l'usufruitier pendant la durée de sa jouissance.

Quelles sont les obligations de l'usufruitier, pendant la durée de sa jouissance ?

Il doit :

1° donner à la chose, sur laquelle il a un droit d'usufruit, les soins d'un bon père de famille ;

2° avertir le nu-propriétaire des usurpations qui seraient commises sur le fond ; (Art. 614.)

3° supporter toutes les charges qui s'imputent ordinairement sur les revenus ; telles que les contributions foncières, les réparations locatives et celles d'entretien. (Art. 608.)

L'usufruitier n'est pas, d'ailleurs, responsable de la perte fortuite de l'objet constitué en usufruit. (Art. 615.)

Qu'entend-on par réparations locatives et d'entretien, ainsi que par grosses réparations?

On entend par réparations locatives, celles qui s'appliquent aux dégradations de minime importance et qui résultent du fait du locataire.

On connaît sous le nom de réparations d'entretien, celles qui s'appliquent à des détériorations plus graves et qui résultent, soit de l'usage de la chose, soit de l'action du temps.

On appelle enfin, grosses réparations, celles desgros murs et des voûtes, le rétablissement des poutres et des couvertures entières ; — celui des digues et des murs de soutenement et de clôture, aussi en entier. (Art. 606.)

Les grosses réparations sont-elles à la charge de l'usufruitier, ou à celle du nu-propriétaire?

Elles ne sont à la charge ni de l'un ni de l'autre ; en ce sens, qu'aucun d'eux n'est obligé de les faire. En effet, aux termes de l'article 607, ni le nu-propriétaire, ni l'usufruitier, ne sont tenus de rebâtir ce qui est tombé de vétusté, ou ce qui a été détruit par cas fortuit. Par conséquent, ces expressions de l'article 605 « que les grosses réparations demeurent à la charge du nu-propriétaire » ne veulent pas dire autre chose, sinon que ces sortes de réparations s'imputent sur les capitaux, et que l'usufruitier n'en est pas tenu, comme de celles d'entretien qui s'imputent sur les revenus; à moins qu'il ne les ait occasionné par sa faute. Elles ne signifient pas, que le nu-propriétaire doit les faire, lorsqu'elles sont nécessaires ; elles veulent dire seulement que l'usufruitier n'y est pas obligé.

Si, en fait, il y a eu de grosses réparations, ces réparations peuvent-elles donner lieu à une demande en indemnité, de la part de celui qui les a fait exécuter?

Il faut distinguer :

Si elles ont été faites par le nu-propriétaire, celui-ci pourra réclamer à l'usufruitier l'intérêt de ses déboursés, car il a augmenté sa jouissance. (Art. 609.)

Si elles ont été faites par l'usufruitier, la question de savoir s'il peut exiger une indemnité de la part du nu-propriétaire, a donné lieu à de nombreuses controverses.

Suivant les uns, il ne peut en réclamer aucune, car, on doit assimiler l'usufruitier qui répare, à l'usufruitier qui améliore. Or, aux termes de l'article 599, l'usufruitier ne peut réclamer aucune indemnité pour les améliorations qu'il prétendrait avoir fait. (MM. Bugnet, Valette.)

Suivant d'autres auteurs, il faudrait lui permettre d'exiger du nu-propriétaire le capital qu'il a déboursé; parce qu'on ne doit pas confondre les dépenses d'amélioration avec celles de conservation. (MM. Duranton, Demolombe.)

Enfin, suivant une troisième opinion, il faut examiner: si ces grosses réparations étaient telles que le nu-propriétaire les eut exécuté lui-même, si l'usufruitier ne les avait pas fait faire ; et dans ce cas, accorder à ce dernier une indemnité, comme ayant agi en qualité de gérant d'affaires du nu-propriétaire. (M. Marcadé.)

Le premier système nous parait préférable. En effet:

1° aux termes de l'article 607, le nu-propriétaire n'est pas tenu de faire ces réparations ; il serait donc illégal d'en mettre les frais à sa charge, par cela seul que l'usufruitier a voulu les faire.

2° on ne peut pas assimiler l'usufruitier à un constructeur de mauvaise foi et conclure de là, ainsi qu'on le fait dans le second système, que le nu-propriétaire est obligé de lui rembourser ses dépenses ou de faire démolir; car, il ne possède pas, il n'a pas l'intention d'agir en qualité de propriétaire, il n'est qu'un détenteur précaire.

3° on ne peut pas assimiler non plus l'usufruitier à un gérant d'affaires; car ce dernier s'immisce dans les affaires d'autrui sans y avoir aucun intérêt ; tandis que l'usufruitier est directement intéressé à faire exécuter les grosses réparations, qui sont nécessaires.

L'usufruitier d'un troupeau doit-il une indemnité au nu-propriétaire, en cas de perte du troupeau ?

Non, si le troupeau périt tout entier par cas fortuit et sans sa faute, l'usufruitier n'est tenu envers le propriétaire que de lui rendre compte des cuirs, ou de leur valeur. — Si le troupeau ne périt pas entièrement, l'usufruitier est tenu de remplacer, jusqu'à concurrence du croît, les têtes des animaux qui ont péri. (Art. 616.)

Que veulent dire ces expressions de l'article 616, « que l'usufruitier est tenu de remplacer, jusqu'à concurrence du croît les têtes des animaux qui ont péri ? »

A cet égard, nous trouvons deux systèmes :

Suivant le premier, les animaux qui viennent à naître sont destinés à remplacer ceux qui sont exposés à périr, avant la cessation de l'usufruit. Par conséquent, ils n'appartiennent définitivement à l'usufruitier qu'au moment de l'extinction de l'usufruit, et lorsqu'ils excèdent le nombre des animaux morts. (MM. Proudhon, Valette)

Suivant le second, les animaux qui viennent à naître, appartiennent aussitôt, et d'une manière définitive, à l'usufruitier. En effet, celui-ci acquiert les fruits par la perception ; dès qu'il les a perçu, ils lui appartiennent irrévocablement, et il y aurait injustice à l'en dépouiller, par suite d'accidents, où il n'y a rien à lui reprocher.

Quelles sont les obligations de l'usufruitier, ou de ses héritiers, lors de la cessation de l'usufruit ?

L'usufruitier, ou ses héritiers, doivent lors de la cessation de l'usufruit :

1° remettre au nu-propriétaire la chose sur laquelle était constitué l'usufruit, ou ce qui en reste, si elle a été détruite ou détériorée.

3° ne réclamer aucune indemnité pour les améliorations qu'ils prétendraient avoir fait , et n'enlever que les objets dont l'enlèvement est facile, tels que les glaces, tableaux, statues.

3° restituer tous les fruits qui auraient été perçus avant l'époque de leur maturité; sans pouvoir élever aucune réclamation au sujet de ceux qui n'auraient pas été perçus, par négligence.

§ III. — Des charges particulières que doivent supporter les usufruitiers testamentaires.

Les usufruitiers testamentaires ne sont-ils pas astreints, dans certains cas, à des charges particulières ?

Oui, ils y sont astreints concurremment avec le nu-propriétaire. Mais, avant d'examiner dans quels cas ces charges leur sont imposées, et dans quelles proportions ils doivent les subir, il est nécessaire d'indiquer les différentes sortes de legs, qui peuvent être contenus dans un testament.

Les legs sont universels, lorsqu'ils ont pour objet la totalité de la succession.

Ils sont à titre universel, lorsqu'ils ont pour objet ; soit une quote-part, comme la moitié, le tiers, le quart de la succession ; soit la totalité des meubles, où la totalité des immeubles.

Ils sont enfin à titre particulier, lorsqu'ils ont pour objet une chose spécialement déterminée ; comme, le fond Cornélien, le cheval Bucéphale.

Dans les deux premiers cas, les légataires sont tenus de supporter les charges de la succession, parce qu'ils ont reçu un ensemble de biens , c'est-à-dire un ensemble d'actif et de passif. Dans le troisième cas, ils n'ont aucune charge à supporter, parce qu'ils ne prennent qu'un objet déterminé. Toutefois, si l'objet qui leur a été légué est un immeuble grevé d'hypothèques, ils peuvent être poursuivis par le créancier hypothécaire et contraints de payer ; mais alors ce n'est qu'une avance qu'ils font au profit des successeurs universels, ou à titre universel du défunt, qui doivent les rembourser. (Art. 611.)

Il résulte de là, que les usufruitiers testamentaires ne doivent contribuer aux charges, que dans les cas où ils ont reçu l'usufruit de la totalité, ou l'usufruit d'une quote-part de la succession ; mais, qu'ils en sont dispensés, lorsqu'ils n'ont été constitués usufruitiers que pour un objet déterminé.

Il s'agit de savoir maintenant, dans quelle proportion les légataires universels où à titre universel de l'usufruit sont tenus de supporter ces charges.

Dans quelle proportion les usufruitiers universels ou à titre universel, doivent-ils supporter les charges de la succession?

Les usufruitiers universels, ou à titre universel, supportent les charges de la succession concurremment avec les légataires universels, ou à titre universel, de la nue-propriété. Les premiers payeront les intérêts des dettes, puisqu'ils ont les revenus ; les seconds payeront le capital, puisqu'ils ont la nue-propriété. (Art. 609.)

Ce qui existe à l'égard des dettes, existe également à l'égard des rentes viagères ou pensions alimentaires, mises par le testateur à la charge de ses légataires. Les usufruitiers universels, ou à titre universel, devront en fournir les arrérages en totalité, ou dans la proportion de leur jouissance, parce que ces arrérages, de même que les intérêts des dettes, s'imputent sur la jouissance. (Art. 610.)

Comment s'effectue le payement des charges, qui doivent être supportées concurremment par l'usufruitier et par le nu-propriétaire?

L'usufruitier supporte les intérêts des dettes afférentes à sa part pendant toute la durée de la jouissance ; que le remboursement ait été effectué, ou non, par le nu-proprié-

taire, avant la cessation de l'usufruit. Au cas où ce remboursement serait exigible immédiatement, l'usufruitier et le
nu-propriétaire ont trois partis à prendre :

1° si l'usufruitier veut en faire l'avance, le capital lui en
sera restitué par le nu-propriétaire à la fin de l'usufruit,
sans aucun intérêt.

2° Si le nu-propriétaire la fait lui-même, l'usufruitier lui
tiendra compte des intérêts du capital déboursé, pendant
toute la durée de son usufruit.

3° Si ni l'un ni l'autre ne veut ou ne peut faire l'avance,
le nu-propriétaire a le droit de faire vendre, pour l'acquit-
tement de la dette, une portion des biens sujets à l'usufruit.
(Art. 612.)

Qui doit supporter les frais des procès, qui concernent la
chose constituée en usufruit ?

En principe, les frais du procès doivent être supportés, par
ceux à qui ils sont personnellement utiles. Par conséquent,
ils seront à la charge de l'usufruitier, lorsqu'ils n'ont que la
jouissance pour objet ; ils seront, au contraire, à la charge
du nu-propriétaire, lorsqu'ils ne sont relatifs qu'à la nu-pro-
priété ; et, enfin, ils seront supportés en intérêts par l'usufruitier et en capital par le nu-propriétaire, lorsqu'ils se
rapportent à la pleine propriété. (Art. 613.)

TROISIÈME SECTION.

Comment l'usufruit prend fin.

Article 617 à 624.

Comment s'éteint l'usufruit ?
Il s'éteint :

1° par la mort de l'usufruitier. — S'il a été constitué en
faveur d'un établissement public, il ne dure que trente ans.
(Art. 619.)

2° Par l'expiration du temps pour lequel il a été établi.
— S'il a été accordé jusqu'à ce qu'un tiers ait atteint un âge
fixe, il dure jusqu'à cette époque, encore que le tiers soit
mort avant l'âge fixé. (Art. 620.)

3° Par la réunion, sur la même tête, des deux qualités
d'usufruitier et de nu-propriétaire

4° Par le non-usage du droit, pendant trente ans. — C'est
l'application du principe général de la prescription, à toutes
les actions réelles, ou personnelles. (Art. 2262.)

5° Par la perte totale de la chose soumise à l'usufruit. Si
la perte n'était que partielle, l'usufruit subsisterait pour
partie. (Art. 617, 623, 624.)

6° Par l'abus de jouissance de l'usufruitier. — Dans ce
cas, les juges peuvent, suivant les circonstances, ou prononcer l'extinction absolue de l'usufruit, ou la subordonner
au payement d'une indemnité par le propriétaire. (Art. 618.)

7° Par la renonciation volontaire de l'usufruitier. — Ses
créanciers peuvent, du reste, la faire annuler, si elle est faite
à leur préjudice. (Art. 622.)

CHAPITRE II.

De l'usage et de l'habitation.

Articles 625 à 636.

Qu'est ce que le droit d'usage?

Le droit d'usage n'est pas autre chose qu'un droit d'usufruit, limité aux besoins de l'usager et de sa famille, c'est-
à-dire des personnes qui sont obligées d'habiter avec lui;
comme, sa femme, ses enfants, ses domestiques. Appliqué à
l'usage d'une maison, il prend le nom de droit d'habitation.

Les droits d'usage et d'habitation diffèrent donc essentiellement de l'usufruit, en ce qu'ils sont simplement personnels

à celui qui en jouit, sans qu'il puisse les transmettre à d'autres, ou en faire jouir d'autres, que sa famille. (Art. 628, 629, 630, 631, 632, 633, 634.)

Comment s'établissent les dro.. s d'usage et d'habitation?

Ils s'établissent et se perdent, de la même manière que l'usufruit.

On ne peut en jouir, comme dans le cas de l'usufruit, sans donner préalablement caution, et sans faire des etats et inventaires. (Art. 625, 626.)

Quelles sont les obligations de l'usager, pendant la durée de sa jouissance?

Elles consistent :

1° à jouir en bon père de famille.

2° A supporter les frais de culture, les réparations d'entretien, les contributions foncières, dans la proportion des fruits qu'il perçoit. (Art. 627, 635.)

LIVRE II, TITRE IV.

—

DES SERVITUDES OU SERVICES FONCIERS.

—

« Si l'on peut démembrer la propriété d'une chose mobilière ou immobilière, dit M. Pellat, de façon qu'une personne en ait la jouissance pendant un temps déterminé, et qu'à l'expiration de ce temps une autre personne en ait la jouissance et la disposition perpétuelles, on peut démembrer aussi la propriété d'un immeuble dans la vue d'augmenter l'utilité d'un autre immeuble, appartenant à un propriétaire différent.

Lorsque la propriété d'un immeuble est ainsi démembrée pour le service ou l'utilité d'un autre immeuble appartenant à une autre personne, on donne le nom de *servitude* à la charge qui pèse sur le premier ; le fond qui doit la servitude est appellé *fond servant* ; celui auquel elle est due *fond dominant*. » (1)

Ainsi, il y a deux espèces de servitudes, savoir : des servitudes personnelles et des servitudes réelles, ou servitudes proprement dites. Les premières, qui sont plutôt connues sous le nom de droits d'usufruit, d'usage et d'habitation, ont fait l'objet du titre précédent. Il nous reste à examiner ici les secondes. A leur égard, nous devons observer, tout d'abord, que le législateur a employé l'expression de *services fonciers* en même temps que celles de *servitudes*, afin d'éloigner toute idée de prééminence entre les fonds, et pour indiquer que les charges qui les grèvent, ont uniquement pour objet l'intérêt de la propriété foncière.

(1) Exposé des principes généraux sur la propriété par M. Pellat, doyen-honoraire de la Faculté de Droit de Paris.

Le titre des servitudes est divisé par le Code en trois chapitres. Ces trois chapitres sont eux-mêmes précédés d'un
paragraphe, relatif au caractère et au classement des servitudes. Suivant ces divisions nous aurons à traiter :

§ I. — Du caractère des servitudes et de leur classement.

Chapitre I. — Des servitudes qui dérivent de la situation
des lieux.

Chapitre II. — Des servitudes établies par la loi.

Chapitre III. — Des servitudes établies par le fait de
l'homme.

§ — Du caractère des servitudes et de leur classement.

Articles 637 à 639.

Qu'est-ce qu'une servitude ?

Une servitude est une charge imposée sur un héritage,
pour l'usage et l'utilité d'un héritage, appartenant à un autre
propriétaire.

La servitude n'établit aucune prééminence d'un héritage
sur l'autre. (Art. 637, 638.)

On voit par cette définition du Code, que l'établissement
d'une servitude suppose nécessairement deux héritages voisins, appartenant à des propriétaires différents. — En effet,
si d'un côté ils n'étaient pas voisins, on ne concevrait pas que
l'un dut supporter une charge pour l'usage et l'utilité de
l'autre ; et si d'un autre côté, ils n'appartenaient pas à des
propriétaires différents, on ne verrait pas une servitude dans
l'acte du propriétaire qui a disposé l'un d'eux de telle façon
qu'il puisse augmenter l'utilité de l'autre. C'est ce qu'exprime la maxime romaine : *nemini res sua servit.*

En quoi les servitudes diffèrent-elles des obligations ?

Elles en diffèrent sous plusieurs rapports :

1° les servitudes constituent un droit réel, opposable à
toute personne, possédant l'immeuble qui en est grevé ; ce

droit est garanti par une action réelle. — Les obligations constituent, au contraire, un droit personnel, qui n'est opposable qu'à une personne déterminée; ce droit personnel est garanti par une action personnelle.

2° les servitudes assujettissent le propriétaire du fond servant à souffrir, ou à s'abstenir, *servitus vel in patiendo, vel in non faciendo, consistit.* — Les obligations assujétissent, au contraire, le débiteur à faire un acte déterminé.

3° on peut s'affranchir d'une servitude, en abandonnant le fond qui en est grevé. — On ne peut s'affranchir, au contraire, d'une obligation, qu'en payant la chose due.

Comment se divisent les servitudes ?

Elles se divisent en trois classes, savoir : servitudes qui dérivent de la situation des lieux, ou servitudes naturelles ; — servitudes établies par la loi ; — et servitudes établies par le fait de l'hómme.

Les deux premières classes ont également leur source dans la loi. Seulement, tandis que les servitudes naturelles ont leur cause première dans la nature même des choses, et qu'elles sont consacrées par la loi plutôt qu'établies arbitrairement par elle ; les servitudes légales paraissent être des créations directes de la volonté du législateur, créations qui ont pour but l'intérêt de la propriété foncière.

Quant à la troisième classe, c'est à elle principalement que l'on peut appliquer la qualification de servitude, pour exprimer un état d'assujétissement particulier, anormal, et contraire au droit commun. En effet, les servitudes naturelles et légales sont établies sur toutes les propriétés; les servitudes qui dérivent du fait de l'homme, ne pèsent, au contraire, que sur les fonds à l'égard desquels le propriétaire les a consenti. (Art. 639.)

CHAPITRE I.

Des Servitudes qui dérivent de la situation des lieux.

Articles 640 à 648.

Quelles sont les servitudes qui dérivent de la situation des lieux ?

Ce sont les servitudes relatives :

1° aux eaux ;

2° au bornage ;

3° à la clôture.

§ I. — Des Servitudes relatives aux eaux.

Quelles sont les servitudes relatives aux eaux ?

Les servitudes relatives aux eaux ont été établies, soit par le Code, soit par des lois postérieures au Code.

Les servitudes établies par le Code sont au nombre de trois, savoir :

1° celle qui assujétit les fonds inférieurs, à recevoir les eaux qui découlent naturellement des fonds supérieurs.

2° Celle qui assujettit le propriétaire d'une source, à en laisser user le propriétaire du fond inférieur, lorsque ce dernier en a acquis le droit ; ou, à ne pas en changer le cours, lorsqu'elle fournit l'eau nécessaire, aux habitants d'une commune, d'un village, ou d'un hameau.

3° Celle qui assujettit le propriétaire, dont le fond est bordé par une eau courante, à ne pas en changer le cours.

A quelle condition les fonds inférieurs sont-ils tenus de recevoir les eaux qui découlent du fond supérieur ?

C'est à la condition que les eaux y découlent naturellement, sans que la main de l'homme y ait contribué. En effet, le propriétaire du fond supérieur ne peut rien faire qui aggrave la servitude du fond inférieur. (Art. 640.)

20

Dans quel cas, le propriétaire, qui a une source dans son fond, est-il tenu d'en laisser user le propriétaire du fond inférieur ?

La source d'eau appartient au propriétaire du fond sur lequel elle prend naissance. En conséquence, il en a, en principe, l'usage exclusif. Néanmoins, cet usage cesse de lui appartenir aussi exclusivement, lorsque le propriétaire du fond inférieur a acquis par titre, c'est-à-dire par vente, échange, donation; ou par prescription; le droit de se servir de la source. (Art. 641.)

Le propriétaire du fond inférieur acquiert ce droit par prescription, lorsqu'il a joui des eaux de la source pendant trente ans, à partir du moment où il a fait exécuter des ou-vrages, apparents destinés à faciliter la chute et le cours de l'eau dans sa propriété. (Art. 642.)

Est-il nécessaire que ces travaux aient été exécutés, au moins en partie, sur le fond supérieur ?

A cet égard, les auteurs sont partagés :

suivant les uns, on doit admettre l'affirmative. — En effet, toute prescription acquisitive suppose une usurpation, ou, si on l'aime mieux, une occupation accomplie, par la personne qui l'invoque, au détriment de celle contre qui elle a lieu. Pour que la prescription puisse s'opérer, dans l'espèce, il est donc nécessaire que le propriétaire du fond inférieur ait touché au fond supérieur. (M. Bugnet).

Suivant les autres, il n'est pas nécessaire que les travaux aient été exécutés, en partie, sur le fond supérieur. On a admis, précisément pour l'espèce qui nous occupe, une exception aux règles ordinaires de la prescription. Les dis-cussions qui ont eu lieu, à cet égard, dans le sein du Tri-bunat, en font foi. Ainsi, le projet du Code portait que les travaux devaient être *extérieurs*, c'est-à-dire qu'ils devaient être exécutés sur le fond voisin ; il y fut décidé, afin de ne laisser subsister aucune fausse interprétation, que ces mots seraient remplacés par ceux de travaux *apparents*, qui sont restés dans la rédactiondéfinitive. (MM. Valette, Marcadé).

A quelle condition, le propriétaire, qui a une source dans son fond, est-il privé du droit d'en changer le cours, lorsqu'elle fournit l'eau nécessaire aux habitants d'une commune, d'un village, où d'un hameau?

Ce n'est qu'à la condition d'en recevoir une indemnité ; qui sera réglée par experts. Cette indemnité cessera, d'ailleurs, de lui être due, si les habitants de la commune auxquels la source fournit l'eau nécessaire, ont acquis par titre, ou par prescription, le droit de s'en servir gratuitement. Ils acquièrent ce droit par prescription, lorsqu'ils l'ont exercé pendant trente ans, sans que le propriétaire de la source leur ait réclamé aucune indemnité. (Art. 643.)

Pourquoi le propriétaire, dont le fond est bordé par une eau courante, est-il tenu de ne pas en changer le cours?

Le propriétaire, dont le fond est bordé par une eau courante, peut en user à son passage pour l'irrigation de son fond, mais il ne lui est pas permis d'en changer le cours ni de retenir une quantité d'eau supérieure à celle qui lui revient, parce qu'il doit respecter les droits semblables au sien, qui appartiennent au propriétaire de la rive opposée, et à ceux des fonds inférieurs.

Quant au propriétaire dont le fond n'est pas seulement bordé, mais traversé, par cette eau courante, il peut la détourner et lui faire suivre plusieurs circuits sur son héritage, afin d'en augmenter l'irrigation; mais ce n'est qu'à la condition de lui rendre sa première direction, à la sortie de son fond. (Art. 644.)

Quels sont les tribunaux compétents pour prononcer sur les contestations, relatives à l'usage des cours d'eau et rivières?

Ce sont les tribunaux civils, toutes les fois qu'il s'agit,

comme dans l'espèce, des cours d'eau qui ne sont ni navigables, ni flottables.

L'article 645 enjoint aux tribunaux qui auront à prononcer sur cette matière, de concilier, autant que possible, l'intérêt de l'agriculture avec le respect dû à la propriété.

Quelles sont les lois postérieures au Code qui ont établi des servitudes relatives aux eaux?

Ce sont les lois de 1845 et 1847 sur l'irrigation, ainsi que celle de 1854 sur le drainage.

Quel est l'objet de la loi de 1845?

Cette loi renferme deux dispositions.

La première autorise les propriétaires, qui ont un héritage riverain et d'autres héritages non riverains, à se servir des eaux dont ils ont la disposition, pour l'irrigation de ces derniers, en les faisant passer, moyennant indemnité, sur les fonds intermédiaires.

La seconde autorise les propriétaires d'un fond submergé à se débarrasser des eaux nuisibles, en les faisant passer, moyennant indemnité, sur les fonds intermédiaires.

Quel est l'objet de la loi de 1847?

La loi de 1847 permet au propriétaire riverain, d'un seul côté, d'appuyer ses barrages sur le côté opposé, afin d'élever le niveau des eaux; mais, ce n'est qu'à la condition de fournir, au voisin de l'autre rive, une juste et préalable indemnité.

Quel est l'objet de la loi de 1854?

Cette loi renferme deux dispositions :

La première décide que tout propriétaire, qui veut assainir son fond par l'emploi du drainage, peut, moyennant une juste et préalable indemnité, conduire les eaux nuisibles souterrainement ou à ciel ouvert, à travers les propriétés intermédiaires, qui séparent ce fond d'une voie d'écoulement.

La seconde décide que les propriétaires des fonds intermédiaires qui sont ainsi traversés, peuvent, en offrant de supporter une part proportionnelle des dépenses, se servir des ouvrages faits par leur voisin, pour assainir leurs propres fonds, en en faisant écouler les eaux nuisibles.

Les maisons, cours, jardins, parcs et enclos attenant aux habitations, sont exceptés des servitudes établies par ces lois.

§ II. — De la servitude de bornage.

En quoi consiste la servitude de bornage?

La servitude de bornage consiste dans l'obligation qui est imposée aux propriétaires de fonds contigus, de contribuer aux frais de bornage. (Art. 646.)

Quels sont les juges compétents en matière de bornage?

D'après la loi de 1838, les demandes en bornage doivent être portées devant les juges de paix, toutes les fois qu'il n'y a pas contestation sur la propriété. Dans ce dernier cas, les tribunaux civils, seuls, sont compétents.

§ III. — De la Servitude de clôture.

En quoi consiste la servitude de clôture?

Dans l'ancien droit, elle consistait dans la prohibition de clôre les héritages roturiers; prohibition, qui avait pour objet de faciliter l'exercice des droits de chasse des seigneurs.

Actuellement, tout propriétaire peut clore son héritage, sauf à y laisser un passage, s'il est grevé de la servitude de passage. Aussi, il n'existe plus, à proprement parler, de véritable servitude de clôture. Seulement, le propriétaire qui veut se clore, perd son droit au parcours et vaine pâture, en proportion du terrain qu'il y soustrait. (Art. 647, 648.)

En quoi consistent les droits de parcours et de vaine pâture?

Le droit de parcours consiste dans la faculté, qui est accordée aux habitants de deux communes voisines, de mener paître leurs troupeaux sur le territoire l'une de l'autre.

Le droit de vaine pâture consiste dans la faculté, qui est accordée à certains habitants d'une même commune, de mener paître leurs troupeaux sur leurs fonds respectifs, après la levée des récoltes.

CHAPITRE II.

Des Servitudes établies par la loi.

Comment se divise ce chapitre ?

Ce chapitre est divisé par le Code en cinq sections, qui sont elles-mêmes précédées d'un paragraphe, relatif à l'objet de cette classe de servitudes.

Ainsi nous traiterons.

§ I. — De l'objet des servitudes établies par la loi.

Section I. — Du mur et du fossé mitoyen.

Section II. — De la distance et des ouvrages intermédiaires requis pour certaines constructions.

Section III. — Des vues sur la propriété de son voisin.

Section IV. — De l'égout des toits.

Section V. — Du droit de passage.

§ I. — De l'objet des Servitudes établies par la loi.

Articles 649 à 652.

Quel est l'objet des servitudes établies par la loi ?

Les servitudes établies par la loi ont pour objet l'utilité publique ou communale, ou l'utilité des particuliers. (Art. 649.)

Nous n'avons pas à nous occuper ici des servitudes qui se rapportent à l'utilité publique et communale, elles sont une dépendance du droit administratif. Nous nous bornerons à dire, qu'elles concernent le marche-pied le long des rivières navigables et flottables, ainsi que la construction ou réparation des chemins. (Art. 650.)

Mais, indépendamment de toute convention, il existe des obligations respectives entre propriétaires, et ce sont ces obligations que nous allons examiner dans les sections qui suivent. (Art. 651, 652.)

PREMIÈRE SECTION.

Du mur et du fossé mitoyen.

Articles 653 à 673.

Qu'entend-on par mitoyenneté?

On entend, par mitoyenneté, la co-propriété d'un mur ou de toute autre clôture, placé entre deux héritages.

Le mot mitoyenneté, composé des pronoms *moi* et *toi*, indique cette idée de co-propriété.

La mitoyenneté s'établit, soit par la construction à frais communs de l'objet mitoyen, soit par l'acquisition qui en est faite par celui des deux voisins qui n'a pas contribué aux frais de construction.

Comment se prouve la mitoyenneté ou la non-mitoyenneté d'un mur?

La mitoyenneté ou la non-mitoyenneté d'un mur se prouvent ordinairement par titre; c'est-à-dire par un écrit, qui établit que ce mur appartient aux deux voisins, ou qu'il n'appartien, au contraire, qu'à l'un d'eux.

A défaut de titre, la mitoyenneté ou la non-mitoyenneté d'un mur résulte de certaines présomptions établies par la loi.

Ainsi, un mur est présumé mitoyen.

1° Entre bâtiments, jusqu'à l'héberge, c'est-à-dire jusqu'au point le plus élevé du toit inférieur; — car, jusqu'à ce point, il est également utile aux deux propriétaires.

2° Lorsqu'il se trouve entre cours et jardins; — car, les deux héritages étant également clos, il n'y a aucune raison pour attribuer la propriété exclusive de ce mur, à un des propriétaires plutôt qu'à l'autre.

3° Lorsqu'il se trouve entre deux enclos, qui sont tous deux entourés de clôtures.

4° Lorsqu'il se trouve entre deux fonds, qui ne sont clos ni l'un, ni l'autre ; — car, il n'y alors aucune raison d'attribuer la propriété exclusive du mur, à l'un des deux voisins, plutôt qu'à l'autre. (Art. 653.)

Au contraire, un mur est présumé non-mitoyen.

1° Lorsque le dessus du mur est droit d'un côté, et présente de l'autre un plan incliné.

2° Lorsqu'il n'y a de chaperons, de filets ou de corbeaux que d'un seul côté.

Dans ces deux cas, le mur est présumé appartenir exclusivement au propriétaire du côté duquel sont l'égout, les corbeaux ou les filets de pierre. (Art. 654.)

Quelles sont les obligations des co-propriétaires d'un mur mitoyen?

Les co-propriétaires d'un mur mitoyen sont tenus de contribuer aux frais d'entretien et de réparation du mur, proportionnellement à leur droit de co-propriété. Mais ils peuvent se soustraire à cette obligation, en abandonnant ce droit ; pourvu que le mur mitoyen ne supporte pas un bâtiment qui leur appartienne. (Art. 655, 656.)

Quels sont les droits des co-propriétaires d'un mur mitoyen?

Les droits des co-propriétaires d'un mur mitoyen sont les mêmes que ceux des autres propriétaires. Seulement, chacun d'eux est assujéti à ne rien faire qui puisse nuire aux droits de l'autre, sans en avoir obtenu le consentement. Ainsi :

1° Tout co-propriétaire peut faire bâtir contre un mur mitoyen et y faire placer des poutres et solives dans toute l'épaisseur, à cinquante-quatre millimètres près ; mais c'est à la condition de faire réduire la poutre jusqu'à la moitié du mur, si le voisin voulait lui-même en placer dans le même lieu, ou y adosser une cheminée. (657.)

2° Tout co-propriétaire peut faire exhausser le mur mitoyen ; — mais il doit payer, seul, la dépense de l'exhaussement, les réparations qui concernent la partie exhaussée, et, en outre, une indemnité pour la surcharge. (Art. 658.)

3° Si le mur mitoyen n'est pas en état de supporter l'exhaussement, celui qui veut l'exhausser doit le faire reconstruire en entier, à ses frais, en prenant l'excédant d'épaisseur sur son terrain. (Art. 659.)

4° Le co-propriétaire d'un mur mitoyen ne peut y faire exécuter aucun travail qui soit de nature à en compromettre l'existence ou la solidité, ni y faire percer aucune ouverture, sans le consentement de son co-propriétaire. (Art. 662.)

Le voisin qui n'a pas contribué à l'exhaussement du mur mitoyen, peut-il acquérir la mitoyenneté de la partie exhaussée ?

Oui, il peut en acquérir la mitoyenneté, en payant la moitié de la dépense faite et la valeur de la moitié du sol fourni pour l'excédant d'épaisseur, s'il y en a. (Art. 660.) .

Comment la mitoyenneté d'un mur constitue-t-elle une servitude ?

C'est parce que tout propriétaire, joignant un mur, a la faculté de le rendre mitoyen en tout ou en partie. La servitude de mitoyenneté consiste donc, dans l'obligation où se trouve le propriétaire d'un mur joignant un autre héritage, d'en céder la co-propriété, moyennant indemnité.

Le principe de l'inviolabilité de la propriété rencontre ainsi une exception ; mais la mitoyenneté procure de tels avantages, en évitant la construction des murs inutiles et la perte de terrain qu'elle aurait occasionné, qu'on a dû admettre cette exception dans l'intérêt général.

Quel est le montant de l'indèmnité que doit fournir le voisin qui acquiert la mitoyenneté d'un mur joignant son héritage?

Il doit rembourser au maître du mur la moitié de sa valeur actuelle, et la moitié de la valeur du sol sur lequel le mur est bâti. (Art. 661.)

Comme il serait souvent assez difficile d'évaluer les dépenses qu'a pu coûter un mur qui est peut-être très-ancien, la loi n'oblige le voisin qui achète la mitoyenneté, qu'à payer la valeur actuelle du mur et non les déboursés qui ont été faits pour sa construction, ainsi que cela a lieu lorsqu'on veut acquérir la partie d'un mur mitoyen qui vient d'être exhaussé.

Les propriétaires des villes et faubourgs ne sont-ils pas assujétis à une servitude de mitoyenneté particulière?

Oui, dans les villes et faubourgs, chacun peut contraindre son voisin à construire ou à réparer, à frais communs, un mur qui sépare leurs maisons, cours et jardins. (Art. 663.)

Plusieurs auteurs en ont conclu, que les propriétaires des villes et faubourgs n'ont pas, comme ceux des campagnes, la faculté de se soustraire aux charges qu'entraîne la mitoyenneté, en faisant l'abandon de leur droit de co-propriété. En effet, il suffirait que l'un des propriétaires fît abattre le mur dont son voisin a abandonné la co-propriété, pour l'obliger à contribuer aux frais de reconstruction d'un nouveau mur, et à reprendre ainsi les charges auxquelles il a voulu se soustraire (MM. Duranton, Bugnet, Valette, Demolombe.)

Qu'entend-on par maison mitoyenne?

On entend par maison mitoyenne, une maison dont le rez-de-chaussée et les différents étages appartiennent à plusieurs propriétaires.

Dans quelle proportion, les co-propriétaires d'une maison mitoyenne, doivent-ils contribuer aux frais de réparations et de reconstruction de cette maison?

Lorsque les titres de propriété ne déterminent pas cette proportion, les réparations et reconstructions doivent être faites, ainsi qu'il suit : les gros murs et le toit sont à la charge de tous les propriétaires, chacun en proportion de la valeur de l'étage qui lui appartient. — Le propriétaire de chaque étage fait le plancher sur lequel il marche. — Le propriétaire du premier étage fait l'escalier qui y conduit ; le propriétaire du second étage fait à partir du premier, l'escalier qui conduit chez lui et ainsi de suite. (Art. 664.)

Les servitudes attachées à une construction ancienne qui a été démolie, se continuent-elles sur la construction nouvelle qui l'a remplacée ?

Oui, lorsqu'on reconstruit un mur mitoyen ou une maison, les servitudes actives ou passives qui y étaient attachées, se continuent à l'égard des nouvelles constructions, sans toutefois qu'elles puissent être aggravées, et pourvu que la reconstruction se fasse avant que la prescription soit acquise. (Art. 665.)

Quand est-ce qu'un fossé est mitoyen?

Un fossé est mitoyen lorsqu'il a été creusé, à frais communs, par les propriétaires des deux héritages entre lesquels il se trouve.

Comment se prouve la mitoyenneté ou la non-mitoyenneté d'un fossé?

Elle se prouve ordinairement par titre. A défaut de titre, la loi a établi certaines présomptions. Ainsi, un fossé est présumé non-mitoyen, lorsque la levée ou le rejet de la terre se trouve d'un côté seulement du fossé. Le fossé est censé appartenir exclusivement, dans ce cas, à celui du côté duquel le rejet se trouve. (Art. 666, 667, 668.)

Quelles sont les obligations des propriétaires mitoyens d'un fossé ?

Les propriétaires mitoyens d'un fossé sont tenus de l'entretenir à frais communs ; mais comme cette obligation résulte do la mitoyenneté, chacun d'eux peut s'y soustraire en faisant abandon do son droit do co-propriété. (Art. 669.)

Le voisin peut-il obliger le propriétaire exclusif d'un fossé à lui en céder la co-propriété, moyennant indemnité ?

Non, cette obligation n'existe pas. Le législateur n'a pas jugé à propos de l'imposer au propriétaire exclusif d'un fossé, comme il l'a imposé au propriétaire exclusif d'un mur, parce qu'elle n'offrait pas, dans le premier cas, l'avantage d'épargner des frais considérables qu'elle procure dans le second.

Quand est-ce qu'une haie est mitoyenne ?

Une haie est mitoyenne lorsqu'elle se trouve sur la ligne séparative de deux héritages.

Comment se prouve la mitoyenneté ou la non-mitoyenneté d'une haie ?

Elle se prouve ordinairement par titre. A défaut de titre la loi établit certaines présomptions. Ainsi, une haie est réputée non-mitoyenne :

1o lorsqu'un seul des héritages est en état de clôture ;

2o lorsqu'il y a possession suffisante de la part d'un des voisins.

Elle est alors censée appartenir, soit au propriétaire de l'héritage cloturé, soit à celui qui a possédé la haie. (A. 670.)

De quelle sorte de possession l'article 670 entend-il parler ?

A cet égard, il y a désaccord entre la jurisprudence et la doctrine :

Suivant la première, le code aurait voulu parler de la possession de trente ans ; car, cette possession est une manière d'acquérir. La haie appartient donc exclusivement à celui des voisins qui l'a acquise par prescription, en la possédant pendant trente ans.

Suivant la seconde, le Code entendrait parler, au contraire, d'une possession exceptionnelle qui n'aurait duré qu'une année. En effet, il aurait été inutile de décider que la possession de la haie pendant trente ans en rend propriétaire, puisque cela résulte des principes généraux; et de plus, il serait inexact de dire, ainsi que le fait le Code, que cette possession fait *présumer* le droit de propriété exclusif du possesseur, s'il n'y a preuve contraire, puisque la possession de trente ans ne fait pas seulement *présumer* le droit de propriété, mais qu'elle l'établit d'une manière *certaine* et *inattaquable*.

Les arbres, qui se trouvent dans une haie mitoyenne, sont-ils mitoyens ?

Oui, ils sont mitoyens comme la haie. Seulement, chacun des deux propriétaires a le droit de requérir qu'ils soient abattus, tandis que la haie ne peut, au contraire, être arrachée que de leur consentement mutuel. (Art, 673.)

Le propriétaire d'un terrain veut-il y planter des arbres, à quelque distance que ce soit du fond voisin ?

Non, il n'est permis de planter des arbres qu'à la distance prescrite par les règlements ou les usages ; et à défaut de règlements et d'usages, à la distance de deux mètres, s'il s'agit d'arbres de haute tige; et d'un demi mètre, s'il s'agit d'autres arbres et de haies vives.

Le voisin peut exiger que les arbres et haies plantés à une moindre distance soient arrachés, à moins qu'ils n'aient été plantés depuis trente ans au moins, et que le propriétaire des arbres n'ait ainsi acquis par prescription le droit de les y conserver. (Art. 671, 672.)

Le propriétaire, qui a acquis par prescription, le droit de conserver des arbres plantés à une distance plus rapprochée que ne le permet la loi, peut-il en planter d'autres à la même place, s'ils viennent à être détruits?

Non, car la faculté qu'on lui accorde de conserver les arbres plantés depuis trente ans, est exceptionnelle et temporaire; elle doit être strictement limitée aux arbres déjà plantés. A la vérité, les servitudes qui étaient attachées à une construction ancienne, se continuent bien sur celle qui l'a remplacée; mais les servitudes qui s'attachent à une construction ont un caractère de perpétuité, que n'ont pas celles qui s'attachent à une plantation.

Celui sur la propriété duquel avancent les branches des arbres du voisin, peut-il contraindre ce dernier à les couper?

Oui, il peut le contraindre à les couper, et si ce sont les racines qui avancent sur son fond, il peut les couper lui-même. S'il négligeait de le faire, il n'aurait pas le droit d'empêcher le propriétaire des arbres, dont les branches avancent sur son fond, d'y passer pour en récolter les fruits. (Art. 672.)

DEUXIÈME SECTION.

De la distance et des ouvrages intermédiaires requis pour certaines constructions.

Article 674.

Quels sont les travaux qu'un propriétaire ne peut faire sur son fond sans être assujéti à certaines mesures de précautions?

Ils consistent :

1° à faire creuser un puits ou une fosse d'aisance près d'un mur mitoyen ou non ;

2° à y faire construire une cheminée ou âtre, forge, four ou fourneau ;

3° à y adosser une étable ;

4° à établir contre ce mur un magasin de sels ou amas de matières corrosives.

Le propriétaire qui fait exécuter ces travaux est obligé à

laisser la distance ou à faire les ouvrages intermédiaires prescrits par les réglements ou usages, pour éviter de nuire au voisin.

Des vues sur la propriété de son voisin.

Articles 675 à 680.

Comment peut s'exercer la servitude de vues ?

Elle peut s'exercer par des jours ou par des vues.

On entend par *jours*, les ouvertures fermées avec un verre dormant ; et par *vues*, les ouvertures fermées avec des fenêtres ouvrantes.

Les vues se subdivisent en vues droites et vues obliques.

Les vues *droites*, sont celles par lesquelles on peut voir de face et sans changer de place la propriété de son voisin. Les vues *obliques*, sont celles par lesquelles on ne peut l'apercevoir, sans se tourner de côté.

Ne faut-il pas établir plusieurs distinctions relativement aux jours et aux vues qu'on peut avoir sur la propriété de son voisin ?

Oui, il faut distinguer si ces jours ou ces vues doivent être pratiqués :

1o dans un mur mitoyen ;

2o dans un mur placé sur la limite des deux héritages, mais non mitoyen ;

3o dans un mur qui n'est pas à plus de 60 centimètres de distance du fond voisin ;

4o Et enfin dans un mur qui en est à 1 mmètre 90 centimètres de distance.

Le co-propriétaire d'un mur mitoyen peut-il y établir des jours ou des vues ?

Non, il ne peut sans le consentement de l'autre propriétaire, pratiquer dans le mur mitoyen aucune fenêtre ou ouverture, en quelque manière que ce soit, même à verre dormant. (Art. 675.)

Le propriétaire d'un mur, placé sur la limite de deux héritages mais non mitoyen, peut-il y pratiquer des jours ou des vues?

Il ne peut y pratiquer que des jours ou fenêtres à fer maillé et verre dormant.

Ces fenêtres doivent être garnies d'un treillis de fer et d'un chassis à verre dormant.

De plus, ces jours ou fenêtres doivent être établis à la hauteur de 2 mètres 60 c. au-dessus du plancher, s'ils sont pratiqués au rez-de-chaussée ; et à la hauteur de 1 mètre 90 c. s'ils sont pratiqués dans les étages supérieurs. (Art. 676, 677.)

Le propriétaire d'un mur qui n'est pas à plus de 60 centimètres de distance du fond voisin, peut-il y pratiquer des jours ou des vues?

Il peut y pratiquer des jours ou des vues, mais seulement des vues obliques. (Art. 679.)

A quelle distance le propriétaire d'un mur peut-il y pratiquer librement des jours et des vues droites ou obliques?

Le propriétaire d'un mur peut y pratiquer librement des jours et des vues droites ou obliques, lorsqu'il y a 1 mètre 90 c. de distance entre ce mur et l'héritage voisin. (Art. 678.)

Dans les deux cas précédents, la distance se compte depuis le parement extérieur du mur où l'ouverture se fait, et s'il y a des balcons ou d'autres saillies, depuis leur ligne extérieure jusqu'au point où commence l'héritage voisin. (Art. 680.)

N'y a-t-il pas des exceptions aux règles que nous venons d'établir?

Oui, lorsque les constructions sont séparées des fonds voisins par un chemin public ou par une rue, on peut y pratiquer des jours ou des vues, à quelque distance qu'elles se trouvent de ces fonds.

Ces régles sont-elles applicables aux simples murs de clôture?

A cet égard il y a deux opinions :

Suivant la première, la prohibition d'établir des jours ou des vues à une distance trop rapprochée des fonds voisins, ne doit pas s'appliquer aux simples murs de clôture, parce que le code ne parle que des ouvertures pratiquées dans des murs de maison.

Suivant la seconde, cette prohibition s'y applique aussi bien qu'aux murs de maison; car le code n'établit à cet égard aucune distinction entre les uns et les autres ; s'il ne fait mention que des ouvertures pratiquées dans des murs de maison, c'est parce qu'il s'est placé dans le cas le plus général. Les jours pratiqués dans un simple mur pourraient, d'ailleurs, gêner la liberté du voisin, tout aussi bien que s'ils se trouvaient dans un mur de bâtiment. (MM. Valette, Demolombe.)

A qui appartient le droit de faire boucher les jours ou les vues, qui n'ont pas été établis à la distance voulue par la loi?

Il appartient à tous les propriétaires voisins dont les fonds se trouvent à une distance trop rapprochée des ouvertures. Chacun d'eux peut l'exercer séparément, lors même qu'il se trouverait entre la construction et leur héritage des fonds plus rapprochés, appartenant à des tiers, qui n'auraient pas réclamé.

Toutefois, si les jours ou les vues ont été établis depuis plus de trente ans, les propriétaires voisins ne seraient plus admis à les faire boucher. Il ne leur serait même pas permis, suivant une opinion généralement adoptée, d'élever des constructions qui puissent intercepter la vue. En effet, la prescription n'éteint pas seulement la servitude passive de ne pas ouvrir des jours ou des vues à une distance trop rapprochée du voisin ; elle fait, de plus, naître au profit de celui qui a ouvert ces jours et ces vues depuis trente ans, une servitude active de vue sur les fonds voisins. (MM. Bugnet, Valette.)

Le voisin qui acquiert la mitoyenneté d'un mur, peut-il faire boucher les ouvertures, qui y ont été pratiquées avant qu'il fut devenu mitoyen ?

Cela dépend :

Il peut faire boucher les ouvertures libres qui s'y trouvent depuis moins de trente ans, car il en aurait le droit quand même le mur ne serait pas devenu mitoyen.

Quand à la question de savoir, s'il peut de même faire boucher les ouvertures à fer maillé et à verre dormant qui s'y trouvent, les auteurs sont partagés.

Suivant les uns, il faut lui accorder ce droit, parce qu'un mur mitoyen n'est pas destiné à recevoir des ouvertures (art. 675.) — Suivant les autres, il faut le lui refuser, parce que l'article 675 ne défend de faire des ouvertures dans un mur, que lorsqu'il est mitoyen au moment où on les pratique, et, qu'en l'absence d'un texte formel, on ne peut pas ajouter une aggravation de servitude.

QUATRIÈME SECTION.

De l'égout des toits.

Article 681.

En quoi consiste la servitude d'égout ?

La servitude d'égout consiste dans l'obligation qui est imposée à chaque propriétaire d'établir ses toits de manière à ce que les eaux pluviales s'écoulent sur son terrain ou sur la voie publique, et ne demeurent pas sur le fond de son voisin.

Cette obligation ne constitue pas, comme on le voit, une véritable servitude. Elle semble plutôt consacrer la liberté du fond voisin.

CINQUIÈME SECTION.

Du droit de passage.

Articles 682 à 685.

En quoi consiste la servitude de passage?

La servitude de passage consiste dans le droit qui appartient au propriétaire, dont les fonds sont enclavés et n'ont aucune issue sur la voie publique, de réclamer un passage sur les fonds de ses voisins, moyennant une indemnité proportionnée au dommage qu'il leur cause. (Art. 682.)

Le passage doit être pris du côté où le trajet est le plus court, du fond enclavé à la voie publique. Toutefois, il devrait être pris d'un autre côté, s'il était moins dommageable au propriétaire du fond servant. (Art. 683, 684.)

Le droit de passage est-il prescriptible?

Non, le passage peut toujours être réclamé, lors même que le propriétaire du fond enclavé aurait laissé passer plus de trente ans sans exploiter son fond. A l'inverse, le propriétaire sur le fond duquel il est accordé, ne pourrait plus exiger d'indemnité, s'il avait laissé passer trente ans sans se la faire payer depuis qu'elle a été réglée. (Art. 685.)

CHAPITRE III.

Des servitudes établies par le fait de l'homme.

Comment se divise ce chapitre?

Ce chapitre est divisé par le Code en quatre sections, qui traitent :

Section Ire. — Des diverses espèces de servitudes.

Section II. — Comment s'établissent les servitudes.

Section III. — Des droits du propriétaire du fond auquel la servitude est due.

Section IV. — Comment s'éteignent les servitudes.

PREMIÈRE SECTION.

Des diverses espèces de servitudes.

Articles 686 à 689.

Les propriétaires voisins peuvent-ils établir sur leur fond toute espèce de servitude?

Oui, les propriétaires voisins peuvent établir sur leur fond toute espèce de servitudes, pourvu que ces servitudes ne soient pas contraires à l'ordre public, et qu'elles ne soient imposées, ni à la personne, ni en faveur de la personne; mais seulement à un fond et pour un fond.

L'usage et l'étendue des servitudes ainsi établies se règle par le titre qui les a constitué, et, à défaut du titre, par les règles que nous verrons ci-après. (Art. 686.)

Que faut-il entendre par ces mots « que les servitudes ne peuvent être imposées à une personne, ni en faveur d'une personne »?

Il faut entendre que toutes les conventions passées entre propriétaires voisins constituent des obligations personnelles et non des servitudes, lorsqu'elles n'ont pas pour objet d'imposer à un fond une charge perpétuelle pour l'usage et l'utilité d'un autre fond. Ainsi, lorsque j'accorde au voisin le droit de chasser à perpétuité sur mes terres, j'impose bien, il est vrai, une charge sur mon fond, mais comme le fond de mon voisin n'en retire aucun avantage, cette charge n'est pas une servitude.

Les servitudes établies par la seule volonté des particuliers placent, d'ailleurs, le fond servant dans un véritable état d'assujettissement, puisqu'elles lui font subir des charges exceptionnelles qui ne dérivent pas de la loi et qui ne sont pas imposées d'une manière générale à la propriété foncière.

Aussi, comme nous l'avons déjà indiqué, l'expression de

servitude s'applique-t-elle plus exactement à leur égard qu'à l'égard de celles qui dérivent de la loi.

Comment se divisent les servitudes établies par le fait de l'homme ?

Les servitudes établies par le fait de l'homme, sont : — urbaines ou rurales ; — positives ou négatives ; — continues ou discontinues ; — apparentes ou non apparentes.

Les servitudes urbaines, sont celles qui ont été établies pour l'usage des bâtiments. — Les servitudes rurales, sont celles qui ont été établies pour l'usage des fonds de terre. (Art. 687.)

« Les servitudes positives, sont celles qui permettent au propriétaire du fond dominant de faire sur le fond servant un acte qui, autrement, lui serait interdit ; — les servitudes négatives sont celles qui obligent le propriétaire du fond servant à s'abstenir d'un acte qu'il pourrait faire sans cela. » (M. Pellat.)

Les servitudes continues, sont celles dont l'usage peut être continuel, sans avoir besoin du fait actuel de l'homme, tels sont : les conduites d'eau, les égouts, les vues, et autres de cette espèce. — Les servitudes discontinues, sont celles qui ont besoin du fait actuel de l'homme pour être exercées, tels sont : les droits de passage, puisage, pacage, et autres semblables. (Art. 688.)

Les servitudes apparentes, sont celles qui s'annoncent par des ouvrages extérieurs, tels qu'une porte, une fenêtre, un acqueduc. — Les servitudes non apparentes, sont celles qui n'ont pas de signe extérieur de leur existence comme, par exemple, la prohibition de bâtir sur un fond, ou de ne bâtir qu'à une hauteur déterminée. (Art. 689.)

Les divisions que nous venons de voir ont-elles toutes la même importance ?

Non, il n'y a que la division en servitudes apparentes et non apparentes, continues et discontinues, qui ait quelque

importance pratique, à cause que les servitudes continues
et apparentes peuvent, seules, s'établir par prescription et
par destination du père de famille.

DEUXIÈME SECTION.

Comment s'établissent les servitudes.

Articles 690 à 696.

Comment s'établissent les servitudes?
Il faut distinguer :
Les servitudes continues et apparentes s'acquièrent par
titre, par prescription et par destination du père de famille.
(Art. 690, 692.)
Les servitudes qui ne sont pas en même temps continues
et apparentes ne peuvent s'établir que par titre. (Art. 691.)
*Pourquoi les servitudes discontinues et non apparentes
ne peuvent-elles s'établir par prescription?*
C'est parce que la prescription n'est un moyen d'acquérir
qu'autant que l'ancien propriétaire a dû savoir que sa chose
était possédée par un tiers, et qu'autant que cette possession a
portait une atteinte grave et permanente à son droit. S'il
n'a pas essayé alors de la faire cesser, son inaction fait
présumer qu'il reconnaît le bon droit du possesseur.
Or, on ne peut admettre qu'il en soit ainsi à l'égard des
servitudes discontinues, ou non apparentes. D'abord, en ce
qui concerne les premières, on s'explique très-bien l'inaction de celui qui les a laissé exercer sur son fond. Comme
elles n'étaient pas exercées continuellement, elles ne por-
taient pas une atteinte asssez grave à son droit pour qu'il ait
jugé à propos de s'y opposer. En ce qui concerne les secondes, on comprend également l'inaction de celui qui les
a soufferf. Comme elles n'étaient pas exercées d'une manière
apparente, il pouvait ignorer qu'elles le fussent. D'ailleurs,
à leur égard, la possession manquait de l'une des qualités

sans lesquelles elle ne fait pas acquérir par prescription; elle n'était pas publique.

Qu'entend-on par destination du père de famille?

On entend par destination du père de famille, une certaine disposition, au moyen de laquelle le propriétaire de deux fonds a établi un service sur l'un d'eux, au profit de l'autre.

Tant que les deux fonds appartiennent au même propriétaire, cette disposition ne constitue pas une servitude, mais il en est différemment, et la servitude prend naissance, aussitôt qu'ils viennent à appartenir à des maîtres différents.

Que doit-on prouver pour établir l'existence d'une servitude par destination du père de famille ?

On doit prouver :

1° que les fonds qui sont actuellement divisés, ont appartenu autrefois à la même personne;

2° que l'état de chose, d'où résulte la servitude, a été établi par cette personne, ou tout au moins, qu'elle l'a laissé subsister. (Art. 693.)

N'y a-t-il pas une contradiction entre l'article 692, aux termes duquel les servitudes doivent être continues et apparentes pour s'acquérir par destination du père de famille ; et l'article 694 qui décide, que les servitudes qui sont seulement apparentes, peuvent être acquises de cette manière ?

Non, parce que ces deux articles ont rapport à des hypothèses différentes. On les explique, généralement, de la manière suivante :

L'article 694 prévoit le cas où l'acte de partage est représenté et ne fait pas mention de la servitude. Ainsi un propriétaire a établi, entre deux héritages, un état de choses qui constituerait une servitude s'ils appartenaient à des maîtres différents. Plus tard, ces héritages sont séparés. La servitude, qui naît alors, doit être maintenue, si, d'un côté, elle est apparente, et si, d'un autre côté, l'acte de séparation qu'on représente, ne porte pas que la servitude cessera d'exister; car, lorsqu'on reçoit une chose, on est présumé la recevoir avec toutes ses charges, à moins de clause contraire. Ainsi, l'acte qui établit la séparation des héritages est-il représenté et ne renferme-t-il aucune énonciation contraire à la servitude ? celle-ci continue de subsister, pourvu qu'elle soit apparente.

L'article 692 prévoit, au contraire, le cas où l'acte ne peut pas être représenté et où l'on ignore, par conséquent, s'il faisait mention de la servitude.

Comme on se trouve alors sans aucune indication relativement aux clauses qui pouvaient y être contenues, comme on ne peut savoir si l'acquéreur du fond grevé en avait accepté toutes les charges apparentes, ou s'il les avait, au contraire, refusé, le législateur décide qu'elle ne continuera de subsister que si elle est en même temps continue et apparente. (MM. Bugnet, Valette, Demolombe.)

Aux termes de l'article 696, quand on établit une servitude, on est censé accorder tout ce qui est nécessaire pour en user. — Ainsi la servitude de puiser de l'eau à la fontaine d'autrui emporte nécessairement le droit de passage.

TROISIÈME SECTION.

Des droits du propriétaire du fond auquel la servitude est due.

Articles 697 à 702.

Quels sont les droits du propriétaire du fond dominant?

Il faut distinger :

Si la servitude a été constituée par un titre, ils sont réglés par les clauses qui y sont renfermées.

Si elle a été établie par prescription ou par destination du père de famille, ou si le titre n'est pas suffisamment explicite, ils sont réglés de la manière suivante :

1° Le propriétaire du fond dominant a droit de faire, à ses frais, tous les ouvrages nécessaires pour user de la servitude et pour la conserver. (Art. 697, 698.)

2° Le propriétaire du fond servant qui se serait engagé à exécuter lui-même ces ouvrages, peut se libérer de cette obligation, en abandonnant, son fond, ou la partie sur laquelle s'exerce la servitude. (Art. 699.)

3° Le propriétaire du fond servant ne peut rien faire qui tende à diminuer l'usage de la servitude, ou à le rendre plus incommode. Néanmoins, si l'assignation primitive de l'endroit où la servitude devait s'exercer lui était devenue onéreuse, il pourrait offrir au propriétaire du fond dominant un endroit aussi commode pour l'exercice de ses droits, et celui-ci ne pourrait pas le lui refuser. (Art. 701.)

4° Si le fond dominant venait à être divisé, et que la servitude elle-même fût indivisible, elle resterait due en totalité, pour chaque portion ; sans, néanmoins, que la condition du fond assujéti fût aggravée. — Ainsi, par exemple, s'il s'agit d'un droit de passage, tous les co-propriétaires pourront en user, mais ils seront obligés de l'exercer par le même endroit. (Art. 700.)

5° Si le fond dominant venait à être divisé, et que la servitude fût divisible, elle ne serait due que partiellement, pour chaque portion. — Ainsi, par exemple, s'il s'agit d'un droit de puiser cent litres d'eau par jour et que le fond dominant soit divisé entre quatre héritiers ; chacun d'eux ne pourra puiser que vingt-cinq litres d'eau.

QUATRIÈME SECTION.

Comment s'éteignent les Servitudes.

Articles 703 à 710.

Comment s'éteignent les servitudes ?

Les servitudes s'éteignent :

1° par l'impossibilité d'en user — Mais elles revivent si les choses sont rétablies de manière à ce que l'usage en soit possible, à moins qu'il ne se soit écoulé trente ans depuis qu'on n'en a pas usé. (Art. 703, 704.)

2º par la confusion, c'est-à-dire par la réunion dans la même main des deux fonds. — Si, toutefois, cette confusion était annulée à raison d'un vice affectant l'acte d'où elle résulte, la servitude serait rétablie. (Art. 705.)

3º par le non-usage pendant trente ans. — Les trente ans commencent à courir du jour où l'on a cessé d'en jouir, s'il s'agit de servitudes discontinues; ou du jour ou il a été fait un acte contraire à la servitude, s'il s'agit de servitudes continues. Le non-usage éteint le mode d'exercice de la servitude, comme la servitude elle-même. Il peut également anéantir cette dernière, pour partie seulement, si elle est divisible. (Art. 706, 707, 708.)

4º par la renonciation expresse ou tacite du propriétaire du fond dominant.

Le non-usage éteint-il la servitude lorsqu'il est involontaire?

Oui, car les articles 704, 706 et 707 qui décident que la servitude s'éteint par le non-usage, ne distinguent pas s'il a été volontaire ou forcé. D'ailleurs, en supposant même qu'il ait été forcé et que le propriétaire du fond dominant n'ait pas pu l'exercer en fait, rien ne l'empêchait d'interrompre en droit la prescription qui s'est accomplie, en faisant reconnaître amiablement ou judiciairement la servitude.

Aux termes des articles 709 et 710, si le fond dominant appartient à plusieurs par indivis, la jouissance de l'un empêche la prescription à l'égard des autres. De plus, si parmi les co-propriétaires il s'en trouve un contre lequel la prescription n'ait pu courir, comme un mineur, il aura conservé le droit de tous les autres.

FIN DU TOME PREMIER.

TABLE DES MATIÈRES

EN FORME DE RÉSUMÉ.

INTRODUCTION
Page 5.

TITRE PRÉLIMINAIRE

De la publication — des Effets — et de l'Application des lois.
Page 18.

LIVRE PREMIER

DES PERSONNES

TITRE I.

De la jouissance et de la privation des droits civils.
Page 33.

TITRE II.

Des actes de l'état civil.

Page 63.

TITRE V.

Du Mariage.
Page 124.

TITRE VIII.

De l'adoption et de la tutelle officieuse.
Page 217.

TITRE IX.

De la puissance paternelle.
Page 223.

TITRE X.

De la Minorité — de la Tutelle — de l'Émancipation.
Page 228.

TITRE XI.

De la Majorité — de l'Interdiction — et du Conseil judiciaire.
Page 252.

LIVRE DEUXIÈME.

DES BIENS ET DES DIFFÉRENTES MODIFICATIONS
DE LA PROPRIÉTÉ.
Page 261.

TITRE I.

De la Distinction des biens.
Page 263.

TITRE II.

De la Propriété.

Page 274.

TITRE III.

De l'Usufruit — de l'Usage — de l'Habitation.

Page 286.

TITRE IV.

Des Servitudes ou Services fonciers.
Page 306.

SAINT-QUENTIN. — TYP. HOURDEQUIN ET THIROUX.